北垣国道の幕末と近代京都

Kunimichi Kitagaki

高久嶺之介［著］

思文閣出版

はじめに

この本は、幕末から明治、そして大正初期にかけて生きた北垣国道（幼名晋太郎）の生涯を扱ったものである。北垣国道は、京都の人々には琵琶湖疏水を実現した京都府知事として知られている。また、京都の七条大宮から丹後の宮津までの一大縦貫道路である京都宮津間車道を造った知事としても一部に知られている。しかし、なぜ北垣が京都府知事になったのか、そして幕末にどのような行動をとった男であるのかは意外に知られていない。

本書では、北垣の幕末と京都府知事時代を中心的に扱うが、以下の流れに沿って筆を進めたい。

彼の幕末時をみれば、波乱に満ちた姿が浮かび上がってくる。北垣は一介の農民から出発し、攘夷運動に身を投じ、文久三年（一八六三）の生野の変で、多くの同志が死ぬ中で生きのび、その後も攘夷運動を継続し、天狗党の運動にもかかわった。しかし、「草莽」として運動を継続しながらも次第に「攘夷」から離れていくように見える。幕末の後半には、倒幕運動の流れに乗ってゆく。その後戊辰戦争における功績により鳥取藩に召し抱えられる。

北垣の幕末期はこれまで、生野の変について、沢宣一・望月茂『生野義挙と其同志』、高階一一『嗚呼榧の木さん國道さん』（養父町教育委員会）などで言及があるが、その後の北垣の動きについては十分な研究がない。ともかくも、生死をかけた幕末の運動により、北垣は次第に政治上に頭角を現していく。また、幕末時につちかった人脈が、明治以後も様々なところで影響を与えていく。

維新後は、鳥取藩から中央出仕への道を進むが、京都府知事になることも、伊藤博文や松方正義の北垣の内務省行政の評価からきていたと思われる。

彼の京都府知事時代は一一年半の長きに及び、行政での活動も多様な面に及ぶが、本書では特に琵琶湖疏水工事と京都宮津間車道工事の二点を取り上げた。

琵琶湖疏水工事については、これまでもいろいろな角度からの研究があるが、本書での特徴は、この工事を当時の政治社会状況の中で位置づけて事実関係をみることである。大まかに言えば、この工事は、北垣府政の多数派協調行政と企業勃興期の問題点が集中的にあらわれた時期の工事であった。そして工事の技術的問題としては、電気の有効性がはっきりしない時期の工事であったことが挙げられる。また、それまで農商務省と内務省の管轄が明確ではなかったが、明確に内務省管轄になった工事という特徴があった。北垣はこの工事を主導し精力的にとりくんだ。ただし、琵琶湖疏水の効能が京都市民に広く伝わるのは北垣が京都を去ってからである。

もう一つの事業、京都宮津間車道工事については、筆者の研究のほかに林正、和田博雄、宮城益男の研究がある（拙著『近代日本と地域振興―京都府の近代―』第一章、林執筆『三和町史　下巻（通史編）』第一章第三節、和田「売間九兵衛と栗田トンネル（上）」「売間九兵衛と栗田トンネル（下）―栗田トンネル勧解事件について―」『宮津地方史』第四号・第五号、宮城「明治中期の京都縦貫道と宮津大手橋」『宮津地方史』第三号）。本書では、この工事の特徴をわかりやすく提示するとともに、北垣の視察状況もとりあげて、縦貫道ができるということは地方にとってどういう意味があるかを示唆した。

なお、京都で北垣がかかわったものとしては、ほかに東本願寺の財務整理問題などがある。しかし、この問題では谷川穣の詳細な研究がある（谷川「北垣府政期の東本願寺―本山・政府要人・三井銀行の関係を中心に―」丸山宏・

伊従勉・高木博志編『近代京都研究』）。また、第三高等中学校を京都府が「受入」の結果、一八八九年（明治二二）九月に開校されることを明らかにした田中智子の研究がある（田中『近代日本高等教育体制の黎明―交錯する地域と国とキリスト教界―』第六章「第三高等中学校設置問題再考―京都府における「官立学校」の成立―」）。本書では、これらの問題では谷川や田中の研究に譲らざるを得ない。

北垣は一一年半の京都府知事を終えて、北海道庁長官として北海道に渡った。彼にとって、北海道は特別な地であり、すでに明治初期には北海道にかかわっている。明治五年（一八七二）、北垣は榎本武揚とともに小樽に土地も取得した。彼が北海道庁長官になった後、京都の地方官僚の幾人かは彼を追って北海道に渡った。函樽《かんそん》鉄道など北垣が北海道庁長官・拓殖務省次官在任中は実現できなかったが、その計画を進めた。そのことを、限られた史料の中であきらかにしたい。

なお、北垣は北海道にわたっても、自宅は京都のままであった。そして、死ぬまで京都が定住の場所であった。一八八一年（明治一四）に京都府知事になってからこの場所に住居を定めていたかは不明であるが、上京区土手町通丸太町下ル（鴨川西岸、現中京区土手町通丸太町下ル）がその場所であった。

最後に、北垣の人物像を限られた史料からであるが浮き彫りにしたい。

本書で使用する史料は多様なものであるが、明治以後の叙述の中心は北垣の日記『塵海』である。しかし、『塵海』は、一八八一年（明治一四）一〇月から始まり、一九〇一年（明治三四）一月で終わる。現在残存しているのはこれだけである。残存している年でも、欠けている月はかなりある。次に残存している日記（『塵海』）を記せば、次のようになる。

- 一八八一年（明治一四）一〇月～一二月
- 一八八二年（明治一五）一月～四月、七月～一二月
- 一八八三年（明治一六）七月、九月～一〇月
- 一八八四年（明治一七）二月、九月～一〇月

・一八八五年（明治一八）三月、七月
・一八八六年（明治一九）一月〜二月、四月〜九月、一一月〜一二月
・一八八七年（明治二〇）一月、四月〜六月、一〇月〜一一月
・一八八八年（明治二一）一月、七月、九月
・一八八九年（明治二二）一月、四月、一〇月〜一二月
・一八九〇年（明治二三）一月
・一八九一年（明治二四）一月、四月、七月〜八月、一〇月〜一一月
・一八九二年（明治二五）一月、四月〜六月、八月〜九月
・一八九三年（明治二六）七月
・一八九四年（明治二七）一月〜九月
・一八九五年（明治二八）一月〜五月、七月〜八月
・一八九六年（明治二九）五月〜六月
・一八九七年（明治三〇）七月〜九月、一〇月（断簡）
・一八九八年（明治三一）一月、一月（下書）
・一八九九年（明治三二）一月〜三月、三月（下書一）、三月（下書二）、四月
・一九〇〇年（明治三三）八月、九月（下書一）、九月（下書二）
・一九〇一年（明治三四）一月

なお、北垣国道の日記『塵海』は、筆者も会員であり編集作業に加わった塵海研究会編『北垣国道日記「塵海」』（思文閣出版、二〇一〇年）として翻刻・出版されている。

また、本書の史料掲載にあたっては、できる限りルビを多用し、史料を読みやすくするようにした。

目次◉北垣国道の幕末と近代京都

北垣国道の幕末と近代京都

第一章　生野の変と北垣晋太郎

はじめに

第三代京都府知事北垣国道について、幕末期、すなわち明治以前の前半生は、波乱万丈の生涯を辿る。但馬（現兵庫県北部）の農民身分であった北垣晋太郎（北垣の幼名）は、戊辰戦争の功績の結果、明治元年（一八六八）一二月、満三二歳で鳥取藩（別称因州藩）の武士身分になる。

まず、本章では、北垣が世に出るきっかけになる生野の変までの過程を、北垣を中心に分析する（あくまで北垣とのかかわりで生野の変を扱う）。

ここでの主眼は、北垣が迷いながらも決起中止の流れに身を置いていた事実である。

本章執筆にあたって、戦前における名著である沢宣一・望月茂『生野義挙と其同志』（一九三二年刊、春川会）が使用した史料をできる限り収集しようとした。同書は、末尾に「引用書目」として、使用した史料を挙げている。具体的には、「写本類の部」で四六の史料、「刊本の部」で四八の史料、「新聞雑誌其他の部」で一一の史料を挙げている。ただし、今日見ることができない史料もあり、その点は『生野義挙と其同志』および太田虎一『生野義挙日記』（一九四一年一二月刊、生野町文化財委員会、一九九三年一〇月復刻）で補わざるを得なかった。また、史料では、北垣の講演録（「但馬一挙の真相」）を使用したが、ほかに戦後の文献や自治体史も用いた。その他、参考にした文献は、拙稿「北垣晋太郎の幕末」（同志社大学人文科学研究所編『社会科学』第四九巻第二号）に触れてある。

第一節　生野の変を北垣・原はどう見ていたか

文久三年（一八六三）一〇月の生野の変で多くの同志が殺害あるいは捕縛される中で、北垣はかろうじて生き延び、その後の幕末の政治運動に参加して行く。

北垣の日記『塵海』によると、北垣国道は京都府知事時代の一八九一年（明治二四）七月一九日、日曜に家を訪ねてきた但馬出身の書生にこのように述べた。

> 但馬書生結城勘右衛門来ル。但馬一挙野史《やし》編纂之事ヲ告ケ其指揮ヲ乞ウ。由テ野史ノ材料其実ヲ得カタク、多ク想像的ニ誤ルノ理由ヲ示ス。（『北垣国道日記「塵海」』三三三頁、以下『塵海』と略す）
>
> （以下、とくに断らない限り、傍線およびルビ、（　）内の傍注は筆者による）

北垣は、明治中期になって維新の回顧が進む中、生野の変を英雄的に見ることを戒めたように見える。

一九一二年（明治四五）三月一一日、北垣は、維新史料編纂会で「但馬一挙の真相」と題して講演した（日本史籍協会編『続日本史籍協会叢書　維新史料編纂会講演速記録　一』）。彼は、天保七年（一八三六）八月二七日生まれであるから、明治末年の時点で、満七五歳の時である。一九一六年（大正五）一月一六日、京都市上京区の寓居で七九歳の生涯を閉じるから、講演の時期は最晩年の頃である。

一九一一年（明治四四）五月一〇日、北垣は宮内省から維新史料編纂会委員に任命されていた（『塵海』（付録1）「履歴・略系図」六〇〇頁）。おそらく、維新史料編纂委員であったことが講演をおこなった理由であろう。彼は好き好んで講演を引き受けたかどうか。

この講演時、文久三年（一八六三）一〇月時の生野の変に参加した人間で生存しているのは、主立った人物では北垣国道および原六郎（本名進藤俊三郎）の二人、そのほかに旧肥後藩士木曽源太郎（別名旭建）、旧水戸藩士前木鈷次郎しかいなかった。

木曽源太郎は、肥後藩士。文久三年（一八六三）脱藩して京に上る。同年八月下旬但馬に入り、八鹿村医師国屋松軒方で農民に剣術指導をするが、生野の変破陣後、沢宣嘉とともに長州に走る。のち徴士・度会府判事。一九一八年（大正七）に東京で八〇歳で没（前嶋雅光『幕末生野義挙の研究―但馬草莽の社会経済的背景―』二二七、四〇九頁）。前木鈷次郎は旧水戸藩士。七卿西下に随従し、破陣後長州に下る。戊辰戦争従軍後、一八八〇年（明治一三）水戸城西丹下桜野牧場に移住し、農牧に従事する。『生野義挙と其同志』の一九三二年刊行直前には生存している（『幕末生野義挙の研究』二二八頁／『生野義挙と其同志』三八一～三九一頁）。

しかも生野の変の「瓦解」時（北垣国道の表現）原六郎は京都から因州（鳥取）において、軍需品調達のため奔走しており、生野の変「瓦解」の現場にはいなかった。いわば、この明治末の時点で、生野の変の「瓦解」を知る者は北垣と木曽・前木しかいなかったと思われる。

北垣は、現役を引退したとはいえ政治に関係していたことから、講演で登場人物についておおむね評価をくだすことには慎重であったようだ。この講演の聴取者として井上馨が参加していたこともあるのだろう。この点では、同じように長生きしながら、原六郎（進藤俊三郎）が、後述するように野村靖（旧名和作）に対する感情を率直に表明しているように見えることなどとは対照的である。また、生野の変の「瓦解」前後、すなわち文久三年（一八六三）一〇月一一日から一三日前後にかけての記述において、北垣は自己の行動をはっきり述べているわけではない。一九三二年刊の『生野義挙と其同志』が疑問を呈しているように（三二九～三二四頁）、この間の北垣の行動には不明な点が多い（後述）。

ただ、この「生野の変」の「決起」について、北垣の評価は明確である。北垣は講演の末尾で、この「決起」は一貫して「戦争」というほどの組織だったものではなく、結果は「まったく瓦解」であったと強調している。

もう此処《ここ》になると戦争でも何でもありませぬ。南（八郎―高久）の人数というものは皆腹を切つてしまつた。これで但馬の一挙なるものは、まるで瓦解をしたのであります。これが大変世間に言触して居る所とは違います。世間に言触しているのは戦争をしたやうに書いてありますけれども、戦争はしませなんだ、まったく瓦解であります。

（中略）先づ概略申上げますると斯《こ》ういふやうな次第であります。立派な仕事といふものは一もありませぬ。唯此中で翌年の元治甲子《かっし》に長州の兵が上京しました時（禁門の変―高久）に際して、本多素行、横田友次郎、平野次郎（国臣―高久）、黒田与一（郎脱）、是等の者は京都の牢屋で殺されました。（中略）今まで生き残つて居ります者は、原六郎と私二人だけでございます。其他の人は皆死にました。

（北垣国道「但馬一挙の真相」一〇六～一〇七頁。「但馬一挙の真相」で北垣は、一九一二年（明治四五）の時点で生野の変の生存者は自身と原だけと述べているが、前述したように木曽源太郎と前木鈷次郎も生存していた。おそらく北垣はそのことを知らなかったのだろう）。

このように、北垣の話は、むしろ英雄的要素を排除しようとしたと言ってよい。また、その一方他に対して、批判的言辞が割合少ないのが特徴である。

では、原六郎（進藤俊三郎）はどうか。ただし、原は武器調達のため京都にいて生野の変の現場には参加していない。原自身は、一九一三年（大正二）四月二〇日、「生野銀山の義挙」と題して、但馬会で講演している

（この時、北垣はまだ存命で「目下旅行中」であった。『原六郎翁伝』下巻、二六九〜二八二頁）。この時、原自身も、「唯あゝ云ふことを企て、其結果の甚だ拙かつたこと、大失敗に終わつてしまったことは、今日では云ふまでもなくその当時でさへ辻褄の合わぬ様な思ひもし、又世間でもさう思つた事であらう」（同上、二七〇頁）と生野の挙兵を失敗とする点では、北垣と同じである。さらに原は、次のように直截的に述べる。

抑も銀山の一挙が斯ういう始末に終わつたというのは甚だ遺憾であつた。今申した様に但馬は昔から勤皇の歴史があつたのである。併し但馬に農兵を組織すると云ふことはどうしても幕府の手を借らなければならないので、其当時川上猪太郎と云ふ代官があつたのを、北垣氏が山岡鉄舟などと共に段々手を尽くして之を説きつけ、とうとう許された。北垣氏は最も奔走尽力した一人である。実は其農兵を以て義挙をなす積りであつた所が、事が齟齬《そご》して農兵が成立せぬうちに銀山の一挙が実行されて遂に敗れてしまつた。それは只今述べた通りで極く簡単である。其挙兵の方も敗滅の方も共に軽卒であつた。元々大和五条の義挙を応援する積りで起こつたのであるから、五条が破れた後に如何とも致方がなかったのである。

（『原六郎翁伝』下巻、二七八頁）

このように、北垣および原がともに生野の変を、まったくの「大失敗」とすることは共通の認識である。

第二節　生野の変前の北垣

①生野への進発

生野の変がどういうものであったか、見ておこう。まず、幕末の時代状況がある。『城崎町史』が的確にいう。

「草莽の臣との言葉がある。尊王の志士であって、将軍や大名に主従関係を持たぬ浪人とか民間のものという意味であり、無名の志士が国を憂いて出奔し、平凡な村役たる庄屋・年寄級も政治に関心を寄せ始める時代が到来した」（城崎町史編纂委員会編『城崎町史』四九三頁）。

北垣晋太郎もそういう人物の一人として登場する。北垣は、天保七年（一八三六）八月二七日に但馬国養父《やぶ》郡能座《のうざ》村（現兵庫県養父市）の庄屋北垣三郎左衛門、りき（利喜）の長男として生まれた。「本姓は日下部氏」と一九四三年刊『鳥取市史』が述べるように、改まった場所では「日下部」を使用する場合があった（一一六五頁）。もっとも、北垣自らが自身を「純然たる農民」（「但馬一挙の真相」二頁）と言っている。ただし、本人が在村の役職に就いたことを示す履歴はなく、政治運動に身を投ずる経歴からして、ある程度富裕な農民であったようだ。北垣が生まれた能座村、さらに生野銀山および生野を中心とした村々は生野代官所の支配地（「幕領」）の中にあり、天保六年（一八三五）の管轄地は但馬国内では朝来《あさご》郡・養父郡・出石《いずし》郡・気多《きた》郡内の一五二か村・高三万四五〇六石であった。後述する中島太郎兵衛はこの地の大庄屋であり、ふだん生野代官所に出入りし、また同じく後述する元膳所藩士で僧となる本多素行（旧名小太郎）もこの地に「隠然たる勢力を扶植し」、生野代官所の地役人とも絶えず往来する関係であった（『生野義挙と其同志』七〜一二頁）。

北垣は七歳の時、儒者池田草庵の立誠舎（八鹿村）に入塾し、弘化四年（一八四七）同塾が青谿書院（宿南村）になってからも引き続き在塾し、在塾二〇年におよんだ。この間、父は病のため死去し、一九一六年（大正五）刊の『但馬聖人』によれば、「父の病に持し看護至らぬ隈なく、喪に居りて（中略）墓側に蘆《いおり》を結んで通宵《つうよい》去らざることもありき」としている。ただし、明治以後の北垣の日記『塵海』には母りき（利喜）についての記述が多いのに比し、父の記述はない。北垣は、文久三年（一八六三）尊王攘夷運動に身を投じ、池田草庵のもとを退塾した。この時進藤俊三郎（佐中村：原六郎）、西村哲二郎（八鹿村：別名太田二（次）郎）も行動を共にし、

退塾している（「但馬聖人」『青谿書院開塾一五〇周年記念㈠　肆業餘稿・但馬聖人・池田草庵』一〜二、二八、三七、六六〜六八頁）。

北垣は、一九〇七年（明治四〇）三月、『但馬聖人』の巻首を書いたほか、青谿書院の保存会の会長をつとめ、原六郎が副会長になっている。また北垣・原らは義捐金として保存費用を出している。

そして、北垣は「文久二年に私は農兵を募つて、北海の防備に備へやうといふことを考へまして」、文久三年一月に京都に上り、親族の西村敬蔵に話をした（「但馬一挙の真相」八五頁）。

もともと、但馬に農兵を起こすという企ては北垣の案であった。文久三年（一八六三）一月、北垣の最初の案は、反幕の要素がなかった。二月山岡鉄舟との接触、そして山岡の手を経て農兵取立ての建白を幕閣に提出する。「私は幕府の百姓でありますから、どうしても農兵を募るにしても幕府の許可を受けんければ出来ませぬ」（「但馬一挙の真相」八六頁）という、北垣の言がそれを物語る。それが、三月に城崎温泉において薩摩藩士美玉三平（本名高橋祐次郎）との接触、さらに七月二日、美玉と北垣が同道して攘夷戦争参加の目的をもって馬関（下関）に入る。すでに、五月一〇日、長州藩は下関海峡通過のアメリカ商船を砲撃し、さらに五月二三日フランス艦、ついで二六日オランダ艦を砲撃する。六月一日にアメリカ艦ワイオミング号が長州藩砲台を報復攻撃し、六月五日にはフランス艦二隻が砲台を砲撃し、占領する。馬関に行くという事情を北垣は、次のように回想する。

　京都の同志の人が（中略）、美玉三平は今君の所に潜伏して居つても、随分危険だ。あれは薩摩の四条の屋敷を抜けて出たもので、今随分追捕が掛つて居るから危い、丁度五月十日に下ノ関で攘夷を始めたから、其方に行つて働くが宜い。（中略）それに付ては私（北垣―高久）も同行したい。但馬で農兵を心配してみた所が、百姓のことだからなかなか徹底させるといふことは容易ではない。私は年は若し《(ママ)》、なかなか人に信用されず、容易のことでないから、馬関に行つて攘夷の先鋒に当つて、それで死んだら結構なり、生きて帰つたら幾分か吾々が信用されるに相違ない、一つ私も一緒に行きませうといふことを申しました。それは大いに同志の賛成を得て、品川弥二郎の添書を貰つて、六月十八日に但馬の私の郷里を立ちまして馬関に参りました。

（「但馬一挙の真相」八八〜八九頁）

七月二日、馬関に着船した北垣と美玉は長州藩「御有志之御方々」に会い、「厚御厄介」になるが、外国との「戦時」には遅れ、「深《ふかく》残念に存申候」という状態であった（文久三年亥八月、北垣晋太郎より久坂玄瑞・寺島忠三郎宛書状。『尊攘堂書翰屏風　十四翰十八』、京都大学附属図書館蔵）。

しかし、長州行きの経験は北垣に大きな刺激と転機になったようだ。八月のいつかは不明であるが、その後郷里に帰った北垣は、長州の久坂玄瑞と寺島忠三郎に宛てて書状を送り、攘夷のための農兵組織運動への尽力を要請した。その中で「朝廷攘夷之御期限御評決」のことは承っているが、「未だ国中へ布告」はなく、この形勢では「夷賊之難」が起こったならば、三日を待たずに、彼のために侵略されるだろう、と危機意識を書き、「土着之兵隊を相立」ることの必要性を訴える。そして、この運動においては、「幕府之威を憚《はばか》」っているが、「御尊藩（長州藩—高久）」は馬関において「清き御旗上」をなされ、「攘夷御手始め」をなさること、天下の誰が感激しないものがいようかと、幕府とは対照的に長州の行動を最大限持ち上げる（同右書状）。長州の「攘夷」の動きに感激した北垣の心の動きを率直に表明したものとみてよい。

この八月は、政局が目まぐるしく動いた月であった。八月一三日、攘夷祈願・親政軍議の大和行幸の詔勅が出る。八月一七日には大和五条（現奈良県五條市）で天誅組の変が起こる（二七日には壊滅）。さらに八月一八日、いわゆる「八月十八日の政変」により、朝議が一変し、国事参政・寄人の廃止、大和行幸の中止が発表され、翌日三条実美など七卿らが、長州へと逃れていく。

このような状況の中で、長州の尊王攘夷派の人びとにとっては、最大の課題は大和五条で決起した人びとを支援することに置かれていく。

九月一日、入洛した北垣は、長州屋敷を訪ねる。『生野義挙と其同志』によれば、この時の北垣は、訓練を施し、機械・器具を整えれば、一年後には農兵は役に立つだろうと考えていた。「翌年の秋」を待って、「隣国の諸有志」と連絡を取ってことを挙げたならば、「五畿中国」を動かすことが出来よう。この期に臨んで「長州の勢が大挙して、潮の如く押し寄せたならば必ず多年の本願は成就するに違ひない、また「大和の義挙」に対しては、「一時楠木公赤坂退去の故智に倣《なら》ひ、暫《しばら》く分散して、時機の到来を待つ事が策の得たもの」と考えた（『生野義挙と其同志』一五五頁）。

しかし、長州屋敷にいた野村和作（明治以後、野村靖に改名）はこれに反対であった。野村は、大和の「義挙」は、今日の形勢において一日も早く救わなければならぬ、機械・器具・人数の不足は、必要に応じて送るので、但馬に行くことを思い立ってほしい、そのために平野次郎（諱国臣）を但馬に派遣したのだ、君（北垣）も急行して但馬に帰って、平野らを助けて大和の応援を謀れというものであった。それに対する北垣の対応は、時間的に訓練の不充分さを理由に躊躇するもので、「但馬一挙の真相」では、次のようになっている。


私は尚其得失を判断することが出来ませせなんだ。なぜならば但馬は農民ばかりで、まだまだ是から二千の兵を一年の間に拵《こしら》えやうといふのでありますけれども、今は何もない、だからどうも野村の論にそれなら宜しい、請合ひましたといふことは云えませぬから、それで野村にどうか但馬に行つて其実況を見て下さい、其上で決して貰ひたい、今彼所へ打ち込んで見た所がどうすることも出来ないから――といふことを野村に談じて別れました。

（「但馬一挙の真相」九六頁）

これに対して、『生野義挙と其同志』は北垣の「但馬一挙の真相」を使いながら、北垣がより直截的に野村にものを言ったとしている。すなわち、「戦争ニ必要ノ武器弾薬ノ用意モ無イ、コノ烏合ニ等シイ衆」を束ねてことを起こそうとすることは、何人でも引き受けられるものではない。「貴君ハ但馬ノ実情ニ対シテ御承知ナイカラ困ル」と主張したことになっている。この方が、北垣の不満がより直截である。いずれにしても『生野義挙と其同志』では、「北垣の言葉には幾分気乗りのしない調子が見える」（一五六頁）と書いてあるように、短時日での農民組織化の難しさを認識していたのであろう。のちに、そのことが現実化する。

野村は、その後京都にいた因州藩の松田正人（通称。本名道之）の同意を取り付け、野村自身が京都を離れられないため、北垣の同行人として芸州藩の田中軍太郎（別名秋山虎之助）を但馬へ出発させている。

②同行者たちの対立

北垣が但馬に進んでいたころ、さきに但馬に入っていた平野国臣、美玉三平、本多素行らは、会議の準備を進めていた。九月一三日北垣が但馬に着し、竹田町（現兵庫県朝来市和田山町竹田）の庄屋太田六右衛門方に着いた。九月一九日、高田村（現朝来市和田山町高田）中島太郎兵衛方にて、農兵募集の会議が開かれ、地役人退出の後、秘密会議が開かれ、三田尻亡命の七卿、できれば三条実美を総裁として仰ぐため平野国臣と北垣晋太郎を長州に派遣すること等を決める（『生野義挙と其同志』一六一〜一六二頁）。これに基づき、平野・北垣は九月二八日に三田尻（現山口県防府市三田尻）に入った。様々な周旋の結果、長州藩の「慎重な態度」にもかかわらず、個人として、一〇月二日、公卿の沢宣嘉、随行者として長州藩から第二代奇兵隊総督であった河上弥市（九月一二

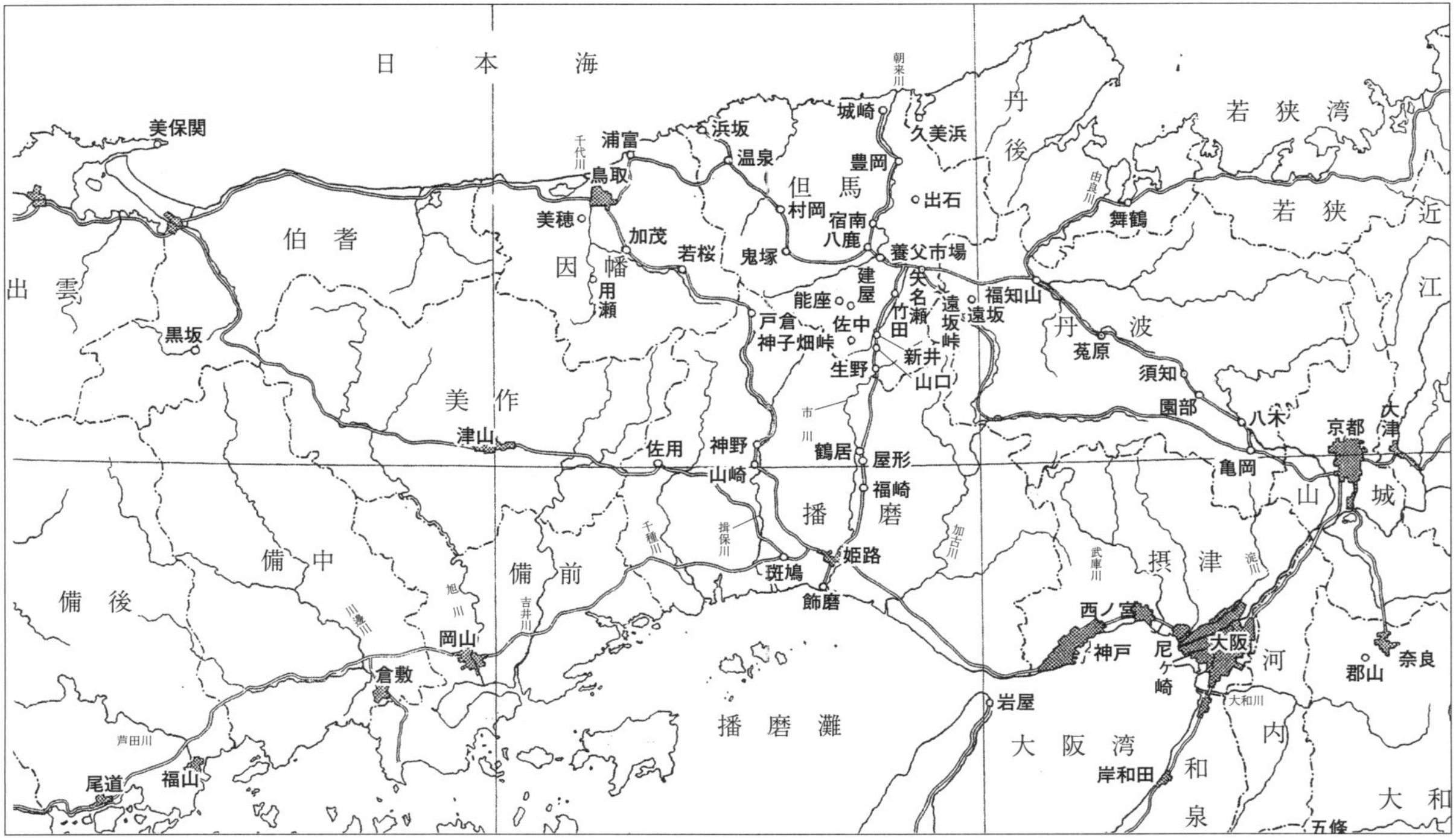

図１　「生野の変」前後の北垣晋太郎、原六郎関係地図

出典：原邦造編『原六郎翁伝』上巻、「生野義挙前後原翁関係地図」を修正掲載。

備考：①原六郎と北垣晋太郎の動きは相違するところがあるが、同じところも多いので上記地図を使用した。
②地名の記載は、現代の表記に改めた。

日就任）ほか九名、筑前藩から平野国臣ほか三名、水戸藩から川又佐一郎ほか三名、出石藩から多田弥太郎と高橋甲太郎、戸原卯橘《うきつ》（秋月藩）、田岡俊三郎（小松藩）、森源蔵（阿州）、江上秀胤（本名三牧謙蔵、尾州）、永田左衛門（『生野義挙と其同志』には「河内の人」とある）、加えて北垣晋太郎（但馬）、合計二七名が船で三田尻から但馬に向けて出発した（同上、二一六～二一八頁）。長州奇兵隊総督河上弥市が南八郎と名を変え（「但馬一挙の真相」一〇四頁／『生野義挙と其同志』二一六～二一八、三四七頁）、一〇名の奇兵隊員とともに但馬行に加わった背景には相当な決意があったと考えられる。

しかし、先発した北垣が一〇月七日、飾磨《しかま》（現姫路市飾磨区）に上陸した後、新町（現兵庫県神崎郡福崎町）で偶然、進藤俊三郎（原六郎）に会い大和が破陣したことを告げられる。そして、(1)大坂の長州藩士がすべて国許に帰ったこと、(2)今但馬に事を挙げたところで事はならない、(3)そこで野村和作と松田正人（因州藩が相談し、沢卿の但馬行を阻止、沢卿は因州に潜行して、そこに「御留《とま》り」になるがよい、その他は皆大坂の長州邸に潜伏して時機を待つがよい、と告げられる。なにより、大和の破陣は但馬での決起の目的をほとんど意味のないものにし、大坂の長州藩士が国に帰ったことは、期待した軍事力がほとんど使用不能になり、要するに但馬での決起をほとんど不可能にした（「但馬一挙の真相」一〇一～一〇二頁／『生野義挙と其同志』二五二～二五三頁）。そしてそれは以前野村から聞いていたこととはまったく違う事態であった。北垣の書いたものには、野村への批判は見られないが、原六郎（進藤俊三郎）の維新史料編纂会の委員会席上での講演にはある。

さうして居る処に北垣がやって来た。私（原六郎―高久）の顔を見てビックリして「どうしたのだ」と云う。私は委しく事情を述べたところが、大に失望して、それだから俺は野村に駄目をおしたのだ、第一我々の農兵と云うものが、まだ出来ておらぬ。なんで義挙をやるかと云つたら、これこれの人数が大阪にゐるからと云つた。それに大和がやりかけてゐるからと云つた。
兎に角、こゝで三人（北垣・原・本多素行――高久）は是が非でも延ばすといふことに決めた。
（『原六郎翁伝』下巻、二八八～二八九頁）

野村靖が、一八九三年（明治二六）に私家版として世に出した『追懐録』では、野村の構想が破綻した事実には一切触れていない。

北垣は、平野国臣に会い、本多も加わって決起中止で動いてゆく。

翌日、本多は北垣を飾磨に向かわせた。原六郎は、「竹田に行つて待つて居れ」（『原六郎翁伝』下巻、二八九頁）とのことであったが、原は竹田町に行くが誰も来ていず、仕方がないので京都に向かい、京都の小荷駄を鳥取に運び、結局生野の変にはかかわらなかった（同上、二九二～二九五頁）。

一〇月九日夕暮れ、沢宣嘉らの一行が飾磨に上陸した。北垣は平野国臣にも会った。この夜平野が決起中止を説く。しかし一行、とりわけ南八郎、戸原卯橘などは説得を頭からしりぞけた。北垣の「但馬一挙の真相」は、次のように書く。

私は直に飾磨に出まして沢公を待受けます積りでありましたが、其途中で沢公は網干《あぼし》（現姫路市網干区――高久）といふ所にお著《(着)》になつたといふことを聞きましたから、其処にまいりました所が、其処から又飾磨に船をお廻しになつたといふことで、飾磨に夜駆付て、段々松田や野村の意見を具申して、因州に潜行せられんことを勧告しましたけれども、なかなか承知がありませぬ、又随つて居る人も一人も同意しない。
（「但馬一挙の真相」一〇二～一〇三頁）

北垣の「但馬一挙の真相」では、この場面に平野国臣は登場しないが、『生野義挙と其同志』に所収されている「川又佐一郎口上書」では、平野国臣が説得にあたったとする。しかし、かえって逆効果であった。一八九七年（明治三〇）一〇月刊の馬場文英編『尊王実記』は、その状況をくわしく書くが、次に要約して述べよう。

「南八郎ノ徒及ビ壮士輩、戸原卯橘等」は承服せず、せっかくここまで来て、「大和勢ノ敗軍」を聞いて、敵の旗を見ないで逃亡するは、世上のあざけり笑いとなるだろう。この「丹波、丹後、但馬ニハ頗ル有志数多」いる由なので、同志の徒と「義兵」を挙げ、再度大和に押し寄せ、公卿中山忠光公の残党を集め「弔合戦《とむらいがっせん》」をすべきという。これに対し、平野国臣は、「壮士輩ヲ煽動シテ、其国ヲ脱走セシメナガラ、大和ノ敗軍ノ確報ヲ得ルヤ」、「大事ヲ誤リ、沢殿ニ対シテモ申訳ナク、同志数輩ニ向ツテモ面目ナク、其心中シテ茫然《ぼうぜん》タリ」と謝ったが、収拾はつかなかった（『尊王実記』四一～四二葉、一八九七年）。

ここでは、平野に対する不満が、充満していた。南八郎、戸原卯橘、さらには沢宣嘉も平野の言を信じて但馬行を決めたのである。しかも、「サレバ迚《とて》復《また》防長ニ帰国スルヲ得ズ」、すなわち決意をもって長州を出た以上、なにもしないで帰ることはできないという心理も働いていた（『生野義挙と其同志』二五四～二五五頁）。もっとも平野の方針は、野村和作（靖）の方針に従うものであったが、南・戸原、そして沢にとってはあくまで平野の方針としか映らなかったであろう。

それともうひとつ、「丹波、丹後、但馬」には有志の徒が多数住居していると聞き及んでいるので、かの地で同志の徒と力を合わせて「義兵ヲ挙ゲ」、という南八郎の発言に示される如く、但馬には支持者は多いはず、という幻想が南にはあったと思われる。そのことは、平野らが三田尻で但馬の農民らの「忠孝心」の厚さを説いてきたことが背景にあった。現に、美玉三平の「日誌」にも、「農民等忠孝之志厚ク」、と書かれている（「渓間日乗」『維新日乗纂輯　三』三〇頁）。もっとも、美玉の文には、もちろんその功績により、きっと「帯刀之儀」は差し許される、とも書かれている（同上。しかし、文久三年九月五日の農兵組立周旋方を置く際に、「是等周旋方に任命された者は、頓《とん》で苗字帯刀も許されるであろうとの見込みであったが、それも待たずに両刀を佩《お》びて闊歩した者もあったという。『生野義挙日記』三二頁）。ともあれ、戦後、稲田耕一が『木ノ谷に残る勤王志士美玉・中島両氏の伝記』で述べた、「農兵達が自分らの様に尊王攘夷の志士の如く鉄の様な意思の持主と信じすぎて居たのではないか」（三一頁）という推測も成り立つ。ただし、南はともかく農民出身の北垣にとっては地元であり、しかも農兵の訓練がまったくできていないという点で、その幻想があったかどうかはわからない。

結局、平野国臣は飾磨では、南八郎、戸原卯橘ら強硬派を説得できなかった。平野、北垣はやむなく一行に同行し、途中で本多素行によりもう一度説得しようという手段をとった。一〇月一〇日、一行は夜船着場である仁《に》豊野《ぶの》（現姫路市仁豊野）の旅宿田屋に一泊した。

この時のことを北垣は次のように言う。

> 飾磨に夜駆付て段々松田や野村の意見を具申して、因州に潜行せられんことを勧告しましたけれども、（沢公は―高久）なかなか承知がありませぬ。随つて居る人も一人も同意しない。遂に私がさう談じて居る中に、飾磨から川船を拵へて――姫路の西の方から川船を通じて居りますから、其川船に乗つて発足せられるといふわけで私も致方がありませぬから、其船に一緒に乗つて姫路の北の方に行って、途中から上つて、さうして二生野《にぶの》（仁豊野―高久）といふ所で本多と出会つて、本多にどうも此方の勧めることは採用にならぬ、野村の意見も松田の意見も迚《とて》も行はれぬ、併しこれは一大事であるから、君の力を以てもう一応論《ママ》じて見て呉れ、といふことを本多に話しました。
>
> （「但馬一挙の真相」一〇二〜一〇三頁）

仁豊野で本多素行は、初めて沢宣嘉に会って「挙兵中止説」を説得するが、その本多の説得に対して座敷の襖の陰で「卑怯者、斬れ、斬れ」とののしる声があがったという（『生野義挙と其同志』二五七頁）。『生野義挙と其同志』の表現によれば、「平野国臣、本多素行、北垣晋太郎等の面々は中止説、南八郎、戸原卯橘等の面々は挙兵説をとつて動かずして、飾磨に於て二派に分かれたものが、此所まで持越されたのであつた」（二五七頁）。

北垣は議論の雰囲気を次のようにいう。「どうも其時分の此同志の勢といふものは、なかなか盛なもので、死ぬるといふより外には何も考へない。唯死にさへすれば宜いといふ覚悟でありますから、本多の言ふことなどは聴かない」「段々評議をしますと腹を切るといふ問題と退去するといふ問題と、この二つでその他には何もない」（『但馬一挙の真相』一〇三～一〇五頁）。

しかし結局、南・戸原の挙兵説を止めることができず、一行は屋形（神崎郡市川町屋形）に向かって進んだ。挙兵中止論と挙兵決行論、事実上どちらが主流であるかは明確ではないが、建前としては挙兵せざるを得ないという心理が生野の変の瓦解につながっていく。やはり『生野義挙と其同志』の表現によれば、「国臣、素行、晋太郎等も内心平かでなかつたに相違ない」（二五七～二五八頁）。あとは「瓦解」への道である。

第三節　生野の変時の北垣

①生野の変

一〇月一一日、一行は生野の森垣村（現朝来市生野町）延応寺《えんのうじ》に入る。延応寺は生野の代官所を高台より見下ろす位置にあった。『尊王実記』では、北垣は次のように記されている。

北垣晋太郎国道ハ沢殿ニ随従シテ帰但シタルガ、円（延）応寺ニ着陣アルヤ、此処ヨリ農兵募集周旋ノ為ト云ヒテ

即刻八鹿村ノ方ヲサシテ赴ク。（『尊王実記』四六葉）

また、北垣が八鹿村（現養父市八鹿町）をめざして進発した一一日から一三日までの彼の動向についてはまったくわからない。

ともあれ一行はその夜には猪野々村（現朝来市生野町猪野々）の丹後屋次郎左衛門方に移る。この一一日夜も、論争は絶えなかった。『尊王実記』では平野国臣は次のように主張したという。死は易く生は難い。かくては、とても勝算の目途がたたない。今、「猛猪《もうい》ノ奮激」に走り、惜しい命をおとさんよりも、むしろ一旦この席を退散して各自憤怒を忍び、何国なりともしばし身を潜め、命を全うし、時節を待って再挙をはかるにしかず。そして天運に帰せれば、また如何なる幸福を得て、素志を達し成功を遂げる時あるやも知れずと（五三〜五四葉）。

しかし、南八郎と戸原卯橘は承服せず、かえって憤激を増した。同じく『尊王実記』によれば、双方の議論を聞いた沢宣嘉は、次のように言ったという。今、平野の「演述」を聞くところによれば、各士を始め我等ともかねての渇望がここに齟齬することに大いに失望し、かつ困却当惑する。しかる上は何をもって目途とするのか。所詮素志を達し、快復を図ることは困難であろう。しかしこれはまったく平野ひとりの過失ではなく、しいて平野のみを譴責《けんせき》するものではない。これ皆が不幸の為すところである。故にいやしくも私が元帥の任に当たり、各衆の嘱望を受けたる以上は、我が身一死をもって天朝にお詫びをし、各士は速やかにこの場を退散して、何国なりともしばらく潜居し、時節の到来を待ち、再挙を図るべしと（五四葉）。

沢はそう言って短刀を抜いて自刃しようとする有様であり、美玉三平、旭建（木曽源太郎）および左右列座の志士らがとりすがりこれを止めるという情景もあったという。また南、戸原、白石廉作（下関の豪商白石正一郎の弟）らもともに自刃しようとする情景もあった（『尊王実記』五四葉）。沢の発言は、この段階になって南・戸原と違う地平、すなわち挙兵中止論へと向かう地平をも窺わせる。

これが、一一日夜丹後屋での会議の情景であった。

翌一二日八つ時（午前二時頃）南が率いる長州勢を先頭に陣屋に向けて進発し、それからしばらくおいて沢宣嘉が警護の浪士に囲まれて代官所陣屋前に乗り込んだ。急を聞いて駆け付けた代官所元締武井正三郎に対し、浪士十数名は陣屋の貸与を要望し、武井はおだやかにこれに応じて、南らは一二日明け方に代官所を無血占領した。しかし、すでに、武井は出石藩と姫路藩に対して討手を差し向けるよう密使を立てていた。

なお、この日陣容が成る。総帥が沢宣嘉、総裁御側役が田岡俊三郎と森源蔵、総督が平野国臣と南八郎、議衆が戸原卯橘と横田友次郎と旭建（木曽源太郎）、軍監が川又佐一郎と小河《おごう》吉三郎（別名大川藤蔵）、録事が藤四郎、使番が高橋甲太郎、節制方が中島太郎兵衛・美玉三平・多田弥太郎・堀六郎（福岡藩）、周旋方が中条右京（出石藩）・太田六右衛門・太田伍一郎（竹田町）、農兵徴集方が黒田与一（市）郎（中島太郎兵衛の弟）と長曽我部太七郎（徳島藩）、兵糧方が小国謙蔵と小川愛之助、大谷仁右衛門らである（『生野義挙と其同志』二七二～二七三頁）。

ちなみに、この「陣容」にはもともと決起中止派の北垣晋太郎と本多素行の名がない。

北垣と本多の名がないことを佐藤文太郎は「（北垣は―高久）議衆くらいに名を連ねても良いはずだのに、陣容の中に名が見えません。本多素行の名も見えぬ事から考えて、二人には、何か特別の任務か配慮かがあったのかもしれません」という（「生野義挙と南八郎」生野町文化財委員会編『銀山昔日―生野史物語―』一二六頁）。

さらに、丹後屋において、「軍規」も定められる。

また、一三日には三年間の年貢半減が南八郎の名で出された（兵庫県史編集専門委員会編『兵庫県史　史料編　幕末維新Ⅰ』一二二七頁）。

年貢半減は、文久三年八月の大和天誅組の変でも出ているし、時代が下って戊辰戦争時（慶応四年）の西園寺公望山陰道鎮撫総督の「檄文」（一月四日）の中にも、一月一五日の宿場町高宮の本陣前に立てられた相楽総三ひきいる「官軍先鋒嚮導隊」（赤報隊）の高札の中にも出てくる。ただし、天誅組の変でも生野の変でもほとんど影響力がないように見えるし、戊辰戦争時にも、どの程度影響力があったかは疑問である。

総帥である沢の名ではなく、南の名で出されたところに意思統一のなさが明確に読み取れる。

その頃、動員された農民兵が、竹槍、鉄砲などを持って代官所にかけつけた。

この、生野に参集した農兵はどの程度の人数であろうか。史料により二千から三、四万と相当な数の開きがあるが、前嶋雅光『幕末生野義挙の研究』は「参加村々の戸数が即動員兵数と考えてよかろう」（四二頁）として、「義挙時の動員兵数は少なくとも四千数百で、おおむね一万に近い数であったろうことが考えられる」（四九〜五〇頁）とするものの、一方で農兵が即時に集結したわけではなく、養父市場組合の村々など一村も参加しない村もあり、結局前嶋も数はわからないとする（五二頁）。また、高階一一は、「生野代官の届書によると三千人となっておりこれが先ず正確なものでないかと考えられる」（『嗚呼榧の木さん國道さん』六六頁）としている。

次いで、武井が密使を出した出石藩は一番手が一三日出発し、九五〇人と騎馬三人が養父市場村に到着、姫路藩は一四日から繰り出され、総勢一〇〇〇人余り（内騎馬は一〇人）であった。京都守護職松平容保は出石・姫路の出兵と同時に、丹波柏原《かいばら》、同福知山、丹後宮津、但馬豊岡、播磨龍野の諸藩にも人数を差し出すよう命じた（『生野義挙と其同志』三〇二〜三〇三頁）。

結局、生野はこれらの諸藩に包囲される状態になった。

この時、本陣の軍議は依然として一致しなかった。平野国臣が「千石（出石藩—高久）、京極（姫路藩—高久）而《の》已《み》に非ず、三丹一所に攻寄《せめよる》は大敵也」としたのに対して、南八郎は気色を変え、全体このたびの企《くわだ》てが手違いになり、勢が揃いかねるなどと「足下方《そっか》」（あなた方）は言うが、この期において「多勢小勢抔《など》論ずる者畢竟《ひっきょう》臆病神之付に似たり」、と進んで出石勢を迎えるため山口村（現朝来市山口）の妙見山に陣を敷く作戦であった（「銀山新話」『生野義挙と其同志』三〇五～三〇六頁）。

妙見山とは、別名岩州山のことで、頂上に妙見堂の小さな祠があるので、通称妙見山と呼ばれている（『生野義挙日記』七二頁）。

このように「本陣の論が一致しなかつた事は運上蔵の地役人等がつひに気付いて了つた」（『生野義挙と其同志』三〇六頁）。

「藤本義芳日記」はその内部分裂の様相を次のようにいう。

浪士共相集リ勢ノ義ハ、何分一和不一致ノ様子、何角今夜ノ様子ニ而ハ荷仕度、様子ニ被察候御運上ニ罷出、内々木村善左衛門様迄内談致置候。
（『生野義挙と其同志』三一七頁）

このような状況の中、一三日夜、沢宣嘉と旭建（木曽源太郎）、多田弥太郎、田岡俊三郎、森源蔵、関口泰次郎（水戸藩）、高橋甲太郎が脱出した。しかし別れ別れになり、結局沢に随従した者は田岡、森、高橋の三人となった（『生野義挙と其同志』三二五～三二六、三六〇頁）。

この沢の動きについて、沢の孫にあたる『生野義挙と其同志』の著者沢宣一が割合評価をひかえているのに対して、春山育次郎『平野国臣伝』は沢の動きに対する批判を次のように率直に表明している。「元来今度の義挙の覚束ないことは、播州の飾磨に着いた当時より、全く知れ切ってゐたのを、沢卿が飽くまでも成敗は問はぬ、唯斃れて後の志を継いで興るものを待つのみだと言はれるので、河上（南─高久）・戸原等の硬論も行われまして、こゝまで来て事を挙げたのです。

然るに元帥（沢―高久）はやくも出し抜いて落ち失せられては、衆は如何とも致方はありませぬ。人々今は死に場所もないと云ふ事情になりました」（五七五頁）。

一四日、沢の脱出があって、本陣でも「其夜御帰リ無之ニ付皆々狼狽シ退逃ス」（「但馬義挙実記」『維新日乗纂輯二』二九三頁）という状態になった。その結果、残された農兵たちの間には、「偽浪士」の風説が起こり、段々と浪士たちに反感を持つようになっていった（『生野義挙と其同志』三三六頁）。

本陣の状況は「藤本義芳雑記」が次のように伝える。

今晩八ツ時（午前二時頃―高久）頃、浪士退散致シ候趣ニ付、早速御陣屋ニ駆付候処、本陣廻ニハ鎧甲脱捨、御代官様御居間等ニハ、食事之残リモノ等有之、能々《よくよく》周章致シ候ト相見候。左モ見苦敷事ニ有之候。

（「藤本義芳雑記」『生野義挙と其同志』三三五頁）

しかし妙見山の南八郎一派は退去する気配をみせなかったため、伊藤龍太郎（代官所の剣術師範）が妙見山に乗り込み説得を試みたが、南らはこれに応じなかった。七つ（午後四時）頃、南たち一三名が山を下りてきたが、銃を持った農民らにさえぎられ、山口村の山伏岩裏で南八郎ら長州奇兵隊一〇名（南、白石廉作、長野清助、下瀬猛彦、小田村信一、伊藤三郎、伊関英太郎、久留惣介、和田小伝次、西村清太郎）および戸原卯橘は自刃し、永田左衛門（河内の人）、草我部某は藪中で刺し違えて息絶えた（「但州見聞録」「南八先生」「勤王三十二烈士伝」『生野義挙と其同志』三三八～三四八頁）。

逃亡した人びとには、それぞれの運命がある。川又佐一郎、大村辰之助、片山九市（変名木村愛之助）は納座村（現朝来市納座）で捕縛される。同じく納座村で小河吉三郎（大川藤蔵）は自刃する。森垣村で伊藤龍太郎・

三牧謙蔵（江上秀胤）が捕縛。猪篠村（神崎郡神河町猪篠）で中条右京・長曽我部太七郎が農民たちの銃弾により死亡。播州宍粟《しそう》郡木ノ谷村で美玉三平・中島太郎兵衛の二人がやはり農民たちの銃弾により死亡、黒田与一郎が捕縛される。福崎では本多素行が捕縛される。一五日、城崎への途次、上網場村（現養父市八鹿町上網場）の旅宿で豊岡藩兵により平野国臣・横田友次郎が捕縛される。そして捕縛された者もその後獄死の運命を辿る（『生野義挙と其同志』三九二～三九七、四一九～四二九、四三九～四四四、四四六～四五七、四八二～四九〇頁）。

②北垣の「破陣」

生野の変が始まる一〇月一一日から一三日まで、八鹿へ向けて進発後の北垣晋太郎が何をしていたか不明であると先に述べた。この間の北垣の動向についてはいくつかの史料がある。まず、『兵庫県史　史料編　幕末維新1』に収められている「朝来郡大月村小山六郎手記」（「生野変動記」宮内庁書陵部蔵）の一〇月一一日と一三日の北垣に関する部分のみ記しておこう（二七四～二七六頁）。

〇一一日―「北垣晋太郎ハ御届陣直ニ八鹿村（生野ヨリ九里余北）迄下ル」

〇一三日―「北垣晋太郎モ八鹿ヨリ山口（生野ヨリ二里北）迄主張シ、南八郎ト議論シ、夫《それ》ヨリ生野ニ到ル、本陣ニテハ議論区々トシテ不決、君側之者曰、此通ニテハ不事成顕然タル、一先退散シテ後日復挙事之論義挙ヲ相立ル」

ここでは、まず北垣の動きとしては一一日に生野に到着後、生野より九里余北の八鹿村に行ったことが記されている。この史料ではなぜ八鹿村に行ったか書いてはいないが、前掲『尊王実記』では「此処ヨリ農兵募集周旋ノ為ト云ヒテ」となっている（四六葉）。しかし、決起中止論に立っていた北垣が「農兵募集周旋」で動いていたかは疑問がある。実際上、北垣の「但馬一挙の真相」でもそのことは一言も触れられていない。くりかえすが一一日から一三日の途中まで北垣の動向は不明なのである。

また、『山東町誌　上巻』（一九八四年）では、「朝来郡大月村小山六郎手記」の「山陰義挙実記」を掲載しているが、同記は、北垣の動向を比較的詳しく、むしろ疑問を込めて語っているのが特徴的である（ただし「原文通りでは読みづらいので多少現代風に意訳することを諒としてほしい」とある）。

では、小山六郎「山陰義挙実記」の北垣に関する箇所を抽出してみよう（『山東町誌　上巻』一二四六頁）。前半部分は「朝来郡大月村小山六郎手記」とほぼ同じであるが、後半部分は疑問を明示している点で違う文章である。

○「北垣晋太郎ハ御届陣直ニ八鹿村迄下ル」

○「北垣国道ハ大切ナル但馬国ノ案内者ナルガ、コレモ八鹿村へ下リ本陣へ伺候セズ」

○「北垣晋太郎モ八鹿ヨリ山口迄出張シ、南八郎ト議論シ、夫ヨリ北垣ハ生野ニ到ル云々。参謀木曽源太郎曰《いわ》ク、吾レ十四日ノ落城マデ生野ニ居タルガ北垣ハ見受ケズ不審ナリ。又曰ク元帥沢主水正殿曰ク余既ニ売ラレタリ。田岡俊三郎・本多素行モ曰ク吾輩売ラレタリ、コレニ於テ之ヲ考フルニ北垣ハ本営ニ来タラザルハ著名ナリ」

この中で「元帥沢主水正殿曰ク余既ニ売ラレタリ。田岡俊三郎・本多素行モ曰ク吾輩売ラレタリ」は、生野に疑心暗鬼が渦巻いていたことを示している。北垣だけではない。平野国臣はその矢面に立っていた。「平野氏足《そっ》下《か》ノ偽謀詐術ニ誘因セラレ、此方迄来リ敵ノ旗色ダニ見ズ、大和義徒ノ敗軍ニ聞キ怖《こわ》デ、何ノ面目アリテ、凄々《すごすご》帰国ナスヲ得ンヤ、是レ後世ノ恥辱此上ヤアラン」（『尊王実記』五三葉）と最初に事情を知った時の南八郎の激昂ぶりがよくわかる。

また、一一日から一三日まで生野をあとにして、八鹿村まで出かけ、一三日になって山口村まで来て、「南八郎ト議論シ」たという北垣の動向は判然としない。北垣の「但馬一挙の真相」でもそのことは語られていない。

この「南八郎ト議論」は相当激烈で、南から非常に侮蔑的な言葉を浴びせられたとしているが、そのことを記した「銀山新話」は「粉飾が過ぎてゐて、俄かに信用が出来ない」と『生野義挙と其同志』はいう（三二四頁）。

北垣は大和の破陣後一貫して挙兵中止の位置にいた。生野の陣の現場では表面上、南八郎のような直情的な者が主流であり、その雰囲気が横溢していたが、それは北垣の筋書きとは真逆の動きを直進していた。

第四節　生野の変後の北垣

①生野の変後の北垣と進藤（原）

一〇月一四日朝、平野国臣と横田友次郎は、八代村《やしろ》（現朝来市八代）から建屋村《たきのや》（現養父市建屋）を越え、長野村（現養父市長野）の信行寺で甲冑を脱ぎ捨て、北垣晋太郎を訪ねた。北垣は家に居らず、町村《まちむら》（現養父市建屋）に暮らす北垣の叔父、川尻屋北村平蔵の家にいた。そこで北垣に会うが、別々になって因州に落ちようという北垣の意見により分かれた（『生野義挙と其同志』四一七頁）。

平野・横田と別れた北垣は、我が家に帰り、その晩自宅において老母と別れた。『生野義挙と其同志』によれば、北垣は商人に姿を変え、荷物運びの下男を連れ（途中で別れる）、大屋谷の奥明延《あけのべ》の富士野《ふどの》峠を越え、播州宍粟郡の繁盛村《はんせ》（現宍粟市一宮町）に入ると、見張りの農兵が道をふさいでいた。したがって八鹿村に引き返し、家僕の家に潜む。翌日、西村哲二郎（太田二郎）の弟が来て、兄の哲二郎が因州に脱出したことを告げる。これにより北垣は因州行を決し、その夜八鹿村を出て須賀ノ山《すがのやま》（氷ノ山《ひょうのせん》）を登り、山を越えて山麓の一村に宿す（『鳴呼榧の木さん國道さん』八三頁）。一八日、鳥取に着し、西村に会う。その後、鳥取の同志を訪問するが、みな国許（鳥取）にはいなかった。意を決して西村とともに鳥取を去って京都に上り、因州邸に潜伏した（『生野義挙と其同志』四三〇～四三二頁）。

一方、生野の変時に武具調達を担当していた田中軍太郎・原六郎（進藤俊三郎）らも因州の松田正人の留守宅に逃れた。

> 二十日（一〇月―高久）、岩井郡浦富なる、松田正人在京の留守宅に、清水辰之丞なる者来り、持参の具足類等数多の荷物を遺し行けり。浦富は、大隅の采邑《さいゆう》（領地―高久）なれば、是日、家来よりの届を出だす。蓋《けだし》、正人、生野挙兵に就き、斡旋する処あり。其為に調へたる武具なれど、事既に平ぎて、其処置に困《くるし》み、因州荷物と称して、これを留守宅に一時隠匿《いんとく》せるなり
>
> （鳥取県立博物館編『贈一位池田慶徳公御伝記　二』五三八頁。以下『慶徳公御伝記』と略称）

この記事について説明した『慶徳公御伝記　二』は、「按ずるに、是時来れる生野の同志は、田中軍太郎・進藤俊三郎等にして、俊三郎は山田太郎と偽名を用ゐたりき。荷物も五十個ありしといふ。俊三郎は、後の原六郎なり」と記す（五三九頁）。

進藤俊三郎の伝記、すなわち『原六郎翁伝』上巻は、「清水辰之丞」について、「誰であるかわからないが」と「同行の芸州の田中軍太郎かと考える」としている（八七頁）。また原は、「私はそれから以後（田中に―高久）逢ひませんでした。京都では松田や何かに会つたに違ひないが、何所に行つたかわからなかつた。それほど互に親切にもしなかつた。荷物のことについては苦労を共にしたが、之れから先きどうしやうかと云ふことなど話し合うた事はない。（田中は―高久）少し粗暴な男で、私は余り感服しなかつた」と記している（八八頁）。

また、これらの武器については、「因州に送り込んだ武器弾薬類は、翌年に至り、京都守護職の手に奪回されて了つた」と、『生野義挙と其同志』はいう（四七三頁）。

②安達清一郎の日記

生野の変がどのような結末を迎えたかは、鳥取藩京都留守居役安達清一郎（維新後は号清風）の日記『安達清風日記』（以下、引用は一九二三年復刻再刊書による）にも登場する。これより二か月前の八月一七日、鳥取藩の京都における本陣本圀寺内で、鳥取藩主池田慶徳を非難する張紙をきっかけとして二二名の鳥取藩士（首謀者はのちに北垣が関係をもつ河田佐久馬景与《かげとも》）が藩主側近を襲撃する事件（本圀寺事件）が起きる。すなわち藩主側近の早川卓之丞と黒部権之介、早川の従者藤井金蔵が斬殺され、高沢省巳が重傷を負い、数日後に死亡した（襲撃側は一人が行方不明に、一人が切腹し、二〇人の集団となった）（概略は鳥取県立博物館編『鳥取藩二十二士と明治維新』図録、三七～三八頁）。その処置で騒然としている京屋敷因州藩邸（油小路中立売下ル）に生野の変の情報が飛び込んでくる。

鳥取藩の重臣安達清一郎の日記一〇月一七日条に、「大和路一揆」（大和の変）が「先々静謐《せいひつ》ニ相成リ」後に「但馬銀山ニ而モ一揆蜂起之趣」を聞き、それが「右一揆ハ平野二郎以下之浪士共沢主水正殿ヲ主トシテ差起リ候趣」を知る（『安達清風日記』四六四頁）。しかし、安達にとって、その後の展開はこの時点では不明であった。

一〇月二一日には、本圀寺事件の事後処理の記事が安達の日記に載る。この日、河田を含めた二十士は、伏見邸から京都に移り、安達は彼らを円山《まるやま》に迎え、軽く杯をかさねた（このように襲撃者と京都留守居役が杯をかさねるという行為に鳥取藩の政情の複雑さが表れている）。その後、藩主側の原市之進に「面会」し、晩には河田精之丞（河田佐久馬の弟）を訪問したが、「夜間野村和作来訪」した、との記事がある（『安達清風日記』四六七～四六八頁）。すでに指摘したように、京都で野村は、（1）大和の破陣、（2）大坂の長州藩士がすべて国に帰ったこと、を理由に、松田正人と相談し、決起中止の方針を平野や北垣に知らせたが、その後の展開（生野に行く部隊が決起派と決起中止派に分裂し、結果として決起に至る）まではわからなかったであろう。一〇月二三日の安達の日記には次のようにある。すなわち、安達は、この件で正垣薫を国許（鳥取）に派遣し、事情を把握しようとしたが、飛脚によって「但馬之一揆ハ粗《ほぼ》落着之模様」と聞き、正垣派遣を見合わせる。

一〇月二四日には、安達はより詳細な情勢を把握しようとする（『安達清風日記』四七〇頁）。すなわち鳥取藩の家老職の家柄である荒尾駿河（駿州）の「御用」もあって、松田正人より詳しく「御地之模様」を聞き取ろうとする。さらに、安達は、翌年の四月二五日には、松田を国許（鳥取）に返そうとする（実際に返したかは不明）。また、この日の午後は「良正院住職、水戸梅沢孫太郎、長州野村和作」と軽く酒を飲む（同上、四七〇～四七一頁）。

そして一〇月三一日には、安達の日記に北垣晋太郎が登場する。

この日、安達は、田中軍太郎の来訪をうけ、「但州一揆」のことを詳しく聞くが、夜にもう一度「大高又二（次）郎来、田中軍太郎、北垣晋太郎等又来」と鳥取より京都に出てきていた北垣に会うことになる（『安達清風日記』四七二頁）。その後北垣は京都の因州邸に潜伏する。

田中軍太郎は、その後秋山虎之助と変名し、松田正人の手によって京都に潜伏していたが、のち幕吏の手にとらわれて、慶応二年（一八六六）正月一七日、獄中で毒殺されたという（『生野義挙と其同志』四七三頁）。

おわりに―生野の変の痕跡―

生野の地から遠く南下した宍粟市山崎町（旧木ノ谷村）の美国神社には、美玉三平、中島太郎兵衛、黒田与一（市）郎の三人がこの地まで逃れた痕跡がある。五〇〇ほどの数の農民らの執拗な追跡により美玉が銃弾に倒れ、中島も銃弾にたおれ、黒田は兄を介錯したのち自ら縛についた（慶応二年一二月一九日黒田は牢死）（『生野義挙と其同志』三九二～三九九頁／『生野義挙日記』八四～八五、一一四頁）。そして同神社には美玉、中島の終焉の地とし

図２　美玉三平・中島太郎兵衛の墓（石碑）

図３　北垣国道生家跡の榧の木と祠（忠魂社）

て、生野の変の二八年後である一八九一年（明治二四）に建てられた石碑がある。この石碑には「美玉中島両氏之墓」と記され、台座にこの石碑建立にあたっての寄附者の氏名と人数が記されている。寄附者は各二〇円が北垣国道と林董《ただす》、あと各一円から三円まで三七名の賛同者の氏名がある。氏名は剝がれて見えない部分もある。北垣は一八九一年当時京都府知事、林は一八九〇年（明治二三）三月兵庫県知事になり、翌年六月外務次官に転出するので、この石碑は一八九一年六月までの間に林が資金を出したのであろう。

　美玉三平、中島太郎兵衛は、ともに北垣と大いに関係がある。美玉はすでに見たように北垣と同道して馬関に入る。その後も北垣との接触はある。中島は、養父郡高田村の大庄屋で、家が第二回農兵取立会議の会場を提供するなど地元での顔役である。この第二回農兵会議で、中島は、横田友次郎、太田六右衛門らとともに但馬に居残り農兵徴募に従事、かつ訓練にあたることが決められる。しかし一〇月一三日の陣容の役割分担で「農兵徴集方」を担うのは弟の黒田与一郎と長曽我部太七郎であり、中島は美玉三平、多田弥太郎、堀六郎とともに「節制方」で、農兵徴募編成や武器弾薬の用意を担当した（『生野義挙日記』三七〜三八、五九〜六〇頁）。中島が在地の中心人物であった点からいっても彼は北垣にとって重要な位置にいたことがうかがえる。

また、現養父市能座の北垣の生家は小高い丘の上にある。そこには大きな榧《かや》の木が残っているだけで、人家はすべて取り払われている。この榧の木は「ヒダリマキガヤ」としては近畿地方以西の西日本では最大のもので一九五一年国指定天然記念物になる。その榧の木の横に小さな祠がある。この祠は、上部に「忠魂社」と明示されているが、内部は現在南京錠がかかり見ることはできない。しかし高階一一によると、「建立された年代はさだかでないがおそらく明治二十年頃と思われる」とし、この祠は「北垣国道自ら建てられたものである」（『嗚呼榧の木さん國道さん』九八頁）とする。祠は、「総檜造りのごく小さな祠であった」が、「昭和三十年代台風によって壊れ一時撤去されていたが、先年親族によってコンクリート造りで再建された」（同上。養父市公式サイトによれば、一九七七年（昭和五二）の再建である）。この「忠魂社」の内部はすでに記したように見ることはできないが、祠の裏に掲げられた名板には、八名の「祭神」が書かれている。八名の「祭神」とは、順番に「平野次郎国臣」、「本田(多)素行」、「美玉三平」、「中島太郎兵衛」、「太田六右衛門」、「西邨(村)哲次(二)郎」、「西邨(村)十(重)右衛門」、「長曽我部太七郎」である。ほとんどが生野の変の参加者であるが、「西村哲次郎」は生野の変の現場にはいない。あとの七名は生野の変に参加する人間であるが、平野、本多はすでにみたようにもともと決起中止派に属す。美玉、中島は前述した。太田六右衛門は竹田町の名士であり、中島同様志士が集まって情勢分析をする家であった。一〇月一二日の陣容は、中条右京・太田伍一郎とともに諸事買い入れ方を担当する「周旋方」であった。一〇月一三日には、伊藤龍太郎の推薦により沢の書簡を出石に派遣する使者となるが、途中で出石藩兵に捕縛された。一〇月二四日、牢死する（同上、二二一、八三頁／平野國臣顕彰会編『平野國臣伝記及遺稿』二一〇頁）。慶応元年（一八六五）四月二四日、牢死する（同上、二二一、八三頁／平野國臣顕彰会編『平野國臣伝記及遺稿』二一〇頁）。長宗我部太七郎は、阿波人で、もともと黒田家の御用達津島屋（大坂中之島）の店員であったが、中山忠光が大和に向かうとき、後から大和に行ってこれに加わった。のちに平野国臣の使命をうけて、平野とともに但馬に入った。一〇月一二日の陣容では、黒田与一郎とともに「農兵徴集方」を担当した。一〇月一三日には、南八郎ら長州奇兵隊とともに、妙見山に登るが、伊藤龍太郎の説得に賛成して、南らと別行動をとり、中条右京とともに下山する。しかし、下山後、長宗我部、中条は猪篠村で農民たちの銃に倒れる（『生野義挙日記』八三〜八四頁）。西村十（重）右衛門（八鹿村）は、生野の変以前の九月五日の養父明神山別当所（普賢寺）における第一回の農兵取立会議に上席連座二四〜五人の中にいる（『生野義挙と其同志』一四五頁／『生野義挙日記』二七頁）。また、生野の変勃発後の一〇月一三日、「浪士に加担してきた有志中、躊躇の色ある者」に対しては「督促の触」を出すが、その村役人の中に八鹿村の西村十右衛門がいる（同上、二九二頁／同上、六七頁）。さらに、生野の変終息後、西村は召捕になり、仮牢入になっている。ちなみに、彼は北垣の「縁家」にあたり、北垣の「金子借用ノ世話」まで行っていた（『生野義挙と其同志』五三四〜五三五頁）。また、西村哲二郎は先述したように北垣とは青谿書院の同門であるが、生野の変後、北垣と鳥取で会い、その後北垣・進藤（原）とともに長州に走り、慶応二年（一八六六）、長州集義隊での隊規の責任をとって自刃する（『生野義挙と其同志』四六八〜四七一頁／『原六郎翁伝』上巻、一二三〜一二五頁）。

以上のことから、北垣が選定した八名は、南八郎ら長州奇兵隊一〇名および戸原卯橘の決起強硬派、さらに沢ら脱出組とも異なる。長曽我部は平野との関係以外はよくわからないが、北垣と親しい人間以外は地元但馬の人間であったようである。北垣がなぜこの八人を「祭神」としたのか、明確に判るわけではないが、少なくともこの八人から北垣の選択肢を見ることができる。

決起強硬派である奇兵隊には白石廉作のような豪商白石正一郎の弟で平野国臣とも面識のある人物もいた。平野は安政六年（一八五九）二月より翌年の八月まで長州竹崎の白石正一郎家にいた。「白石正一郎の兄弟が（この間の―高久）国臣の庇護者」と春山育次郎『平野国臣伝』はいう（三四〇頁）。ただし、奇兵隊自体が「内実は恐怖政治のような面」（青山忠正『明治維新史という冒険』一八二頁）があり、その点では他の組織以上に行動の一致原則が要請された。

さて、生野の変後、一貫して主戦派で壮絶な死を遂げた南八郎は生野周辺では評判が良かった。『生野義挙と其同志』でも「南は、骨力の優れた烈しい気性の人物らしかったが、生野の町民や乃至《ないし》山口村民の間には甚気受が良かった、浪士の先頭に立ったため、定めし悪まれて居るだろうと思ふと決してさうでない、浪士の中に於ても、最も物の判つた、そして又、最もやさしかつた立派な大将分であるとして、其の当時から殊の外尊敬されて居つたのである」（三一六頁）とあるし、生野の変時の史料「藤本義芳雑記」も「南八郎ト申者ハ勇気絶倫ノ士ト承《うけたま》ハリ候、今般当所ニ来リ候浪士中ニ而モ、中ニハ乱暴放火等致候半ト申者有之候徒共、南八郎差止候（中略）惜シキ勇士ヲ失候ト人皆相惜ミ候事」（同上、三一六〜三一七頁）と、南をたたえている。

これに対し、北垣が大和の破陣、大坂の長州藩士の帰国後生野での決起に対してその中止に身を置いていたことは明らかである。しかし彼の行動はきわめてわかりにくく見え、結局逃げのびる行動をとったといってもよい。しかし逃げのびる行動だとしても、北垣自身、常に死と隣り合わせの行動であった。

明治以後になって「生野義挙」と生野の変や南八郎が持ち上げられたとき、北垣自身は心情的に違うものを感じていただろう。北垣が、生野の変について、「此一挙といふものは誠に儚《はか》ない瓦解で事は終わりましたのであります。けれども、此御一新の一つの動機になつて居ることは疑いはあるまいと思ひます」と一応は評価をしているようでありながら、結局「（生野の変は—高久）立派な仕事といふものは一もありませぬ」（「但馬一挙の真相」一〇七頁）というとき、ほぼ本音の部分を表していたといってよい。

第二章　「天狗」騒動から戊辰戦争へ

はじめに

第一章では、幕末期、文久三年（一八六三）一〇月の生野の変に至る過程、そのなかでの北垣晋太郎の動きを中心に分析した。本章では、生野の変後から明治初頭までの北垣の動きを、鳥取関係の史料を主として使用することで明らかにしたい。

ここで記すのは、第一に、北垣が明治元年（一八六八）一二月まで、鳥取藩そして長州藩（萩藩）の武士身分になることなく、呼称では「浪士」「但馬の人」であり、その意味では「草莽」の一人であったこと、第二に、「草莽」らしく、独自の動きを示したことである。たとえば、元治元年（一八六四）に、北垣は水戸で「天狗」勢をひきいた藤田小四郎らの動きにかかわり、備前岡山藩への連絡役をするなどの動きを示し、慶応二年（一八六六）から三年にかけては長州の諸隊に所属し幕長戦争を戦いながらも、「情報」役など独自の動きを示すこと、慶応四年（一八六八）には、西園寺山陰道鎮撫総督の軍に入り、その後北陸戦争に従軍し、鳥取藩の徴兵十二番隊を指揮するなどの動きを示す。そして、こうした働き、特に戊辰戦争での働きが評価され、やがて鳥取藩の武士身分になる。このような「草莽」から武士身分になるのは、北垣と同じく但馬出身の原六郎でも同じであり、原の場合は河田佐久馬のもと山国隊司令士として活躍したことが武士身分になる契機となっている。

ここで叙述の中心になるのは、北垣自身が幕末下の展開の中で変貌を遂げていくことである。なお、北垣晋太郎は生野の変後、柴（芝）捨蔵・八木良蔵（龍蔵）・日下部国道などさまざまな変名があり、したがって本章ではその時々の変名、たとえば柴捨蔵（北垣）のように表示する。ただし、すべてに（北垣）と補記するのは繁雑であるので、補記は最小限とする。

第一節 生野の変後の八木良蔵（北垣）と「天狗」騒動

①「天狗」勢の筑波挙兵

まず、北垣が藤田小四郎ら水戸の「天狗」勢にいかに関わったか触れてみたい。

山川菊栄『覚書 幕末の水戸藩』は、次のように書く。元治元年（一八六四）正月、長州の桂小五郎が「烈公」（前水戸藩主徳川斉昭）の墓参と称して水戸を訪問し、藤田小四郎と挙兵の打ち合わせを行い、軍資金「一千両」という約束のうち、「五百両」を渡した。これを手始めに、藤田小四郎は、朝廷のため、「夷狄《いてき》」を討つためと称して、同志を募り、常陸国筑波山（現茨城県つくば市）に拠点をおいて、富商・富農に献金を求めたという（三二六頁）。

ここに、北垣は登場しないが、大内地山『武田耕雲斎詳伝―一名水戸藩幕末史―上』では、この動きの中に、八木良蔵（北垣）が登場する。すなわち、「因幡藩の有志」八木良蔵と千葉重太郎は、とりわけ水戸を推して「関東に事を挙げ」、東西が呼応して、「攘夷」を謀ろうとした。長州藩の桂小五郎らは江戸で時勢を窺っていた。計画では、「攘夷監察使」有栖川宮熾仁《たるひと》親王が「東下」するに際して、この守衛として因幡（鳥取）、備前（岡山）の有志が数百人随従して、幕府に「攘夷決行」を促すとともに、藤田小四郎らは同盟を募って筑波山に屯集する。そして幕府に「朝旨」を奉じて「攘夷の先鋒」となることを請願する。また長州藩の福原越後が「出府《しゅっぷ》」

して、八月一八日の政変でうけた長州の冤罪を訴えようと計画した。そしてこうした段取りを在京（在京都）の常陸国宍戸藩主松平頼位《よりたか》に陳情し、さらにまた在京の水戸藩家老大森主膳正と「文通」し、この議を有栖川宮熾仁親王に「上陳」（上申）する目論見であった（『武田耕雲斎詳伝　上』四七二頁）。

このような大計画であるが、ただこの段階では「段取」であり、実際に起こったことが記述されたわけではない。しかし、藤田小四郎の筑波山挙兵が大掛かりな計画のもとに行われたことを意味し、この計画の中に八木良蔵も末端で絡んでいたことが注目される。なお、この文章は、「因幡藩の有志」として八木良蔵を位置づけているが、「有志」とは正式な因幡藩士ではないという意味であると思われる。

なお、前掲『覚書　幕末の水戸藩』で桂小五郎から藤田小四郎に渡されたとする軍資金について、末松謙澄『修訂防長回天史』（一九二一年再版本）は北垣の明治末の話として記すが、これにも北垣が絡んだらしい（四三四頁）。

すなわち、北垣の話によれば、長州藩邸より因幡藩（鳥取藩）「有志」の手を経て「金千両」を藤田小四郎らに贈る約束であったが、江戸の長州藩邸では一文の融通もできず、そのため京都に赴き、久坂玄瑞と桂小五郎に話したところ、「何程かは都合すべしとて心配の末、金員を調達し呉れ」、ということで、山田市之允（諱顕義）と八木（北垣）が護送者となって「東下」した。桂も「同伴密行」したらしい。この時の「軍資金」は、『修訂防長回天史』では「金高不分明、事情を察するに千両といふが実なるべし」、と記す（四三四頁）。

この話は、北垣の明治後半期の証言であり、信憑性は高いと思われる（『防長回天史』初版は一九一一年（明治四四）が刊行開始で一九二〇年に全巻刊行である）。ただし、「東下」が京都から水戸までかは明示されていないが、後掲する鳥取県立博物館編『贈従一位池田慶徳公御伝記　四』に八木（北垣）が「水戸に赴」いたことが明示されている（以下『慶徳公御伝記　四』と略、六五二頁）。

この頃、鳥取藩でも江戸にいる探索方沖剛介を元治元年（一八六四）正月一六日から二月三日江戸帰着まで水戸に派遣している（『慶徳公御伝記　二』五七六頁）。藤田小四郎に軍資金を渡した「因藩有志」とは八木（北垣）かあるいは沖剛介か、あるいは両者の可能性がある。

沖剛介は沖探三（守固）の弟。鳥取県編『鳥取藩史　第一巻　世家・藩士列伝』によれば、元治元年正月一六日、江戸詰中老矢野能登の命をうけ、山内衛とともに水戸に赴く。「是は水戸に於ける正奸両派の情況を探索せむが為なり」（三一五～三一七頁）。禁門の変時、長州を援助しようとするが、堀庄次郎に阻まれてできず、九月五日堀を斬り、これにより切腹する。なお、典拠は不明ながら菊池寛『維新戦争物語』には、次の一文がある。「京洛にひそむ長州の桂小五郎、佐久間克三郎、因幡の八木良蔵・沖剛介・千葉重太郎等とはかり、水戸と長州と、東西呼応して、義兵をあげることを約します」（一七〇頁）。

すなわち、水戸藩士藤田小四郎は、藤田東湖の四男として、「父の志を継ぎて攘夷遂行を念とし、去年中納言（水戸藩主徳川慶篤―高久）に従ひて上京し朝議攘夷に決せるを見て江戸に帰れるが、幕府の処置因循なるを慨《がい》し」、江戸にいる鳥取藩の周旋方千葉重太郎ら「有志」および「但馬の士」八木良蔵（北垣）らと結んで謀るところがあった。要するに、「因備二藩有志と東西相応じて攘夷に従事せんとす」ということにあった。また、水戸藩家老の武田耕雲斎が自重を求めたが、藤田は聞かなかった。耕雲斎が藤田に自重を求めたのは「文久三年癸亥の冬」であったらしい（『武田耕雲斎詳伝　上』四七〇頁）。藤田と千葉・八木（北垣）が会って「義挙決行」を決めたのも、耕雲斎が藤田に自重を促してからまもなくの時期であったろう。

『生野義挙と其同志』によって生野の「破陣」後の北垣の動向を追うと、第一章で前述したように次の通りである。文久三年（一八六三）一〇月の生野の「破陣」後、北垣は須賀ノ山（氷ノ山）を越えて鳥取に逃げるが、同志はみな国許にはいず、西村哲二郎とともに鳥取を去り、京都の因州邸に潜伏した（四三〇～四三二頁）。そして『原六郎翁伝』上巻によれば北垣らは、京都で進藤俊三郎（原六郎）に会い、その後北垣・進藤・西村は、一二月二八日に京都を発し、翌元治元年（一八六四）一月初め、江戸に入る。そして、鳥取藩士で剣客千葉重太郎のもとに四〜五か月潜伏する。そののち赤坂檜町の長州屋敷に移る（一〇六頁）。ここから推測すると、北垣が藤田小四郎に接触するのは江戸の千葉重太郎のところであろう。千葉は『原六郎翁伝』上巻によれば、「交遊の広い人」で、鳥取藩のみならず、勝海舟などの幕臣、土佐藩、長州藩、薩摩藩、肥後藩、岡山藩の人びとと「別懇の間柄」の関係があった（一〇三〜一〇七頁）。

ところで、この場では「因備二藩有志と東西相応じて攘夷に従事」が確認されている。なぜ「因備二藩」なのか。因州鳥取藩の一二代藩主は池田慶徳であり、水戸藩主徳川斉昭の五男（庶子）である。備前岡山藩の九代藩主は池田茂政《もちまさ》であり、徳川斉昭の九男（庶子）である。つまり、七歳違いの兄弟である。これに徳川斉昭の長男である水戸藩主徳川慶篤を加え、さらに斉昭の七男である一橋慶喜を加えれば、因・備と水戸、さらに一橋を加えた紐帯ができることになる。故父徳川斉昭は、攘夷の主張者として全国的に知られていた。「攘夷」（具体的には横浜鎖港）をスローガンとする紐帯であり、その先導役が水戸であった。

元治元年（一八六四）三月二七日、水戸藩町奉行の田丸稲之衛門を大将（総帥）として、藤田小四郎らの筑波山挙兵はひき起こされた。

さらに、同年四月一〇日、『慶徳公御伝記　二』には、「日光山」より田丸稲之衛門・藤田小四郎・竹内百太郎・岩屋敬一郎の四人が鳥取藩池田慶徳に宛てた勅命をもって「攘夷の先鋒」となることを要請する、以下の文章を載せる。

水戸藩士藤田小四郎等の義挙計画、其後進めるが、時機失ふべからずとし、町奉行田丸稲之衛門を立て、盟主とし、当藩（鳥取藩—高久）有志と約せる期を待たず、三月二十七日、筑波山に拠り、四方の義徒を集む。

四月三日、故贈大納言烈公の木主《ぼくしゅ》（故斉昭公の位牌―高久）を奉じて筑波を発し、宇都宮を経て日光に至り、是日、東照宮の神廟に謁し、駐《とどま》りて攘夷の軍議を擬し、檄を諸方に発して、同志の招集に努むると共に、老中板倉周防守（板倉勝静―高久）に書を寄せ、義徒結束の所以を述べ、訴ふるところあり。又是時を以て、公（池田慶徳―高久）、及び松平備前守（池田茂政―高久）に書を上りて、其志を叙《の》ぶ。其素志を朝廷に奏し、公等の周旋により、勅命を承けて攘夷の先鋒たらんとするなり。幕府、水戸藩其他常・野藩（常陸・下野藩―高久）の田丸・藤田等行動に関する報を得、四月八日、令を出だして常・野を戒厳す。是後、田丸・藤田等、野州大《（太）》平山に拠る。公に上《たてまつ》るの書、次の如し（略）。

（『慶徳公御伝記　二』六三七頁）

太平山（現栃木市内）において、元治元年（一八六四）四月の日付で、田丸稲之衛門以下四名連印で「中将因幡侯閣下」（池田慶徳）に宛てた書状は、かなり長いが、必要な部分を簡単に要約すると、以下のようになる。「一事」に、「薩賊会奸」の策謀、具体的には文久三年（一八六三）八月一八日の政変をもたらした、朝廷内の三条実美らを追いだした事態である薩摩と会津の「姦謀」が「不可解」。「二事」に、昨年来「攘夷の詔令」を数々布告したにもかかわらず、横浜鎖港が実現しないことが「不可解」。「三事」に、堀田備中守（堀田正睦《まさよし》）や安藤対馬守（安藤信正）など現状に安座し「君臣之大道」にそむいていることが「不可解」。以上により、なにとぞ閣下の「御周旋」により「攘夷先鋒」の勅許を捧げるよう懇願する次第である、と（『慶徳公御伝記　二』六三七～六三九頁）。

この文章には、攘夷のため「日光山東照宮之御廟前」に祈願するというように、幕府の首脳の行動を非難しても幕府を否定する要素はまったくない。さらに「先烈公之遺訓」という用語が八回も頻出するように、故徳川斉昭を攘夷の象徴として強調し、池田慶徳を「先烈公之御血統に被為渡且大邦に君臨被為在大義既に天下に顕明いたし東西奉渇望候」と持ち上げるのである。

なお、四月、田丸・藤田・竹内・岩屋によって同じ内容の書状が、備前の池田茂政にも送られている（「侍従備前侯閣下」（池田茂政）に呈した書状と「文義同一」とするが、文章には若干の違いがある。『水戸藩史料』下編、五七九～五八二頁）。池田茂政への文章を載せた『水戸藩史料』下編は、この書状の処理について、池田茂政と池田慶徳の動きを次のように記している。「此の書京師《けいし》（京都―高久）に達するや備前侯松平茂政は其の志に感じ右上書を添へて朝廷に参請し、因州侯松平慶徳は家老黒田日向を以て建言書を幕府に呈し共に攘夷の先鋒たらしめんことを請ふ」（五八二頁）。

この文書を岡山へ届ける役に八木良蔵（北垣）が登場する。『慶徳公御伝記　二』は、次のように記す。

周旋方千葉重太郎、これを御国（鳥取―高久）に持参し、備前守への上書は、八木良蔵後の北垣国道岡山に持参す。

（『慶徳公御伝記　二』六三九頁）

八木良蔵（北垣）が岡山に行って、文書を備前藩主池田茂政に届けたことは、石田寛が岡山池田家文庫を渉猟して執筆した『津田弘道の生涯―維新期・岡山藩の開明志士―』でも触れられている。同書では、次のように記す。

「大《（太）》平山義徒を目撃した八木良蔵（中略）が岡山に来て、井上（岡山藩士井上千太郎―高久）とともに藩侯に謁し、武田太夫が義徒の大将に推され、旗色鮮明になったことを告げ、因備両侯相携え、朝廷と幕府に建白し、義徒の志を遂げさせてもらいたいと建議した。藩侯は喜び井上に、再び江戸に赴き大《（太）》平山の事に関与するようにとの指示を出す。井上は牧野権六郎邸に赴き、事が漏洩しないようにと筆談を行い、励まされる」（一一七頁）。八木は井上千太郎と同席しながらも岡山藩主と会っている。
田丸・藤田らがもたらした文書は、鳥取・岡山へのものであったが、その後長州・水戸にも広がったらしい。
『慶徳公御伝記　二』の五月一三日の記事に次のようなものがある。

八木良蔵北垣国道、是春当藩有志水戸藩士と結び義挙を計画せるが、是時来りて岡山にあり。鼎蔵（宮部―高久）これと会し其水・長・因・備結合して正義を挽回し、尊攘に尽くさんとの議を聞く。十日、同地を発して来る。途次、長州使者清水清太郎・答礼使者土肥謙蔵に邂逅し、是日夕刻来宿す。又、長州藩内使日谷十寸見（宮部鼎蔵―高久）と称す。記録周旋方伊王野平六至る。即ち、越後（福原越後―高久）等の托書を出だす。

（六六二頁）

さらに、この記事の前に次の記事がある。

肥後脱藩士宮部鼎蔵、四月二十六日湯田（現山口県山口市湯田温泉―高久）に帰りて、三条（三条実美―高久）元中納言に謁し、当藩（鳥取藩―高久）・備前に赴ける始末を復命し、加賀藩勧誘を建策す。
中納言これをよしとし、直に加州行を命じ、又当藩に至らしむ。鼎蔵、藩主松平大膳大夫（毛利敬親―高久）に説けるに、亦これを可とし、中井栄次郎を使者とし同行せしむ。家老福原越後・国司信濃、当藩の荒尾但馬・同駿河への書を托し、鉄熕製造の秘法伝授を請けんとす。

（六六二頁）

八木良蔵（北垣）は岡山で宮部鼎蔵と会い、宮部は八木から水戸・長州・因幡・備前四藩が結合して「尊攘に尽くさん」議を聞いたようだ（『慶徳公御伝記　二』六六二頁）。一方、宮部は、四月二六日に三条実美と湯田で会い、鳥取藩と備前岡山藩との「始末」（つまり両藩連携の状況）を聞き、さらにこれに加賀藩を加えようと提案する。三条はこれに同意し、宮部に加賀藩へ行くことを命ずる。また宮部は、長州藩と鳥取藩の「家老」連中に「鉄熕製造」の「秘法伝授」を請けさせようとした。つまり、攘夷のために砲台設備がはかられたのであろう。

さらに、八木良蔵（北垣）が備前岡山藩にもたらした書面に対して、『慶徳公御伝記　二』は、五月二四日、「御側銃頭御刀番兼帯山田佐次郎、松平備前守（池田茂政―高久）の返書を得て帰着す」と記す（六七一頁）。池田茂政の返書は、「大（太）平山屯集の徒の為、天幕に横浜攘夷先鋒の命あらんことを建白し、なほ、鎖港の成功危ぶまるゝより、右屯集者応援の意をも含めて、番頭以下一隊を東下せしむる旨を述べ、これを佐次郎に附す」という内容のものであった（同上）。つまり、太平山に集まる「徒」のため一隊を東下させることを申し出たのである。

なお、鳥取藩主池田慶徳、岡山藩主池田茂政の水戸尊攘派に呼応する動きは、五月には池田慶徳が、書状を朝廷および幕府に奉り、すみやかに攘夷の期日を確定し、太平山屯集の徒および諸有志を先鋒とすることを請うまでに至っている（維新史料編纂事務局『維新史料綱要』第五、二八九頁／茨城県史編さん幕末維新史部会編『茨城県幕末史年表』一六〇頁）。しかし、六月一四日には池田茂政は書状を前宍戸藩主松平頼位に送り、水戸藩内訌の事情を問うような状況になっている（同上、第五、三〇七頁／同上、一六一頁）。

水戸藩の内訌、すなわち水戸尊攘派と市川三左衛門ら諸生派（反対勢力）との対立は、攘夷運動の行方に暗雲をよせることになる。また、藩内でこの三月から六月にかけて「尊攘の軍資」と称し金銭を強奪する行為があいつぎ、六月六日の下野国栃木町（現栃木県栃木市）の焼き払いと町民の斬殺という田中愿蔵《げんぞう》隊の暴虐行為にあらわれるような衝撃的な事件が起こり、それが住民の「天狗」勢への恐怖心になってゆく。また、水戸城下の諸生派との対立は、藤田小四郎・田丸稲之衛門らの挙兵の目的を変えてゆく。彼らの挙兵の目的は、もともと横浜に押し出して攘夷の名分を明らかにすることにあったが、激論の結果、七月二四日、攘夷に先んじて、水戸藩執政市川三左衛門らを討つことに当面の方針を変えた（茨城県史編集委員会編『茨城県史　近世編』七九三頁／『茨城県幕末史年表』一六八頁）。

八木（北垣）の動きは、五月以降は水戸尊攘派の動向、水戸藩の政争には登場しない。また、『慶徳公御伝記』に載るのも五月が最後である。

②安達清一郎の日記にみる八木（北垣）の動向

しかし、八木良蔵（北垣）の動きは、鳥取藩の重臣安達清一郎の史料によりある程度わかる。まず、この時期の安達の動きを大まかに見て行こう。

安達清一郎は、鳥取藩の役職では文久二年（一八六二）一〇月より京都留守居役になっていたが、藩主池田慶徳の命により元治元年（一八六四）五月に中老黒田日向とともに江戸に向かった（『鳥取藩史　第一巻　世家・藩士列伝』一一八・一二九頁）。

黒田日向の役職である中老は安政五年（一八五八）一二月に初めて設けられたもので、世襲的家老にのみ任されていた藩政の門戸を少し開いた程度のものだったが、とはいえ「家老と同様」の扱いであった。元治元年に中老職の者が御役御免の後は欠役となり、小仕置がこれに替わった（『鳥取藩史　第一巻　世家・藩士列伝』五三〜五四頁）。

六月一一日に江戸に入った安達らは、六月一二日宍戸侯父子（松平頼位・頼徳）に会い、さらに六月一五日には鳥取藩主池田慶徳の建白書を老中牧野忠恭に提出した。その後、政治総裁職松平直克に会うなど精力的に江戸での活動を続けていた。しかし、松平直克は横浜鎖港を名目に挙兵した「天狗」の乱の鎮圧にも反対したことから政治総裁職を罷免される。さらに七月一一日には、安達に、老中井上正直より池田慶徳の建白の趣意は採用しがたい旨、通知があった（『鳥取藩史　第一巻　世家・藩士列伝』二二七〜二三〇頁）。つまり、池田慶徳の攘夷の建白はことごとく不採用になった。

安達の江戸での動きを伝える『安達清風日記』元治元年六月一五日条に八木良蔵（北垣）が登場する。

八木良蔵を急迫にて事情探索の為め上京させる。

（『安達清風日記』四九〇頁）

つまり、江戸に入ったばかりの安達清一郎は、京都の「事情探索の為め」江戸にいた八木良蔵（北垣）を京都に派遣したのである。「事情探索」がどういうことかは不明である。結論をいえば、もともとは京都留守居役であった安達が藩主池田慶徳の攘夷の建白を工作するため、江戸に派遣されていたのであろう。八木の京都での「事情探索」もそれに関連していたのではないかと考えられる。『原六郎翁伝』上巻によれば、八木は文久三年（一八六三）一二月二八日、京都を発し、翌元治元年（二月二〇日改元）一月初め江戸に入り、因州藩士で京橋桶町に道場をもつ剣客千葉重太郎のもとにいた（一〇六頁）。

安達と八木（北垣）の接触は、すでにみたように文久三年一〇月三〇日の『安達清風日記』によると、生野の変後、北垣が安達を訪ねている。

また、江戸での活動が不調に終わる元治元年七月一一日の翌日（一二日）に『安達清風日記』にこれまでに使用した会計の記載があるが、その中に、六月一二日に「一拾五両八木良蔵」、六月一五日に「一拾五両八木良蔵」と見える。また、七月七日以降の出費の中には「二拾両八木良蔵へ」の記載がある（四九九〜五〇〇頁）。六月一二日の一五両と六月一五日の一五両、合計三〇両は、八木（北垣）の京都までの旅費と活動費であろう。また七月に八木に渡された二〇両については不明である。

安達清一郎は、七月一八日に帰洛の旅に発ち、二三日京都に入るが、その時には長州勢はすでに敗退していた（七月一九日禁門の変）。八月二八日、「一橋邸に於て、萩藩講和開港の事を聞き、呆然慨嘆《ぼうぜんがいたん》す」と、『鳥取藩史　第一巻　世家・藩士列伝』の「安達清一郎」の項目は記す（二三〇頁）。禁門の変後の八月一四日、長州藩が四国艦隊と講和五条件を結び、それまで大義として掲げてきた「攘夷」を放棄したことを安達は「呆然慨嘆」したのであろう。

ともかくも元治元年（一八六四）六月に安達は、八木（北垣）を京都に派遣し、「事情探索」させた。おそらく禁門の変直前に安達は江戸から京都に向かった。これに対し、京都から江戸に帰った八木良蔵（北垣）は、『原六郎翁伝』上巻によれば、前述の通り元治元年一月初め江戸に入り千葉重太郎のもとに四〜五か月潜伏し、のちに赤坂檜町の長州屋敷に移ったとする（一〇六頁）。そうであれば、八木は、京都に行く前には江戸の千葉のもとにいて、安達による京都派遣から江戸に帰った後で、江戸の長州屋敷に移ったのではないかと思われる。

③『塵海』による藤田小四郎らの動き

元治元年（一八六四）のこの時期を、勝海舟の動きと絡ませながら回想した北垣の文章がある。一八九九年（明治三二）一月一九日、勝海舟が死去する。それから五日後の二四日、勝精（勝の養子）より訃報が届いた北垣は弔礼の書状を郵送するとともに、日記に回想の文章を載せた。

維新ノ前元治甲子年六月、藤田兵〔小四郎〕ヲ野州《やしゅう》ニ起シ、長州ハ益田〔右衛門介〕・福原〔越後〕・国師〔信濃〕ヲシテ京師ニ迫ラシム。天下騒然、殺気満天。勝先生偶《たまた》マ大坂ニ寓ス。国道之レヲ訪フ。先生其来意ヲ問フ。余答テ云。国道春来江戸ニ在リ、関東有志ノ士ト交ル。常野ノ士義旗ヲ大（太）平山ニ揚ケ、以テ攘夷ノ事ヲ謀ル。水府ノ士其中心ニシテ、田丸稲之右衛門・藤田小四郎其巨魁タリ。宍戸侯（松平頼徳）其暴挙ヲ憂へ、国道及ヒ小畑（小幡）友七郎宍戸侯ノ家老・千葉重太郎三名ニ内示シ、恭順以テ　天朝幕府ニ懇願スヘキ旨ヲ田丸・藤田ニ諭サシム。国道等旨ヲ受ケ大（太）平山ニ急行シ百方談論、遂ニ一橋・因州・備前三公ニ依頼シテ　天朝幕府ニ議ヲ献ス。其主意ハ、先ツ会津・薩摩二藩ヲ黜《しりぞ》ケ長藩ノ上京ヲ赦ルシ、以テ攘夷ノ実ヲ挙ルニ有リ。宍戸侯（松平頼位・頼徳）父子・藤田等ガ能ク壮士ヲ鎮撫シ、侯ノ諭旨ヲ容レタルヲ善ミシ、又国道及ヒ千葉ニ嘱シテ其建議書ヲ齎《もた》ラシ、京都・因州・備前ニ派ス。故ニ国道ハ備前ニ使シ東ニ帰リ宍戸侯ニ復命ス。然ルニ　天朝幕府其議ノ容レラル、景況ナク、益《ますま》ス会薩威力ヲ逞《たくまし》クシ、本月六日京都池田屋ノ変アリ。我輩同志ノ士多ク殺戮及ヒ捕縛セラル。東西ノ時勢日々弥切迫ナリ。故ニ再ヒ江戸同志ノ者ト謀リ、上京シテ京坂在留ノ同志ト相議セント欲スルナリ。先生ノ門下坂本（龍馬）・千屋（寅之助）・望月（亀弥太）等皆我信友ナリ。望月既ニ池田屋事変ニ死ス。其他ノ門下生ト談シ先生ノ高見ヲ聞カント欲シテ参観シタルナリト。

（『塵海』五一八頁）

この北垣の回想を、ある程度史実を補いながら述べたい。「元治甲子年六月」というと、その二か月前の四月一四日、田丸稲之衛門・藤田小四郎ら「天狗勢」が太平山に立てこもった。それから五月三〇日、天狗勢は太平山を下り再び筑波山に本営をかまえることになる。この藤田らが太平山にいる時、すなわち水戸藩の支藩の前藩主である「宍戸侯」（松平頼徳）が北垣・小幡友七郎・千葉重太郎に内示し、「恭順以テ　天朝幕府ニ懇願スヘキ旨」を田丸・藤田に諭させようとした。北垣らはこれを受けて太平山に急行し、禁裏守衛総督一橋慶喜・鳥取藩主池田慶徳・岡山藩主池田茂政に依頼して朝廷および幕府に「議」を献策しようとした。「議」とは攘夷の議であり、具体的には「横浜鎖港」である。この時「宍戸侯其暴挙を憂へ」とあるように、松平頼徳が憂慮していたのは宇都宮や下総・下野国などで起きていた田中愿蔵など浪士集団による金銭強奪の蛮行である。したがって「宍戸侯父子」、すなわち松平頼位・頼徳は、「藤田等ガ能ク壮士ヲ鎮撫シ」、頼位・頼徳の論旨を聴いたことを善とした。また、松平頼徳は北垣と千葉に建議書を託して、京都（一橋慶喜）・因州（池田慶徳）・備前（池田茂政）に派遣した。北垣は岡山に使として向かい、帰って頼徳に復命した。しかし、朝廷も幕府もその議をいれるような状況にはなく、ますます「会薩」（会津・薩摩）は威力を増大させた、とする。その結果が六月六日（日記では六日とするが、実際は六月五日）の京都池田屋事件である。この結果、宮部鼎蔵をはじめ多くの同志の者が殺戮および捕縛されるに至った。

さらに、禁門の変における長州の「攘夷論勢力」の中心人物久坂玄瑞の戦死、その後の英・仏・蘭・米の四か国艦隊が下関砲台を占領する事態につながる。

青山忠正は、長州藩が攘夷の不可能性を知り政策転換があったとすれば、禁門の変で久坂玄瑞が戦死し、周布政之助が自刃し、長州の攘夷論勢力が力を失うなどの下関戦争以前である、と指摘する（「「攘夷」とは何か―長州毛利家が意図したこと、実現したこと―」上田純子・公益財団法人僧月性顕彰会編『幕末維新のリアル』一〇五頁）。

このような結果が北垣の動向に影響を与えたと思われるが、ともかくその後北垣は攘夷論者ではない勝海舟を訪問するのである。明らかに北垣の攘夷論からの脱却の方向が見える。明治以後も北垣は勝を敬愛していたようであり、本書第六章第三節にそれが見える。

北垣によれば、勝海舟の死去（一八九九年（明治三二）一月一九日）から五日後に前述の勝精より訃報が伝わり、三六年前、北垣「二十七歳」（数え年）の時、すなわち元治元年（一八六四）の頃を思い出したのである。すなわち、「同志者ト謀リ勝先生ヲ訪ヒ、先生ヲシテ眼前ノ危急ヲ救済セシメント欲シ、力ヲ極メテ論シタル半日ノ問答ナリ。余ハ始テ先生ノ境遇ト真意ヲ聞キ感銘少ナカラスト雖モ、当時ノ勢又如何トモスル能ワス。以テ見ルヘシ。先生ハ先生ノ境遇ニ因テ如何トモスル事能ハス。余ハ余ノ境遇ニ因テ如何トモスル事能ハス。（中略）先生ノ幽閉セラレタルモ亦同月（七月―高久）ナリ。藤田小四郎カ始テ野州下妻ニ於テ幕府ノ追討兵ヲ破リタルハ七月七日ナリ。（中略）実ニ一場ノ夢ノ如シ。先生ノ訃音ニ接シ、追慕景仰ノ余之レヲ録シテ子孫ニ示ス」と（『塵海』五二〇～五二一頁）。

第二節　禁門の変から戊辰戦争直前まで

①禁門の変後の柴捨蔵（北垣）

『原六郎翁伝』上巻によれば、元治元年（一八六四）七月一九日の禁門の変後、柴捨蔵と変名した北垣は江戸の長州屋敷より原六郎とともに、一〇人ほどで西上し、京都に向かう。この日の夜、江戸の長州屋敷が幕府方に襲われ、多くの人間が殺された。危機一髪であった。しかし、柴らが京都に着いた時、長州の全面敗北という禁門の変の帰趨も定まっており、そのため柴・原・西村哲二郎の三人は本圀寺事件の首謀者たち、河田佐久馬らの二番目の幽居先である伯耆国黒坂（現鳥取県日野郡日野町黒坂）の「某寺」（『原六郎翁伝』上巻、一一七頁）、すなわち泉龍寺で会っている。黒坂は伯耆国の南西部に位置し、鳥取よりかなり離れた南西部の町であった（本書第一章図1参照）。

本圀寺事件とは、文久三年（一八六三）八月一七日深夜に、鳥取藩の京都における本陣本圀寺で二二名の鳥取藩士が藩主池田慶徳の側近を襲撃し、三人を殺害し、一人は重傷を負って数日後死亡するという事件。鳥取藩伏見留守居役河田佐久馬を首謀者とする。襲撃した側は、その後一人が行方不明、一人が切腹し、二〇名の集団となった（「本圀寺事件の処分問題」『鳥取県史　第三巻　近世　政治』六二〇～六二九頁）。なお、以下の「二十士」問題の概略については、『鳥取藩二十二士と明治維新』図録参照。

河田佐久馬と柴・原との間柄は、おそらく千葉重太郎との関係で互いに見知っていたと思われる。原については、「京都に於て武器調達に従事した時から河田より多大の便宜を与へられ、後には「河田の子分見たやう」（原の談話）に見られるやうになつた」（『原六郎翁伝』上巻、一〇八頁）という。

柴（北垣）・原・西村の黒坂訪問は、禁門の変後の九月であった。『原六郎翁伝』上巻によれば、「翁等（原・柴・西村―高久）はこの年九月、伯耆黒坂に籠居中の河田佐久馬の許にたよつて行つた」（一一三頁）。なお、泉龍寺での河田ら二十士の状況は次のようなものであった。

是頃、二十士の徒、黒坂にありても自由なれば、有志の来り通ずる者ありて、去年生野挙兵の同志柴捨蔵・原六郎の如き、河田佐久馬を訪ひて長州に赴けり。（『慶徳公御伝記　三』七九頁）

「黒坂にありても自由なれば」とあるように、京都ほどではないにしても河田をとりまく状況は「自由」だったらしい。しかし、河田も執居の身とて三人を庇護することが出来ない状態だった。

本圀寺事件後、河田佐久馬らは藩内の家老の助力、藩外からの力、とくに有栖川宮家の支援により結局京都藩邸での謹慎処分という軽い処分になった。河田らは「謹慎処分」とされながら、京都で自由に活動していたため、禁門の変後河田ら二〇名の一部に長州藩と深く通ずる者の存在が判明し、彼らを藩領内西部の黒坂に送還し謹慎させることが決定された（『鳥取県史　第三巻　近世　政治』六四九頁）。

河田を訪問の後、『原六郎翁伝』上巻には、柴・原・西村は一時伯耆の江波家に潜伏した、とある。そして一〇月頃、河田の紹介状により柴・原は西村を残し、備前岡山藩の筆頭家老伊木長門守（忠澄）を頼って岡山に移る。伊木忠澄のもとで潜伏中、第一次長州戦争が起きる。この時伊木は、柴・原の両人を広島に赴かせて形勢を探るが、一一月になって長州藩は幕府に恭順の意を表し、両人は伊木にこのことを復命し、しばらくして伊木の知行地の備前児島（現岡山県倉敷市）に潜む。児島時代について、原は次のように書く。「金もなくなり、食ふに困つて居ると恰度《ちょうど》海浜で地引を曳いて居つた。夫れに加勢して魚を貰ひ、煮て食つて飢えを凌いだ」（『原六郎翁伝』上巻、一一九頁）。

翌慶応元年（一八六五）春、北垣と原は京都に上り、七〜八人とともに船待ちをしている間に、長州の高杉晋作に会い、その添書をもって長州に入った。

②長州での柴（北垣）―森寛斎との出会い―

長州に入った後、森慶造（大狂）『近世名匠談』（一九〇〇年（明治三三）三月刊）に、長州藩士森寛斎（画家）が柴捨蔵（北垣）の命を救った逸話が掲載されている。慶応元年（一八六五）以降のことであろう。少し長いが、明治以後の動きを含めてここに載せる。

森寛斎は、一八九四年（明治二七）六月二日、京都の自宅で享年八一歳で死去するが、その年の『日出新聞』は、六月六日から一三日まで四回にわたって「寛斎翁の逸事」を発表する。この（二）に北垣と接触の事例がある。北垣が幕府の間諜と奇兵隊に疑われ、処刑されようとした時、森寛斎が疑いを晴らすという事実は同じである。ただし、次の傍線の個所は新聞記事にはない。

寛斎が始めて長州に帰りし時なるが将た二たび帰りし時にゃ、今の男爵北垣国道を救いたりき、そは国道もいまだ柴捨蔵と称したる頃にて、生野銀山の義挙に加はりしが、戦破れてその領袖たる平野国臣は幕吏の捕獲する所となり、南八郎、戸原卯橘など皆陳歿《(ママ)》し、義徒悉く潰《つい》えて、国道は辛くも身をもて免れ、長州へ潜行するに、偶《たま》ま奇兵隊に訝《いぶか》しまれ、幕府の間諜なりとて将に首を刎《は》ねられむとす。この時運よくも寛斎通あはせてその刀を止め、この士は銀山の義党一味の人に紛れなし、我もかつて屢々会して国事を語りきとて百方弁疏し、之をそが志す処まで行かしめたりき、寛斎が当時その過ることなかりせば国道は空しく刀下の露と消え果て後に聖代の遭《あ》ふことは得ざりしなり。然れば後に国道は大いに之を徳とし、そが恩に酬《むくい》る所あらむとせしも寛斎が人と為り淡泊にして金銭などの贈をうけざるを知るからに、唯だその尤も嗜《たしな》める物を贈りて老後の心を楽しましむるに如かずとて、維新後は北海道、東京また熊本にありても、断えず美酒を贈りたり、後国道の十四年二月に知事として京都に行くや一、二日ごとに寛斎の家に到り、その礼いと厚く、あたかも厳父に仕ふるものの如くなりき、こは能く世人の知る所なり。（森慶造『近世名匠談』一二四～一二五頁）

森寛斎については、その詳しい履歴が京都府立総合資料館編『京都府百年の資料　八　美術工芸編』に掲載されている。それによれば、寛斎は文化一一年（一八一四）長州萩藩毛利家の家臣石田伝内道久の三男として生まれた。北垣の二二歳年長である。天保六年（一八三五）大坂の円山派森徹山の門をたたき、天保九年（一八三八）には森姓を与えられ徹山により京都に画塾を開くこととなった。この頃より平野国臣・河（川）瀬太宰・谷鉄臣・山県狂介（のちの有朋）・品川弥二郎に交わり、一時画業よりも志士活動を優先した。維新後、画壇に復帰し、如雲社に加わり、その後同社の中心的存在になる。一八八〇年（明治一三）京都府画学校が開校すると、そこに出仕し、次第に京都画壇の伝統的勢力を復興する中心的存在になっていく（「森寛斎略伝」一九二一～一九五頁）。

前述したように、森寛斎は一八九四年（明治二七）に死去するが、北垣はその死を日記の中に記し、「亡友森寛斎翁」とその死を悼んだ（『塵海』四二〇頁）。

『近世名匠談』の記事は、北垣が「京都に行くや一、二日ごとに寛斎の家に到り」と若干誇張気味のようにも見える。しかし、北垣が大正期に死去した時、近代京都画壇を代表する山元春挙の回顧談が一九一六年（大正五）新聞紙上に掲載され、森寛斎と北垣が絶えず交流を保っていたことが窺える。

私が寛斎先生の門に入つたのは十四歳の時で、丁度先生が木屋町の三番路次に住んでおられて、北垣さんが知事の時で始終遣《や》って見えました。私が玄関番をして、次の部屋で手本を模しなどしてゐると、北垣さんは其前を通つて座敷に通られる。其時の面影が今に眼前に髣髴《ほうふつ》とします。

（『京都日出新聞』大正五年一月二七日付）

山元春挙は明治四年（一八七一）一一月生まれで、一四歳の時であるから、これは一八八四年（明治一七）か翌年のことであろう。この時の森寛斎と北垣の住所はどれほどの距離があったのだろうか。北垣は、拓殖務省次官を辞めた後、京都の自宅に戻るが、後述する如く、説得により北海道の函樽鉄道の創立委員長を引き受けた。一八九七年（明治三〇）一一月三日に「函樽鉄道株式会社発起人追加上申」を内務大臣に提出するが、その時の住所が「京都市上京区土手町通丸太町下ル末広町」である（『渋沢栄一伝記資料』第九巻、デジタル版、一六五頁）。北垣の住所が鴨川のすぐ西で、森の住所が「木屋町の三番路次」であれば、歩いてもそれほどの時間はかからない。また、「先生（森寛斎—高久）の用いられるだけの酒は北垣さんから絶えず送られました。銘は「隊長」で、先生は結構な酒で勿体ないとて自身はそれ以下の酒を飲んでおられた」と山元春挙は回顧する（同上）。

幕末に森寛斎から受けた温情を、北垣がもち続けたことが知られよう。また、森を通して京都画壇に関係していったことも予想できる（明治期の森と北垣の接触は、拙稿「北垣晋太郎の幕末」『社会科学』第四九巻第二号、二一八〜

一一九頁参照)。

③長州での柴(北垣)—長州藩幹部との接触—

森寛斎との接触以外、長州に入ったあとの北垣と原の動向は、『原六郎翁伝』上巻では断片的なことしかわからない。まず、原六郎の動向から述べると、慶応元年(一八六五)春、遊撃隊に入り、それから他の隊に変わる。翌慶応二年六月一七日に小倉口での戦闘が長州奇兵隊の先制攻撃で始まり、長州藩の圧倒的優勢で進む。七月三〇日、老中小笠原長行の小倉からの脱出など幕府軍は事実上の敗北を遂げていく。「私(原—高久)は北垣氏と共に小倉に出陣」とあるから、原と北垣は、小倉戦争に加わったが、この戦争への長州軍の主力は奇兵隊で、おそらくその中に加わったと思われる。小倉戦争後、原は三田尻(現山口県防府市三田尻)の海軍兵学校で英学を学び、さらに長州の海軍兵学校明倫館にて大村益次郎から「仏式練兵」を学んだ。

北垣の場合、原よりも不明な点が多いが、六月から七月にかけて「翁(原—高久)は小倉方面に、北垣は石州方面にあつた」が、北垣は石州口での戦闘のあと、前述したように、小倉戦争に従軍したと思われる(『原六郎翁伝』上巻、一二五~一二六頁)。

ただ、北垣は単なる一兵卒ではなさそうである。彼は、長州藩の幹部に手紙で連絡をとることのできる人物であった。慶応元年(一八六五)六月二七日に八木龍蔵(北垣)は桂小五郎に二通の手紙を送った。一通目の内容は、将軍家茂が閏五月二二日に上京・参内し勅答があったことを伝えるもので、いわば京都の情勢を報告した書簡である(青山忠正「家茂の参内と勅語—慶応元年夏の場景—」『人文学報』第七三巻、九九~一〇〇頁)。禁門の変後、桂は但馬出石に潜伏し、「俗論派」政権打倒後の慶応元年四月末に下関に着いている(「木戸孝允公年譜(其二)」木戸公伝記編纂所編『松菊木戸公伝』上、一頁)。八木龍蔵の書簡はそれから二か月後である。もう一通は、同年一〇月五日の八木龍蔵から同じく木戸貫治（桂）宛の書簡である（『修訂防長回天史』第五編上、四五九～四六〇頁。九月二九日、木戸は藩命により氏名を木戸寛治と改める。「木戸孝允公年譜（其二）」『松菊木戸公伝』上、五頁。なお、この書簡は、木戸孝允関係文書研究会編『木戸孝允関係文書　3』東京大学出版会、二〇〇八年、二五九～二六〇頁にも収められている）。

ただし、この書簡は宛名が「木戸先生執事」になっている。「先生」という表現は、木戸が帰国後、事実上藩内の指導的位置に就いたためであろう（「木戸孝允公年譜（其二）」『松菊木戸公伝』上、一～五頁）。斎藤紅葉は、この年の五月二七日、木戸は藩の「相談役」となり、「三一歳で実質上長州藩政を主導できる立場になった」（『木戸孝允と幕末・維新—急進的集権化と「開化」の時代1833～1877—』九八頁）とする。

二通目の書簡の内容は、京都から帰った坂本龍馬より八木（北垣）が直接聞いた内容をもとに木戸に自らの考えを述べたものである。要するに、九月二〇日、長州再征をめぐる朝議が開かれ、大論戦の結果、一橋慶喜の主導で長州再征の勅許が取り付けられたことに関係する。「橋会桑」（一橋・会津・桑名）は「兵威」を以て長州を「軽蔑」する状態で、「彼傍若無人《ぼうじゃくぶじん》之振舞、今更驚嘆すべき事無之」、「彼鳳詔《ほうしょう》（天子の詔書—高久）を懐《ふところ》に入れ、我を威《おど》すの策小児に似たり」、「先生（木戸—高久）御論之如」く、兵馬を以て相待つよりほかに策はない。しかし、世の形勢は「非義之勅」で列藩は動かないとし、「我れは必戦相待ち候事に候得ば、別段相騒ぐ事も無之」、「橋会桑之悪周旋」はいまさら驚くほどのことではない、とする。つまり、長州再征をめぐって、「橋会桑」の動きに粛然と対抗しようと述べたものである。

慶応元年（一八六五）の時点で、坂本龍馬に会い、このような書簡を事実上長州藩の幹部である木戸寛治に出すところから見ると、八木（北垣）が単なる長州の一兵士ではなかったと思われる。

なお、慶応三年（一八六七）当時の八木（北垣）の状況がわずかにわかる史料がある。慶応三年六月二六日から八月晦日までの河田佐久馬「備行ミちの記・さすらへ日記」（毛利家文庫、山口県文書館蔵）である。この中で、河田佐久馬と八木が長州山口で接触していたことが書かれている。河田を含めた二十士は元治元年（一八六四）八月一日より黒坂に幽閉されていたが、慶応元年（一八六五）三月には鳥取に戻される。これは、第一次長州戦争に際して米子まで出陣した鳥取藩主池田慶徳が、黒坂に出入りする「浪士」の風説を聞いたためであった（『鳥取県史　第三巻　近世　政治』六五七〜六五九頁）。さらに、慶応二年（一八六六）七月二八日、河田ら二十士は幽閉中の鳥取荒尾志摩屋敷を脱走する。脱走に成功した河田ら一五名は長州に行く。河田が長州の和木村（現山口県玖珂郡和木町和木）の浜へ着船するのは二月一七日であるが（同上、六六六頁）、五月六日山口に着す。そして河田の山口到着後すぐに八木の河田接触が始まる。「八木入来」という形で八木が河田のところに行く日は、五月六日・七日・九日・一三日・一四日・一五日・一七日・二〇日・二一日・二二日・二五日・二六日・二七日、六月一八日・二七日・一六日・一七日と多く（計一七日）、頻繁に接触を重ねている。また、五月一〇日には八木と原六郎が河田を訪問し、河田は「粗酒」を出している。なお、八木の訪問には、「木戸子《(氏)》入来」（木戸寛治）、「広沢氏」（広沢真臣）、「杉氏」（杉孫七郎）などと異なり、「八木入来」とほぼ呼び捨ての形がとられている（ただし四回、「八木氏」と表示されている）。後にも見るように、ここでは八木（北垣）が河田の配下のように見える。

④戊辰戦争直前の八木（北垣）

慶応三年（一八六七）一一月二五日、長州藩家老毛利内匠（親信）は、藩兵を率いて船で三田尻を発した（『維新史料綱要』第七、三七七頁）。一一月二九日、長州藩諸艦は摂津国打出浜（現兵庫県芦屋市）に着し、長州藩兵があいついで上陸し、ついで西宮に進み、六湛寺《ろくたんじ》をその本陣と定めた（同上、三八五頁）。

『慶徳公御伝記　四』によると、長州藩兵が西宮に到着したことを記述する文章の中で、八木（北垣）が登場する。その文章を以下に要約しよう。

一二月四日、備前岡山藩荒木三介が御分知池田丹波守（政礼《まさのり》）の陪従として西宮に止宿していた時、荒木三介の旅宿に、近日に上陸した長州人隊中の「斯波捨蔵」と申す者が面会を申し込んできた。対面したところ、斯波は先年来面識のある「丹州出生」の八木良蔵で、八木が申立てた事柄は、虚実は不明であるが、容易ならざる事につき、すぐさま荒木は岡山表に「急飛」（急飛脚）を以て申し上げた。また、岡山藩と因州藩は「万事一途ニ出デ申度キ」につき、因州藩の周旋方伊王野次郎左衛門まで申し、（家老）荒尾駿河・「御側御用人」・「御側役」と相談し、私ども「両人」（誰かは不明）が三介のところに行った。三介から聞いた「申立之旨趣大略」は、（長州藩は）今般国本より一万人余の兵数で七隊に分け、山陽道・山陰道の二道に分け、ほかに海軍二隊、うち一隊は全軍の先鋒となりその主将は毛利内匠（親信）で、二五日に発途した。そして摂州甲山上ヶ原村（現西宮市上ケ原）辺ならびに西宮駅裏に止宿した。二六日は、山陽道・山陰道をともに発途し、道々各藩に使節を立て、応接に二日を予定しているが、しいて通行をはばむことがあれば、やむをえず戦争に及ばざるを得ない、ということであった。一方、戦闘に及ばないようにする方法も考えていて、「西宮辺より西方え不残人数繰込置、決て暴動無之、御沙汰相待候様、大膳父子（毛利敬親・元徳―高久）より各隊主将へ急度申付候ニ付、何れも恭順謹慎ニ罷候趣」、すなわち「天朝」からの「御沙汰」を待つように毛利敬親・元徳より各隊の主将に申し付けおいたので「恭順謹慎」という状態である。荒木三介は、八木の話が前後矛盾していると見た。すなわち、「未た天朝より御沙汰無之内は、先鋒隊は西ノ宮にて恭順罷在、其後隊は路地にては戦争にても罷出候抔と申事、甚以不揃之事、全く虚勢を張り、兵威を以脅し、其雷同を促し、席巻して出るの策か相分り不申候へとも、虚実は閣《お》き、不容易事件に付、承候儘申上候」として、これを岡山表に知らせたのである（『慶徳公御伝記　四』二九八～三〇〇頁）。

なぜ八木良蔵は荒木三介に長州藩兵の硬軟両方の状況を伝えたのであろうか。おそらく岡山藩が長州藩の軍事行動にどのように対応するかをはかっていたのであろう。そうすると、このような行動をとる八木の役割がよくわかる。八木は事前の伝達役、つまり「諜報」役であったのであろう。

一二月八日、夜に入って、朝廷は、長州藩主毛利敬親父子およびその末家の官位を復して入京を許し、広島藩世子浅野茂勲《しげこと》（のちの長勲）に、西宮にある長州藩重臣を率いて上京するべきとの命を伝えさせた（『維新史料綱要』第七、四一〇頁）。一二月一〇日夜、長州藩家老毛利内匠（親信）は、藩兵三中隊を率いて粟生《あおう》光明寺（現長岡京市）を発し、京都に至り相国寺に入った（『慶徳公御伝記　四』四二四頁）。八木（北垣）も相国寺に入ったかどうかはともかく、京都に入った長州藩兵の中にいたはずである。

第三節　戊辰戦争と柴捨蔵（北垣）

①山陰道鎮撫総督軍と柴（北垣）

慶応四年（一八六八）正月三日、旧幕府軍と薩摩藩兵が鳥羽で衝突し、いわゆる鳥羽・伏見の戦いが勃発する。翌四日、西園寺公望は山陰道鎮撫総督に任ぜられ、五日には薩長の藩兵を率いて、山陰道ではなく、嵯峨・水尾・原・越畑を経て馬路村（現亀岡市馬路町）に滞陣する。この行軍には長州藩浪士河内山半吾とともに柴捨蔵（北垣）が先導をつとめた、と立命館大学編『西園寺公望伝　第一巻』は記す（一五〇～一五四頁）。

一九二二年（大正一一）刊行の中川小十郎『中川人見両姓戊辰唱義録』は、河内山半吾について、「我々一族をして当時の重大なる時局に参与することを得せしめたのは、かの長藩浪士河内山半吾氏が幾回か長防地方からわが山村に来り自ら秘密の連鎖となつて斡旋してくれた効果も与つて力あつた訳である」「河内山半吾氏が実に薩長御守衛軍の隠れたる案内であつたらしく思はるるのは御守衛軍中に時々顔を出して居つたことが先人の手記中に記されて居る」（三〇～三二頁）

と記す。

前年の一二月、柴捨蔵が長州兵とともに京都に入っていたであろうことは前述した。正月九日、この鎮撫使一行が丹波篠山口から福住への間道を抜け出る際には、在地の弓箭組郷士を徴集することが考えられたが、次の徴集文を作ったのは柴捨蔵とされている。

丹波弓箭組勤王之者篠山口御発行に付急に人数入用候間支度調《したくととのい》次第明日明後日之内御本営に駆付可申候事

慶応四年正月九日

官軍執事 ㊞

馬路村両苗総代

人見 立之進

中川禄左衛門 江

右執筆者芝《(ママ)》捨蔵殿に而御書賜り候に付両郡弓箭士へ報知候処篠山口福住御本営向弓箭手槍等携参着す。（以下略）

（『中川人見両姓戊辰唱義録』六七～六八頁）

柴捨蔵はなぜ西園寺の隊にいたのであろうか。そのことを窺わせる史料が、次の中川家文書（立命館史資料センター蔵）の「口上」（帰国願）と題する文書で、次に見る柴から小笠原美濃介宛の書簡である。

口上

一下拙義従来御国之御扶助に預り嫌疑之身を以て長々蒙御厄介を刑余之者再度　天日を拝し再生の御供恩実ニ譬《たとえ》る処無之候、抑昨年御先鋒上京之砌《みぎり》必死之戦時、今日程聊《いささか》報恩之機会と存し込ミ入隊之上先鋒御人数ニ被差加度旨御願申上候所、脱民之苦情御憐察被成下、直ニ御許容に相成入隊御沙汰被仰付、先鋒へ被差立候条、過分之幸福至恩之程極而難有奉感佩《かんぱい》候、本より迂陋《うろう》之質何之御用にも相立不申碌々《ろくろく》送日罷在候内既ニ惣隊御帰国に相成候段、下拙に於而も同様帰陣可仕候得共最早今日之時勢全ク御蔭に依而公然帰国も相叶候身上も相成、且国元老母事長々病気之処、下拙兄弟外に侍養に当候者も無御座、深ク難渋仕候に付一応帰国仕老母を侍養、聊《いささか》多年之不孝罪を償度候間、何卒右之至情御憐察之上出格之御僉議《せんぎ》を以て御暇被仰下度懇願之至ニ御座候、万々此段御政府へ御執達宜敷奉願上候、以上

慶応四年

六月

但州

柴　捨蔵

日下部国道　花押

小笠原美濃介　殿

右前書之通願出候間、出格之御僉議を以て於当地急速願之通被遂御許容被下候様奉願上候ハヽ、此段宜御沙汰可被下候、以上

鋭武隊

同日

小笠原美濃介　印

御堀　耕助　殿

この史料によれば、柴捨蔵（北垣）はまず自らを「嫌疑之身」「刑余之者」とし、そういう者が「御国之御扶助」、すなわち長州の扶助に預り「天日を拝し再生の御供恩」に浴する身になったとする。そして長州鋭武隊の小笠原美濃介に訴え、「入隊御沙汰」を仰せつけられたこと、つまり小笠原によって柴の鋭武隊入隊が許されたとする。そして、山陰道鎮撫使が帰国する時、「国元老母事長々病気」で、深く難渋し、「一応帰国」し老母を「侍養」し、「多年之不孝罪」を償いたい、と帰郷（但馬能座村）の許可を小笠原に訴えた。それを受けた小笠原は元御楯隊総督の御堀耕助に願い出ている。明治以後の北垣の日記『塵海』には、一九歳の時に死去した父三郎左衛門は一切登場しないが、母りき（利喜）は時々登場する。りきは一八八六年（明治一九）四月二二日に「疑似コレラ症」により満八二歳で死去する。この時北垣は哀切極まる文章を記しており（本書第三章参照）、北垣の「多年之不孝罪」の言を素直に解釈してもよいと思われる。

西園寺らの隊がどの行程を進んだか、在地の藩が恭順の誓書を差し出したことなどを示した「山陰鎮撫始末」（毛利家文庫、山口県文書館蔵）という史料がある。これは西園寺の山陰道鎮撫使が正月五日京都を発し、三月二七日に「成功」（成果）を朝廷に奏聞するまでを記したものである。「山陰鎮撫始末」は、山陰道鎮撫使一行の経路と関係した各藩の人物を記している点で興味深いが、それは同史料の記載の最後が次のような人名で終わっている点である。

小笠原美濃介
沖　探三
柴　捨蔵

小笠原美濃介は、前述した如く長州鋭武隊を指揮する人物である。「山陰鎮撫始末」でも参謀として登場する。沖探三（守固）は前述した沖剛介の兄であり、鳥取藩主池田慶徳の側近であった人物であるが、西園寺が鳥取に来藩した際、御雇御用掛になり、松田正人とともに鳥取を発し、丹波・丹後の諸藩を巡る（『鳥取藩史　第一巻　世家・藩士列伝』三一四頁）。上から三番目とはいえ小笠原や沖と並んでいる柴の姿（表記）に、山陰道鎮撫総督一行での柴捨蔵の位置が推測される。

なお、丹後久美浜（現京都府京丹後市久美浜町）で、一九二二年（大正一一）に刊行された稲葉市郎右衛門編述『過渡の久美浜』（舞鶴市糸井文庫蔵）の慶応四年（一八六八）の叙述に、次のことが載っている（一三頁）。

二月初旬陣営を官軍出張所と改称し、久美浜元代官中山九八郎・柴捨蔵之を佐《たす》く。（中略）三月小笠原氏は上京し、中山九八郎留守を預る、中山性温厚民心の収攬に努め頗る人望ありたり。

斯くて事漸く緒に就くや久美浜県を置かれ、知県事伊王野次郎左衛門の来任となり、五月廿五日小笠原の代理中山・柴両人より事務を引継ぎ、官軍出張所は久美浜県庁となる。

やはり、小笠原の下で柴は働き、久美浜で民政の一端を短期間であるが担っている。

そのほか山陰道鎮撫使一行の中で柴捨蔵（北垣）の動きとして特徴的な点を記しておこう。

二月五日、西園寺は鳥取まで来るが、「総督、又慶徳公の退隠を不可とし、人を京都に馳せて申請せらるる処有り」と『鳥取藩史　第一巻　世家・藩士列伝』「安達清一郎」に叙述がある（二三三頁）。この池田慶徳の「退隠を不可」とした背景には安達清一郎（清風）がおり、小谷醇は、「池田慶徳の退隠問題に強烈な論陣を張り、復職を実現させた最大の功労者は安達であった」と記す（『「安達清風日記」に読む幕末の鳥取藩』四四七頁）。『鳥取

藩史　第一巻　世家・藩士列伝』は、池田慶徳「退隠」問題の叙述の後、「十八日柴捨蔵来り問ふ。捨蔵は、後の北垣国道にして、清一郎在京の時、八木龍蔵と変名し、清一郎の庇護を受け、後長州に走り、当時総督近侍として来たりしものなり」（二三三頁）と伝えている。柴捨蔵（八木龍蔵）は、以前に庇護を受けた鳥取藩の重臣安達清一郎を訪ねたのであろうが、この時は「総督近侍」としてあらわれたのである（明治以後の安達については本書第三章参照）。

なおこれ以外のことで『慶徳公御伝記　四』は、幕末時の北垣の動きについて、「八木良蔵と称し、水戸に赴き、長州にも在りしが、是春は西園寺鎮撫総督に附属して来国せる事もあり」と記し、さらに「河田佐久馬・松田正人をはじめ、当方の周旋方有志とは早き頃より交深く、別に仕官もなければ旁御雇とせるなり」とまとめている（六五二頁）。

また、『原六郎翁伝』上巻に掲載されている原六郎の「但馬会席上講演」によれば、原とともに八木（北垣）は山陰道鎮撫総督軍に従軍中、郷里に立ち寄ったらしい。

早速上方に向つて出発したが、恰度《ちょうど》西園寺侯が山陰道鎮撫使として巡回せられ、北垣氏も侯に随行中であつたから、久振に但馬に立ちよつて、数多の有志に出合つた。

其時京都から東山道鎮撫使岩倉副総領に従軍せよとの御沙汰があつたので、（原は―高久）大急ぎでその方に参加したのである。

（『原六郎翁伝』上巻、一三三頁）

②丹波山国隊と柴（北垣）

その後の柴捨蔵（北垣）の動きの前提として、河田佐久馬の動きについてまず触れておこう。

慶応四年（一八六八）正月二四日、長州藩士宇多朔太郎（変名。本名佐々木男也《おなり》）と静間彦太郎が池田慶徳に会い、河田佐久馬らの「形勢切迫至急帰参方」を求めた。この結果正月二七日、池田慶徳は河田佐久馬らに帰参を許す命を発した。この報は京都留守居に伝わり、二月三日家老荒尾駿河は河田佐久馬に慶徳の命を伝え、ついで六日中井範五郎に、七日には河田精之丞に同様の命を伝えた（『鳥取県史　第三巻　近世　政治』七一六〜七一七頁／『伝えたいこと　濱崎洋三著作集』一一六〜一三四、一五三〜一六八、三四八〜三七六頁）。

さらに一七日には佐久馬の弟弘吉郎（弘蔵・景雄、精之丞の次の弟、形式的には「佐久馬倅弘吉郎」）に「御勘気御免御雇京都詰周旋方仰付」の旨を達した。このようにして、河田佐久馬は公に活動できる地歩を獲得したのである。二月一一日、河田は、東山道先鋒参謀に、中井範五郎はその附属に命ぜられた（『慶徳公御伝記　四』三九一〜三九二頁）。

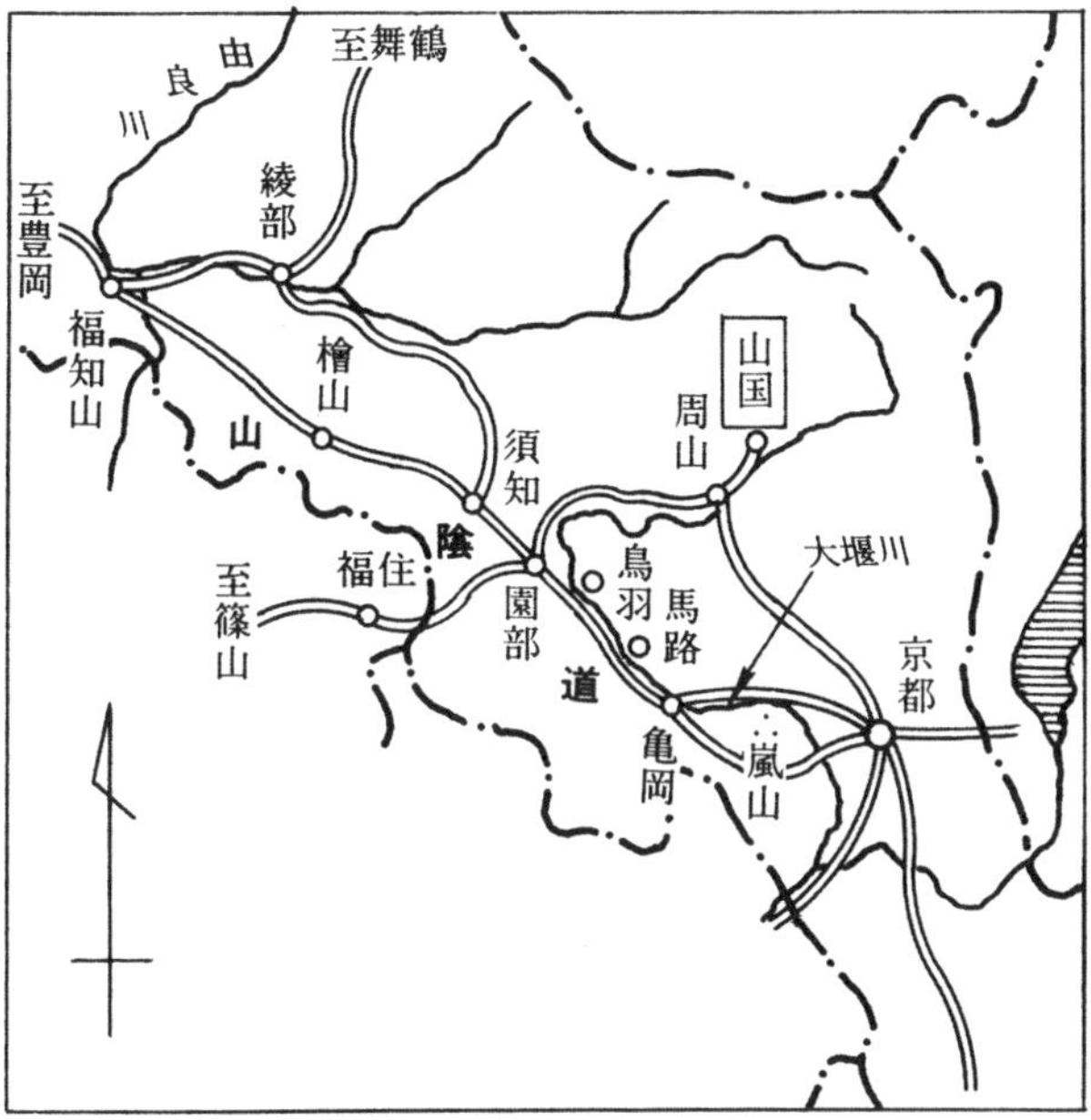

図1　山国隊図
仲村研『山国隊』（中公文庫、中央公論社、1994年）82頁「山陰道略図」

河田弘吉郎は佐久馬より一三歳年下の弟であるが、佐久馬には文久元年（一八六一）当時男子がなく、弘吉郎を養子とし、それより弘吉郎は伏見留守居見習を勤めた。本圀寺事件後、家名を相続したが、慶応二年（一八六六）、佐久馬ら二十士の脱走の報を聞き、一家ともども伏見を退散した（鳥取県立博物館『平成二年度　資料調査報告書　第十八集』八頁）。

さらに、その後三月三日、河田佐久馬は馬場金吾（鳥取藩士）に代わって東山道を行く山国隊の隊長になる。山国隊とは、一月四日に山陰道鎮撫総督西園寺公望の檄文に呼応して、結成された丹波山国郷（現京都市右京区京北、旧京都府北桑田郡京北町）の義勇隊である。同じ年の一月九日・一〇日の山国郷の名主層を主とした会合で義勇隊結成が決定された。

山国隊は結成当初は出征隊員が三五人で、内訳は二〇人の名主と一五人の非名主であった。そして、「山国の名主はほとんど山持で、しかも筏の到着する嵯峨、梅津、桂の三ヶ所に共同の材木の直売店を持って、京都、大阪の市場価格に応じて地元の伐採と販売を調整するという商売をしており、官位任用の費用一切も、この共同経営の利益からでている」（仲村研『山国隊』六六頁）。つまり、多くの名主層はおおむね材木の利益でかなり裕福であった。ただし、仲村の指摘にあるように、山国隊の転戦過程で名主・非名主の差異はなくなってゆく。

山国隊が結成された一月一一日、部隊は二つに分かれ、そのうちの一隊が鳥取藩に附属して東山道を進軍していくことになる。

河田が山国隊のメンバーと顔を合わせるのは三月五日であり、一行が甲府城下に入る直前であった。また、原六郎が司令士として細木元太郎とともに山国隊に加わるのは三月七日であった（藤野斎著、仲村研・宇佐美英機編『征東日誌—丹波山国農兵隊日誌—』四八〜五〇頁。以下『征東日誌』）。

なお、山国隊の記録として隊中取締であった山国郷の名主藤野斎が書いた『征東于役日誌』（『征東日誌』と略称）がある。この中で、藤野は五月六日から七月七日までの二か月間事情により京都に帰るが、その時に藤野が山国に帰郷中の柴捨蔵（北垣）に接触した記述がある。

帰京の目的は、仲村研によれば、(1)親兵組と再統一する「郷中一和の件」を解決すること、(2)軍資金の募集を行い、隊員の最大の不満を除くこと、(3)留守中家族婦女子の不満を解消するために説得を行うことであった(『山国隊』一八一頁)。

五月三一日、京都で、藤野は柴捨蔵に会う。『征東日誌』は、「河田弘蔵亦来問セラル。柴捨蔵来訪セラル。元長州鋭武隊ニ属セラル」(『征東日誌』一二八頁、河田弘蔵(弘吉郎)と柴捨蔵が近くにいたことを示す)、とある。この記述によれば、柴は長州の鋭武隊に属していたが、それは西園寺が率いる山陰道鎮撫使に属していた時で、「元」とあるように、この時期はそこから離れていた。藤野が柴に会った理由は、河田佐久馬の言葉を伝えるためであった。河田の伝言とは、「近江(藤野斎―高久)同道ニテ東行セスンハ、将来絶交スヘシト。願者一書ヲ賜ヘト。不及其儀、只其方向ヲ聞ンノミ(中略)、只其一言アルノミト」(同上、一二一頁)、ということであったが、これは柴に山国隊に加われという意味であったろう。この言葉は、柴には相当響いたようである。「河田氏ノ一言柴氏ノ膽《きも》ニ砭《いしば》リスル処ナルヲ以テ也」という表現がある(「膽(胆)ニ砭リスル」とは、小学館『日本国語大辞典』によれば、「心に強くうつこと」とある)。原六郎が自ら言うには、「此時分私は河田佐久馬の子分見たやうに見られてゐた」(『原六郎翁伝』上巻)時期があり、また河田の下で山国隊に参加したことは前述したが、柴も長州山口にいた頃足しげく河田のもとに通っていたことはすでに述べた。また、維新後に河田が死去(一八九七年(明治三〇)一〇月一二日)するまで、北垣は「河田翁」と最大限の敬意をもって遇していた(拙稿「北垣国道と鳥取人脈」『社会科学』第四八巻第四号)。

さて、六月三日には、「近江(藤野斎―高久)、柴捨蔵氏へ前日ノ報謝袴地一反ヲ答礼ス。(中略)不日同道東上可致ノ決答書面ヲ既ニ出セリト」(『征東日誌』一三〇～一三一頁)と記載がある。「不日同道東上可致」という文面は、柴捨蔵がいずれ同道して東上致す、と読める。しかし、この時点で柴が河田や藤野と「同道」して東山道を進軍するということではないようだ。

六月二一日、いよいよ北越行が決まったらしく、「柴捨蔵氏入局、北越地方へ発信可致之処、河田瀬《(精)》之丞、来ル廿六日蒸気ニテ帰東セラルニ同発セントス」(『征東日誌』一三四頁)、翌二二日には、「仁和寺宮北越地方へ御進発、松尾副参謀河田弘吉随従ニ付之ヲ見立ル。井上省吾氏又同行セリ。柴氏都合ノ義アリ随従セス」(同上)とある。そして六月二四日、「柴捨蔵君騎馬ニテ来訪シ云、弥々廿六日出発ス(中略)別飲シテ再会ヲ期シ別袖ス」、「柴捨蔵氏弥々明暁出京スヘシト、尚入年挨拶被申入、菓子一篋《はこ》ヲ被贈与、留別軽酌シ之ヲ堀川邸迄送リ別ル」としている(同上、一三五頁)。こうして、六月二六日、柴捨蔵は北越に向けて京都を出発する。

③徴兵十二番隊と柴（北垣）

柴捨蔵（北垣）は、どのような軍隊編成のもと戊辰戦争に参加していくのだろうか。西園寺の山陰道鎮撫使に参加したのち、柴は鳥取藩の軍隊編成の中に組み込まれていく。

慶応四年（一八六八）五月から六月にかけて、鳥取藩でも戊辰戦争に向けた軍隊編成が進む。五月一八日、小頭四人、足軽七六人が続々京都に集まり、御所詰御使番の岡村喜兵衛が徴兵隊長に任命される（『慶徳公御伝記四』六二四頁）。

岡村喜兵衛が徴兵隊長になるまでの経歴は、『鳥取藩史　第一巻　世家・藩士列伝』では次のように記す。文久三年（一八六三）家督を継ぎ五〇〇石を領す。元治元年（一八六四）九月、「征長」の軍に参加し、慶応二年（一八六六）五月、石州路に出征。翌慶応三年四月、京都を警衛す。明治元年（一八六八）正月五日、伏見の戦いに参加し功あり。七日、橋本を守衛し、一二日には、大津を守り、三月大坂に下り行在所の守備にあたり、閏四月供奉して京都に還る。五月、朝廷が徴兵の制を定めて、諸藩に触れた際、兵卒九七人を選出し、この隊長となる。これを「徴兵十二番隊」という（三一一～三一二頁）。

さらに六月三日、隊長を岡村喜兵衛として、その下に一番小隊長山本清之丞、二番小隊長に南条熊之丞、さらに半隊長・分隊長・嚮導楽隊等が定まった（この日、岡村より「掟書」が示された）（『慶徳公御伝記　四』六三四頁）。この後同隊は「徴兵十二番隊」と命名され、六月一五日御所寺町御門の警衛を命ぜられた（同上）。

六月一九日、鳥取藩の在京家老荒尾駿河は軍監として越後口総督仁和寺宮嘉彰《よしあき》親王に附属して出発することになり、河田弘吉郎に軍監附属として出張が命ぜられ、さらに「但馬の浪士」である柴捨蔵には「御雇」として出張を命ぜられた（『慶徳公御伝記　四』六五二頁）。『慶徳公御伝記　四』には、この時点での北垣の経歴に関する簡単な記載がある。すでに明らかにした点もあるが、当時の北垣の経歴を知る上で重要である。

捨蔵は北垣晋太郎にして、文久三年生野の変に加はれる以後、八木良蔵と称し、水戸に赴き、長州にも在りしが、是春は西園寺鎮撫総督に附属して来国せる事もありて河田佐久馬・松田正人をはじめ、当方の周旋方有志とは早き頃より交深き、別に仕官もなければ、旁御雇とせるなり。（『慶徳公御伝記　四』六五二頁）

この記載によれば、当時の北垣は「柴捨蔵」や「八木良蔵」という変名を使い分けながら、仕官もしないでいたらしい。

六月二二日、越後口総督嘉彰親王が京都を出発し、軍監荒尾駿河が徴兵十二番隊を率いてこれに従う。『慶徳公御伝記　四』は、「是日、総督宮進発せらる。徴兵五番隊・十二番隊（隊長岡村喜兵衛藩兵也）従ふ。駿河、弘吉（郎欠）・捨蔵・横井貞一等を従へて、列中前軍の次にあり」という（六五二頁）。京都を発した「越後口官軍」は、二八日敦賀に着す。ただし、柴捨蔵は、すでにみたように京都の出発は遅れて二六日であり、敦賀到着はいつの時点か不明である。総督嘉彰親王は入船を待って、七月六日、海路をとり、発航して越後高田に赴く。随従の兵隊はすべて陸行とし軍監荒尾駿河がこれを引率して北陸道を進軍した（同上、六九〇頁）。このとき、「総督府は戦勢の進展をはかり、新来の兵を海軍とし、新潟に遣りて同地を占領し、上陸して敵の背後を襲はしめんとす」（同上）。七月二三日朝、徴兵十二番隊、五番隊、明石・秋月・薩州・長州の兵に新潟の東松ヶ崎に転身の命があった。これにより柴捨蔵が徴兵十二番隊を率いて敦賀を出た（『鳥取藩史　第一巻　世家・藩士列伝』（三二一頁）の「岡村喜兵衛」の項目には、「第二小隊は軍監附属柴捨蔵仮に隊長の事を行ひ、総督宮に従って海路亦柏崎に着す」とある）。

④長岡・新潟の戦い

柴捨蔵（北垣）が進む北越の戦況はどのようになっていただろうか。

政府軍は、新潟の長岡城奪取後に人員・武器・弾薬を補充したうえで、七月二五日総攻撃の予定であった。『慶徳公御伝記　四』によれば、長岡藩の河井継之助は、これを察知し、二四日夜に奇襲し、長岡を奪回した。「官軍」は敗退し、政府軍の参謀西園寺公望は、「身を以て関原に遁《のが》れ、更にただ一騎となりて宮本に来る」（関原・宮本は現長岡市内の地名）状態であった。政府軍が崩れそうな状況の中で、荒尾駿河、その附属河田弘吉郎、さらに「長州藩の小隊司令某」とともに、再三制止し、ようやく事なきを得た、とある（『慶徳公御伝記　四』六九一頁）。二九日、政府軍は「長岡総攻撃を行ひ、遂にこれを奪回す」（同上）。しかも、河井継之助は左足に重傷を負い、長岡藩は指揮官が不在の状況になる。八月一六日、河井はこの傷により会津若松に向かう塩沢村（現福島県南会津郡只見町塩沢）で死去する（今泉鐸次郎『河井継之助伝』三七六〜三九六頁／大山梓『戊辰役戦史　上』七九九〜八〇〇頁）。

次に、柴捨蔵（北垣）が属する徴兵十二番隊の動きを見てみよう。徴兵十二番隊が新潟の大夫浜（現新潟市街）に上陸したのが河井の長岡城奪回後の七月二五日で、「新潟では、同盟軍が武器弾薬の調達を頼っており、新潟港には会津藩兵・米沢藩兵らの同盟軍が警備と防御のため駐留していた。この新潟を平定することが、徴兵十二番隊の任務となった」（横山展宏「北越戦争と徴兵十二番隊」鳥取市歴史博物館編『因州兵の戊辰戦争――いくさと弔いの明治維新――』七〇頁）。

徴兵十二番隊隊長の岡村喜兵衛は、右・左と隊を二つに分け、右小隊を岡村、左小隊を柴捨蔵が指揮し、七月二七日より沼垂・平島あたり（現新潟市内）で、さらに八月一〇日より坪穴（現新潟県胎内市付近）・榎峠（新潟県岩船郡関川村）で戦闘が行われた（『因州兵の戊辰戦争』七〇頁）。

戦闘は、新政府軍が薩摩・長州・芸州・高鍋・秋月の藩兵、それに因州藩の徴兵十二番隊で、相手は会津・長岡・米沢などの奥羽越列藩同盟軍であった。これらの戦闘で、徴兵十二番隊は四名の死者を出した（『因州兵の戊辰戦争』七三頁／『慶徳公御伝記　四』六九一～六九四頁）。

徴兵十二番隊が八月一日以降新潟で総督嘉彰親王に勝報および平定を知らせるまでの状況を『慶徳公御伝記　四』から記しておこう。

> 岡村喜兵衛は右小隊を率ゐて進み、同日（八月一日―高久）大野（現新潟市、以下新潟県内の現地名略―高久）に宿す。左小隊は柴捨蔵これを率ゐ、内野・上五十嵐に分宿し、三日赤坂に進む。三根山藩主牧野忠泰伊勢守帰降し、弥彦の賊退散せるより、新潟に帰る。壬生参謀着陣に付き大野口を守衛す。四日新発田参謀官の命によりて、右小隊は長・芸の兵と酒屋口より新井津に出で、斥候を放ち探索せるに、敵既に去りてあらず。五泉・村松は新発田方面より平げたれば、長岡・村松の間、出雲崎・大野の間悉く平定す。六日、右小隊命により、友隊と新潟に帰る。喜兵衛・捨蔵、総督に捷報を届出でたり。
>
> （『慶徳公御伝記　四』六九四頁）

この記事では徴兵十二番隊は、右小隊は岡村喜兵衛、左小隊は柴捨蔵が指揮したことになっている。しかし、それ以前の七月二九日までの記事では、「徴兵半小隊」の一分隊・二分隊を南条熊之丞が指揮し、三分隊・四分隊を柴捨蔵が指揮したことになっている。

「柴捨蔵」の名で北垣がふたたび登場するのは丹波山国郷の藤野斎『征東日誌』明治元年（一八六八）一〇月二四日条である（慶応四年九月八日に明治に改元）。この日、東京（七月一七日、江戸から改称）で藤野は金策に翻弄していた。そんな時、柴捨蔵から藤野斎に対して誘いがあり、藤野は断り切れずに吉浦の宴会に参加した。宴会には鳥取藩士山田宗平ら三人と「街妓」四人が参加し、山国隊組頭那波九郎左衛門が後から参加した。この席で、柴捨蔵は「別後北越地方に奔回す、互に無事を語り膝を磨し、杯を挙て対酌頻なり」、柴が六月二五日に北越地方に行くために別れて以来の宴会で互いの無事を語りあった。翌二五日も、芝口仙台邸で「近江・水源・水康・辻繁四人」、すなわち山国隊の隊員である藤野斎・水口源太郎・水口幸太郎・辻繁次郎が柴捨蔵と杯を重ねた（『征東日誌』一九〇〜一九一頁）。一一月三日には山田宗平からの連絡により、柴捨蔵・藤野斎・那波九郎左衛門・宮津藩留守居河瀬外衛、朽木藩留守居永倉某・山田らが深川大満字屋で宴会を行っている（同上、一九四〜一九五頁）。山国隊の藤野斎は借金の処理で頭がいっぱいであったが、宴会の席では借金問題を口に出すことはしなかった（仲村研『山国隊』二二〇頁）。

第四節　中央官僚への道

『慶徳公御伝記　四』は、明治元年（一八六八）一二月二七日、北垣晋太郎が鳥取藩の馬廻に列することを公用人より申し渡されたことを記す。この時北垣は満三一歳であった。

北垣晋太郎儀、当夏以来所々戦争之節、及勇闘候段、神妙之至ニ思召候。依之、此度、御馬廻被召出、四人扶持被遣、応接方其儘相勤候様被仰出候。

但、詰中御側御用人支配被仰付、并続料銀拾五枚は被召上候事。

晋太郎は、もと但州の人、文久三年生野の義挙に加はり、事敗れて後は、八木良蔵といひ、水戸に赴き、又長州に在りしが、是春は柴捨蔵と称し、鎮撫総督に従ひて御国に来り、広く有志に接し、当方周旋方とも交厚し、六月、家老荒尾駿河軍監にて越後に発するに当り、御雇にて其附属となりて赴き、諸所に戦へるは、上にいへるが如し。前月凱着後、公議人沖探三支配にて、続料を与えられ、是月十八日、願ひて又以前の北垣晋太郎にかへりゐたりき。

（『慶徳公御伝記　四』八九六頁）

戊辰戦争の功績の結果、「公議人沖探三支配」のもと、北垣晋太郎は武士身分になり、「続料」（恒常的な給料）を与えられることになった。

沖探三（守固）は明治元年六月京都留守居職を命ぜられるが、この役が公務人および公用人と改称される。翌明治二年八月鳥取藩少参事になり、一二月権大参事に進む。廃藩置県後は大蔵省に仕え、岩倉欧米使節団に随従し、帰国後は内務省で各府県知事を歴任する（『鳥取藩史　第一巻　世家・藩士列伝』三二五頁）。

それから約半年後の明治二年（一八六九）六月一二日、北垣晋太郎を弾正台（警察機関）御用に召し仕えしても、「藩に於て差支なきや、御尋ね」があった。翌日、「差支えなき旨御答え」があり、北垣に少巡察が仰せつけられた。さらに、八月三日「大巡察に転任宣下」があり、公用人より上申された（『慶徳公御伝記　五』二〇五頁）。

同じく生野の変に参加した原六郎のことは、『慶徳公御伝記　五』では次のように記す。生野の変後江戸に赴き鳥取藩の周旋方である千葉重太郎の庇護を受け、禁門の変後、諸所を転々として長州に入り、仏式練兵を大村益次郎に学ぶ。以前より河田佐久馬とは親交があったが、河田が明治元年東山道の軍にしたがって出征すると、その部下としてこれに加わり、同年四月より山国隊の司令官として野州安塚・江戸上野・相州小田原等の戦いに従い、のち常陸平潟口の軍に属して仙台に至る。原はこの山国隊司令士としての従軍功績により、明治二年五月、鳥取藩の士列に召し出され、北垣と同じく四人扶持で召し抱えられる（一六七頁）。

このようにして、北垣と原は戊辰戦争の功績により、鳥取藩の武士身分になる。

鳥取藩から中央への道は、北垣の場合、明治二年六月の弾正台少巡察にはじまり、明治四年（一八七一）一二月より北海道開拓事業に従事。その後太政官出仕を経て、一八七五年（明治八）七月より元老院少書記官に、翌年熊本県大書記官など各府県で行政職を経験していく（『塵海』五九五～五九七頁）。

原の場合、武士身分になった明治二年五月には、親兵第三中隊司令官を命ぜられ、その後第二連隊第一大隊司令官になるが、翌明治三年二月鳥取藩第一大隊長になり、藩の兵制改革に参画する。しかし、明治四年三月、鳥取藩より抜擢され、欧米視察を命ぜられ、五月に横浜を出帆する。アメリカとイギリスで修学して、一八七七年（明治一〇）五月、ロンドンより帰国する。その後は、実業界で活躍する（「原六郎翁年譜」『原六郎翁伝』上巻、四～五頁）。

このようにして、もともと農民出身であった北垣晋太郎と原六郎は武士身分、それから中央の官僚、あるいは実業界へと転身を遂げていく。北垣についていえば、「草莽」の北垣晋太郎が、変名を使用しながら、それぞれの局面で重要な役割を果たしていく姿は幕末から明治への時代の変動の激しさを示しているといえるだろう。

おわりに

最後に、一つのエピソードを記しておきたい。

福井県敦賀市には武田耕雲斎など「天狗」勢の墳墓がある。武田耕雲斎を総裁とする総勢八〇〇余人の「天狗」勢は、当時禁裏守衛総督として京都に駐在していた一橋慶喜に素志を披歴するため常陸国久慈郡大子《だいご》（現茨城県久慈郡大子町）を出発したのが元治元年（一八六四）一一月一日であった。各藩の兵に行く手をさえぎられ、迂回の道を辿りながら西上を続けたが、一二月一七日、敦賀郡新保（現敦賀市新保）において加賀藩勢に降服する。

一橋慶喜は「天狗」勢の救解に動かなかった。その理由とともに、多くの藩や勢力が敦賀の地に情報収集のために動いていたことを、宇和島藩京都周旋方を中心に豊富な史料をもとに検討した仕事として、仙波ひとみ「武田耕雲斎勢の越前入りと宇和島藩京都周旋方による情報探索―都築荘蔵「北行日録」を軸として―」（敦賀市立博物館『研究紀要』第三四号）がある。また、家近良樹『ある豪農一家の近代―幕末・明治・大正を生きた杉田家―』は、豪農杉田仙十郎が、松平慶永に提言し、水戸浪士を当地の開墾に従事させることによって彼らの延命を画策した点を指摘している（五六～六三頁）。

「天狗」勢が加賀藩から幕府に引き渡され、総勢三五三人が元治二年（一八六五）二月四日から二三日までの間に、計五回に分けて処刑される（福井県編『福井県史　通史編4　近世二』八七六～八八四頁）。三五三人の遺骸は三間（五・四メートル）四方の五つの穴に折り重なって埋められ、当初は五つの土饅頭型の五塚と呼ばれていた（敦賀市立博物館『郷土の碑文展』五一頁／『続郷土の碑文展』五九～六一頁）。慶応四年（一八六八）二月、北陸道鎮撫総督高倉永祐と四条隆謌が北陸・越後に向かう際、香華料二〇〇〇匹を供するとともに墓所の所有者であった西本願寺に墳墓の改修をさせた。また、加賀藩主前田慶寧から五〇〇両の寄付があった。五月には北越総督仁和寺宮嘉彰親王が越後に向かう際、香料三〇〇〇匹が拠出され、翌年墓所の改築ができたので、西本願寺から派遣された役僧により、敦賀の来迎寺で法要が行われた（敦賀市史編さん委員会編『敦賀市史　通史編上巻』九一三頁）。

図2　敦賀「天狗」勢墓所

図3　河田弘吉郎・柴捨蔵寄進灯籠

この墳墓の地が墓所として改築整備されるのは明治二年（一八六九）以後のことであるが、現在の石段前に最も古い石灯籠が一対建立されている。慶応四年（一八六八）七月建立である。向かって右の石灯籠を見ると、前面に「備前　土倉修理之助菅□」、裏面に「慶応四年戊辰七月建之」、横面には「永厳寺《ようごんじ》取次」とある。土倉修理之助とは当時備前岡山藩の家老土倉正彦であり、戊辰戦争では会津征討越後口総督仁和寺宮嘉彰親王の軍監であった。向かって左の石灯籠を見ると、前面に「因幡　河田弘吉郎源寿景　柴捨蔵日下部国道」、裏面に「慶応四年戊辰七月建之」、横面に「永厳寺取次」と彫られている。河田弘吉郎は、すでに見たように河田佐久馬の弟（精之丞の弟）である。慶応四年二月一七日、許されて京都詰を仰せつけられ、周旋方御雇となり、その後鳥取藩家老荒尾駿河の北陸道への出張に附属し、越後方面の戦争に加わった（「旧鳥取藩士・子爵河田家文書」『平成二年度　資料調査報告書　第十八集』八頁）。北垣は柴捨蔵の後で「日下部国道」と名乗っているが、すでにみたように、もともと「本姓は日下部氏」（『鳥取市史』一一六五頁）で、「元治元年甲子五月」（一八六四年）、すなわち北垣も攘夷意識が強かった時に、備前藩主池田茂政に宛てた「尊攘の大義」の建白にも「山陰脱民　北垣晋太郎　日下部国道」と記しており（『生野義挙と其同志』四三三～四三五頁）、特に改まった場合に「日下部国道」を使用したのであろう。もちろん石灯籠の建立を頼んだ時点で鳥取藩での役職があったわけではない。

鳥取藩で武士身分の役職でないにもかかわらず、石灯籠に河田弘吉郎とならんで北垣の名があることは、鳥取藩の北越軍の中での北垣の位置が推測される。すでに、北垣はこの時点ではかつて有していた攘夷の意識はかなりの程度薄れていたと思われるが、どのような意識で「天狗」勢の終焉の跡をみたのであろうか。

北垣・河田（弘吉郎）らは、敦賀の永厳寺（曹洞宗）に石灯籠建立を頼み、慶応四年七月六日、敦賀から北越へと進む。石灯籠の文言は、そのことを示す。

なお、この墓所にはほかに興味深い痕跡が残されている。鳥取藩京都詰家老荒尾駿河の献上した石灯籠の壊れた姿である。実は、二〇一四年（平成二六）に鳥取「黒木竜馬会」の三田眞一会長が発見したものである。これにより、鳥取藩の家老職も石灯籠を献上していたことを示す。

北垣は、それから一八年後の一八八六年（明治一九）七月五日、中井弘滋賀県令の招待により京都府知事として滋賀県八幡（現近江八幡市）を訪問し、その後敦賀を訪問した。すなわち、翌六日滋賀県犬上郡長、彦根警察署長とともに吉井常也福井県敦賀郡長も同行し、彦根に向かい、さらに長浜から福井県敦賀に向かった。そして、七日、敦賀を発し、「武田耕雲斎一党ノ墓」に参詣した（『塵海』一九三頁）。八幡までは滋賀県令の招待であろうが、それからの敦賀、そして「武田耕雲斎一党ノ墓」へは北垣の希望だったのであろう。

第三章　京都府知事北垣国道と京都宮津間車道工事

はじめに──明治初期の北垣国道──

北垣国道が明治以後どんな経歴を辿るのか、詳細にわかるのは、北垣の日記『塵海』が残っている一八八一年（明治一四）一〇月以降であり、それ以前には、郎花生「北垣国道小伝㈠㈡」（川端道一編『開化』第二巻第三・四号）、井輪屋良二郎「京都府知事北垣国道君略歴」（京都市電気局編『琵琶湖疏水及水力使用事業』所収）、一九四三年（昭和一八）刊『鳥取市史』第三編第三節「本藩名士登用」の「北垣国道」の項目、「（北垣国道）履歴・略系図」（『北垣国道日記「塵海」』）、高階一一『嗚呼榧の木さん國道さん』、さらに『京都日出新聞』一九一六年（大正五）一月一六日〜三〇日付の北垣の死亡関連記事、『塵海』一八八一〜一九〇一年（明治一四〜三四）条の中の幕末や明治初期の回想部分などによるしかない。

明治元年より始まって、一八八一年（明治一四）京都府知事になるまでの北垣について概観しておこう。

北垣は、すでに述べたように、慶応四年（明治元・一八六八）一月には、柴捨蔵と称して、山陰道鎮撫総督西園寺公望の随行を命ぜられ、まもなく鳥取藩に属した。はじめは荒尾駿河の軍に属し、のちには徴兵十二番隊長岡村喜兵衛に属して各地に転戦して功があった。凱旋後鳥取藩士に列し、鳥取藩応接方となる。その後明治政府に出仕することになり、明治二年六月には弾正台少巡察を命ぜられ、八月には大巡察になる。一〇月七日には叙七位に叙せられた。ここまでの経緯は、本書第二章に詳しい。

明治四年（一八七一）七月には鳥取県少参事に任ぜられるが、八月には開拓使七等になった。一二月には開拓判官に任ぜられる。さらにこの月には開拓使庁より庶務掛を命ぜられる。これより一八七四年（明治七）九月三〇日まで北海道開拓事業に本格的に従事する。すなわち、明治五年九月には開拓少判官に累進した。また、翌年一月、六等出仕になり、四月浦河支庁在勤を命ぜられた。なお、この九月、榎本釜二郎（本名武揚）とともに山野をこえて殖産上の取調を行った。榎本と北垣の関係は深く続き、二人は、明治初期から北海道小樽の土地の共同所有者であった（本書第六章参照）。

北垣が北海道拓殖に対して持つ愛着は強く、大正期北垣死去時の『京都日出新聞』の記事によると、北垣は、明治四年に「時の開拓判官岩村通俊に献策して渡島《おしま》、胆振《いぶり》、日高、石狩、後志《しりべし》の五か国を巡歴し、具さに風俗・民情を視察」し、そして翌明治五年その「見聞」にもとづいて「北海道開拓意見」を発表して、政府および岩村通俊に献策したという。また、北垣は、樺太（サハリン）を巡歴してロシアの「極東経営の実況」を見た。そして、一八七四年（明治七）五月、樺太支庁在勤になるが、「朝臣」（朝廷に仕える官人）と意見が合わず、辞職したという。翌年六月、東京に帰り、七月元老院少書記官になるが、一二月また辞職する。そして「蘭人」（一般的にはオランダ人）とはかり北海道に一大拓殖会社を興そうと大久保利通内務卿に建議するが、実現には至らなかった（『京都日出新聞』大正五年一月一七日付夕刊、一九日付朝刊）。

なお、「北海道開拓意見」発表後ほぼ二〇年を経て、北垣は、一八九二年（明治二五）七月に内閣より第四代北海道庁長官に任命され、八月三〇日に札幌で着任する。その年の九月一二日、北垣の宿舎に幕末政治運動をともにした「旧友」で当時は天皇の侍従である片岡利和が訪問した。片岡は厳冬の「エトロフ」（択捉島）で年を越し、札幌に帰着したばかりであった。北垣も一八年前の一八七四年（明治七）、あるいは二〇年前の自分の行動を思い出す。

余モ十八年前樺太探検、二十年前氷雪ヲ犯シテ北海道全島巡回ノ事ヲ追想シテ感ニ堪エス。二十年前ハ札幌ハ森林中五六ノ仮屋アリシノミ。以東以北ハ道路モ無ク人家モ無シ。荒寥《こうりょう》タル森林原野又ハ海浜ニ臥シ雪ニ寝ネ稍《よう》ク飢餓ヲ忍テ巡回シタル者ナリ。当時尤モ危難ハ山ニ在テハ飢タル狼・熊、水ニ在テハ氷海・暴風、野ニ在テ風雪ナリシ。思ヒ出スモ言語ニ述ルヲ得ス。況ヤ筆ヲヤ。

（『塵海』三八四頁）

北垣は、当日の退庁後片岡の宿舎である豊平館を訪ね、昔日のことを談じ、さらに翌日夕には共楽亭に招き、北海道庁の役職者数名とともに「千島探険ノ事情」を聞き、晩餐を催した。

明治初期当時、北垣は、北海道に対してかなりの関心を持っていたことが推察される。したがってのちに北垣が京都府知事を転職後、内務次官を断り、北海道庁長官に転職したのには相当の決意があったとみてとれよう。

第二節　京都府知事就任へ

一八七五年（明治八）七月からその年の一二月までの五か月間、北垣が元老院少書記官になることは前述したが、この時北海道まで行動をともにする元老院中書記生であった陶不瓜次郎《すえふゆじろう》と会うことになる（柚山俊夫・安永純子・東昇「陶不瓜次郎の生涯」『愛媛県歴史文化博物館資料目録　第三集　菊山隆氏所蔵資料・陶不瓜次郎関係資料』五六頁）。一八七七年（明治一〇）四月には、北垣は熊本県大書記官として赴任した。たまたま同年二月に西南戦争が起こり、北垣はこの鎮定に苦心することになる。そのため一二月二八日には賞与として三〇〇円を下賜される。一八七八年（明治一一）七月には内務省に転じて内務少書記官となり、県治局長に命ぜられた。

一八七九年（明治一二）六月、北垣は内務卿伊藤博文によって高知県令になる。この時、陶不窳次郎も北垣より遅れて、高知県四等警部兼四等属になる（なお陶はこれ以前に愛媛県喜多郡長であったが、身の振り方を北垣に相談したようである。「陶不窳次郎の生涯」五七頁）。翌年三月徳島県の設置が決まるや、北垣は徳島県令も兼ねる。一八八〇年（明治一三）一二月二七日、北垣は高知県令および徳島県令を依願免官し、翌一八八一年一月一九日、太政官より第三代京都府知事に任ぜられる。

筆者は、かつて『北垣国道日記「塵海」』の解題で北垣の京都府知事任命の要因を、「高知県令時代、自由民権運動の拠点をうまく統治したことが評価されたからだと思われる」（「北垣国道とその日記「塵海」について」『塵海』五七五頁）と書いたが、北垣が高知県令をつとめたのは一八七九年（明治一二）六月から一八八一年（明治一四）一月までの一年半という短い期間であること、最近田中智子が指摘したように、その間に高知県令として特徴的な業績を残したとは言えそうになく（田中智子「高知県の中学校形成史」神辺靖光・米田俊彦編『明治前期中学校形成史府県別編Ⅴ　南畿南海』第四章）、必ずしも正確な表現とは言えない。むしろ北垣の京都府知事任命は高知県令以前までさかのぼって検討したほうがよいようである。

では、北垣はどのようにして京都府知事になったのか。府知事・県令の任命権者は内務卿である。当時の内務卿は松方正義で、一八八〇年（明治一三）二月二八日より伊藤博文から受け継いで内務卿をつとめており、役目柄、高知県令および徳島県令であった北垣のことは知っていたと思われる。ただ、薩摩出身の松方がそれほど北垣のことをよく知っていたかは不明である。その点でこの頃の松方内務卿と伊藤博文参議の三通の書簡でのやりとりは興味深い。

一八八一年（明治一四）一月一四日の松方正義より伊藤博文宛の書簡で、京都府知事の槇村正直は病気のため後任を決めなければならないとしている。しかし、後任の人物名は書いていない（伊藤博文関係文書研究会編『伊藤博文関係文書』第七巻、九五頁）。この手紙に伊藤はなんらかの反応をしたらしい。さらに、六日後の一月二〇日の松方より伊藤宛の書簡では、槇村を元老院議官に、後任の京都府知事に北垣国道赴任のつもりとであるとして、松方は北垣に「彼是《かれこれ》委曲《いきょく》談示」しておいたとする（同上、九六頁）。さらに一月二六日の松方より伊藤宛書簡では、松方は北垣に対して、京都府会の通常府会（五月）までに早めに方針を立てるよう指示した、と語っている（同上、九七頁）。

以上、一月の松方内務卿から伊藤参議宛の三通の書簡から見る限り、松方に北垣を推したのは伊藤のように思える。

伊藤博文が北垣のことを知っていたのは、伊藤の内務卿時代（一八七八年五月〜一八八〇年二月）に北垣がその下で内務少書記官（一八七八年七月〜一八七九年六月）をつとめた経歴による。一八七九年（明治一二）四月四日、内務少書記官北垣は内務大書記官品川弥二郎に書簡を送り、長崎県・福岡県・佐賀県の状況、とくに県会や政治状況を述べ、これから大分県や高知県にまわり、来月初旬には帰京することを伝えた。さらに北垣は報告が遅れることと各県会の概略を「内務卿閣下」（伊藤博文）や「両輔」（内務大輔・少輔）にも伝えるよう依頼した（『伊藤博文関係文書』第四巻、三二〇頁）。品川宛のこの書簡が伊藤文書に残っていることから、北垣が品川内務大書記官に送った書簡を品川は伊藤博文内務卿に回したことが推定される。

北垣の経歴を探ると、北垣は、一八七八年（明治一一）七月二九日、内務少書記官に任ぜられ、それから約二週間後の八月一三日に内務省より大阪府と兵庫・岡山・広島・愛媛・高知各県への巡回を申し付けられる。翌日には各府県の各庁事務の取調を命ぜられる（『塵海』五九七頁）。この時も内務卿は伊藤博文であった。つまり伊藤博文内務卿のもとで、北垣は一八七八〜七九年の二年の間に各府県の取調をするように要請されたのである。北垣はこの要請にこたえたようだ。遠景ではあるが、北垣が幕末時の文久三年（一八六三）生野の変以降慶応四年

（一八六八）にかけて、探索や防諜活動で動いていたことを想起できよう。ともかくも、このことがあって、北垣は一八七九年（明治一二）六月七日、高知県令に任命される。それから約一年半後、北垣は京都府知事に任命されることになる。

北垣が京都府知事に任命される以前、京都府会の騒然たる状況があった。原田久美子の研究に詳しいが、一八八〇年（明治一三）の地方税追徴布達事件である。同年五月に、槇村正直知事が府会にはかることなく、明治一二年度地方税収入予算に不足が生じたとして、総額五万八〇〇〇円を追徴するもので、府会側の猛反発をひき起こした。六月には全会一致で松方内務卿に伺書が提出される。八月、地方税の徴収に関する議決のみならず、一三年通常府会の全議決を不認可とした。この時、後述するように、京都宮津間車道開鑿計画も不認可となる。結局のところ、府当局と府会の対立を経て、松方内務卿の指揮による原案執行という形で終幕を迎える。そして一八八一年（明治一四）一月一三日、槇村は病気を理由に辞表を提出する（原田久美子「民権運動期の地方議会―明治十三年京都府における地方税追徴布達事件―」『日本史研究』三八号）。

このようにして、北垣は京都府知事になる。推測ではあるが、すでに見たように伊藤博文に相当期待をもたれての起用のようだ。

なお、高知県で警部をつとめていた陶不窳次郎も一八八一年（明治一四）四月一五日付で京都府三等警部になり、翌年六月には京都府警部長になる（「陶不窳次郎の生涯」五八頁）。京都府警察畑のトップ就任は明らかに北垣の抜擢であろう。

第三節　北垣の「任他主義」

では、京都府の人びとは、槇村に代わる北垣国道府政をどのように見ていただろうか。

民権家で新聞記者になる小室信介（筆名「大江山人」）が『大坂日報』紙上で、一八八一年（明治一四）一月二八日から二月三日に連載した「京都府治将来ノ目的」によれば、槇村正直の「干渉主義」に対し、北垣は「任他ノ主義」をとるとして期待されていた（京都府立総合資料館編『京都府百年の資料 1政治・行政編』二三〇〜二三九頁）。

「任他主義」を最初の頃の北垣府政の特徴として規定したのは、原田久美子である（「明治十四年の地方議会と人民の動向―京都府の場合―」『日本史研究』五七号、二一頁）。ただし、原田は北垣を「任他主義者」と規定しただけであったが、秋元せきの場合「任他主義」の内容と用例を詳しく規定している（「北垣国道と「任他主義」（laissez-faire）について」『京都市歴史資料館紀要』第一三号）。

また、小室信介は、北垣について、「其民間ニ在ル民権ノ論ヲ口ニセシ者ナリ。自由ノ説ヲ舌ニセシ者ナリ」と述べ、「民権ノ論」にも理解があることを指摘している。そして、小室は、北垣が「熊本ニ内務ニ高知ニ書記官タリ合タルニ及ンデヤ」と述べ、「任他主義」の具体例を北垣の熊本県大書記官時代（一八七七〜七八年七月）、内務少書記官時代（一八七八〜七九年六月）、高知県令時代（一八七九〜八一年一月）に想定しているようだ（『京都府百年の資料 1政治・行政編』二三〇頁）。

また、一八八三年（明治一六）に京都府会議員になる宮津の民権家沢辺正修が同年八月に「盛々恩君」に宛てた書簡には、以下のように北垣が常置委員に相当の権限を与えていたことを指摘している。

京都府ハ北垣氏赴任以来常置員ニ権利ヲ附スル大ニシテ、常置委員ハ行政区域内ニ侵入シテ干渉スルコト少々ナラズ、十五年十一月第六十八号布告ニヨリ府県会規則ヲ改正シ頗ル人民ノ権利ヲ減スルモ、京都府知事ハ常置委員ニ対スル従前ニ異ナル所少ク、府会ノ決議ハ或ハ行政上不便ナルモ大抵之ニ背カズト、是全ク

知事ガ行政ノ便宜ニ出ズル、此自由制度任他主義ニ於テ我輩ハシカアランコトヲ望ムナリ

（宮津市史編さん委員会編『宮津市史　史料編　第四巻』三六三〜三六五頁）

要するに、北垣の府政は、自己の独裁的権力行使をできるだけ避け、府官僚のみならず民間の人物を活用して府政を円滑に進めていくという特徴がある、と認識されていた。別言すれば、「民間活力育成型知事」と言ってもよい。これは一八七九年（明治一二）府会の登場という全府的代議機関の登場にも対応した統治方式であった。もはや槇村時代のような独裁的権力行使は、府民の大きな反発を招くだけであることを、北垣は内務官僚もしくは高知県令の経験から知っていたと思われる。したがって、京都府会においては府会議員によって選出された常置委員にかなり運営の主導権を任せ、一八八九年（明治二二）に登場した市制特例下の京都市会においては市会で選出された名誉職参事会員にも運営上かなりの権限を与えたといってよい。

北垣が「任他」したのは、府会常置委員あるいは一八八九年（明治二二）に創設された京都市会の名誉職参事会員とは限らない。府の官僚たちに対しても、定期的に「談話会」を設置し、意思疎通につとめた。すなわち府知事として就任したその年一一月から原則として毎月一回日曜、知事・書記官・上京と下京の区長・京都近傍郡長・各課掛・署長が集合し「知識を交換」することを目的に「談話会」を開いている。（『塵海』一九〜二〇頁）。この会は、北垣の日記『塵海』によれば、一八八五年（明治一八）以降に開催されたことを今のところ確認できない。しかし、北垣が府官吏たちの意見を聴くとともに、自己の意見を表明する場を設けていたことは注目される。彼は、府会でも市会でもあるいは市参事会でも各年度の開会式に祝辞を述べるほか、稀にしか出席しなかった。北垣が出席するのは、琵琶湖疏水工事やその他の重要案件の時のみであった。ただし、琵琶湖疏水工事の案件といった北垣が重要と考えられる議事などの場合は、積極的あるいは強引に議事をリードしようとした（各年

度府会議事録・府会市部会議事録・府会郡部会議事録（いずれも河原林文庫蔵）、『日出新聞』『中外電報』掲載各年度市会議事録の調査の結果による）。ともあれ、府会・市会では、尾越蕃輔大書記官ら府（市）の官僚が発案・答弁を行い、府（市）の官僚とともに常置委員や名誉職参事会員が議事をリードした。要するに、北垣が「任他」しようとしていた人びとは、京都府の官僚のほかに、京都府会の議長・副議長・常置委員などの役職者たち、京都市会の議長・副議長・名誉職参事会員の人びと、さらには一八八二年（明治一五）創設の京都商工会議所の役員などであった。

彼らは、人物としては具体的にどのような人びとか。府会では田中源太郎、松野新九郎、西村七三郎、浜岡光哲、中村栄助、田宮勇、雨森菊太郎など、京都市会では中村、西村、田中善右衛門、下間庄右衛門、内貴甚三郎など、京都商工会議所では高木文平、浜岡、中村、西村などの人びとである。そして、これらの人びとの中核に位置していたのが、実業家の田中源太郎と浜岡光哲であった。

田中は、南桑田郡選出で、一八八二年（明治一五）から一八九〇年（明治二三）までの八年にわたって京都府会議長をつとめた府会最大の実力者である。

田中源太郎については、三浦豊二編『田中源太郎翁伝』がある。また、拙稿「田中源太郎と新島襄」（『同志社時報』九四号）は田中の京都政財界での位置と田中が新島の大学設立運動に参加していく過程を論述している。

また、浜岡は、田中源太郎の従兄弟であり、府会区部会の副議長（一八八一〜八三年、一八八六〜八七年）をつとめ、京都商工会議所（一八九一年より京都商業会議所になる）のトップ（会長・会頭）を一八八四年（明治一七）より一九〇一年（明治三四）までつとめた政財界の実力者である。くわえて浜岡は、『中外電報』、『京都日出新聞』の経営者でもあり、北垣が京都に赴任して以降、北垣の日記『塵海』で最も登場回数の多い人物、すなわち官僚以外では最も北垣と接触密度の高い人物であった（浜岡については、西川正治郎編『浜岡光哲翁七十七年史』参照）。このように、北垣は田中・浜岡ら京都の政財界の実力者と連携して、「任他主義」行政を進めたのである。それは、府会・市会の多数派連携行政であった。

もっとも、このような行政の形態がそのままスムーズに進展していったわけではない。後述するように、明治一〇年代後半の企業勃興期以降、この形態は継続しなくなる。

第四節　京都宮津間車道工事が開始されるまで

北垣が京都府知事になって、最初に取り組まなければならなかった事業は京都宮津間車道開鑿《かいさく》であった。そして、この事業では、京都府会の要請を請けた事業として、北垣の「任他主義」行政がうまく発揮されたのである。

結論から言えば、京都宮津間車道開鑿工事は、一八八一年（明治一四）から一八八九年（明治二二）まで約八年の歳月をかけて、京都の七条大宮から城下町宮津の大手橋までの距離三四里五丁四〇間（約一三九キロメートル）、すなわち山城・丹波・丹後を縦貫する、道幅ほぼ三間（約五・四メートル、以下、適宜「約」は省く）の道路開鑿工事であった（後掲図1参照）。

京都から宮津への道は、一八七六年（明治九）八月、豊岡県の一部であった丹後国五郡（加佐・与謝・竹野・中・熊野各郡）と丹波国天田郡が京都府に編入されたことが要因との指摘もある（『三和町史　下巻』一四二頁）。ただし、丹後五郡および丹波天田郡の京都府編入が京都宮津間車道実現の背景にはあるが、そのことを示す直接的史料はない。

京都府議会で動きが生じたのは、議会が開設されてから一年後の一八八〇年（明治一三）七月八日、議員が槇村正直知事に提出した京都より丹後宮津に至る車道開設の「請願書」によってである（『明治十三年八月　京都府会議録事』四五八頁）。しかし、京都府当局は、当年は車道開鑿の議案は下付しない、としてこれをしりぞけた（同上、四三〇頁）。すでに見たように、この年の京都府会は、槇村知事の地方税追徴布達事件をめぐって知事に対する議会側の猛反発を招き、その結果一八八一年（明治一四）一月、槇村は元老院議官に転身し、北垣が京都府知事になることは前述した通りである。

そのように、ある面で期待されつつ登場した北垣が、最初に直面したのが京都宮津間車道開鑿の問題であった。五月七日、下京区建仁寺を府会仮議場に始まった明治一四年度京都府会において、五月二四日委員に託されていた京都から丹後宮津に至る「車道開鑿」の建議案が議場に提出され、全員の賛成で可決された（『明治十四年度京都府会議録事』第二編、二七頁）。この建議にもとづいて、六月六日、京都府は京都宮津間車道工事議案（府甲号追議案）を京都府会に提出する（『明治十四年度京都府会議録事』第三編、五三頁）。一八八〇年（明治一三）の府会には、槇村正直知事によって否決された議案が、北垣が知事になることによって復活したのである。北垣の「任他主義」が如実にあらわれた事態であった。

ところで、この道路の開鑿が単なる「道路開鑿」ではなく、なぜわざわざ「車道開鑿」と呼ばれたのであろうか。江戸期の道は、基本として人が歩くための道であり、急峻な峠や急勾配の道が数多くあった。道幅に統一性はなく、京都府下では道幅の最も広いところで四間半（八・一メートル。宇治郡日岡村の三条街道）あるいは四間（七・二メートル）であった。京都市中では上京区と下京区の境の三条通（三条街道）のエリア、郡部では鳥羽街道が四間程度で、最も狭い道幅で三尺（〇・九メートル）程度、一般的には一〜二間（一・八〜三・六メートル）であったと思われる（『京都府地誌』京都府立京都学・歴彩館蔵。一八八一年（明治一四）刊。ただし京都市中、伏見、愛宕・葛野・乙訓・紀伊・宇治・久世・綴喜・相楽各郡の地誌はあるものの、車道路線に該当する南桑田・船井・天田・与謝各郡の地誌は現存しない）。しかも、川には橋がないか、あっても水の少ない時に架けられる板を渡した程度の橋であった。京都府最大の川幅の由良川には北部に橋がなく、天田郡（現福知山市内）を流れる土師川、牧川には、渡しのみあった（三和町郷土資料館『京街道をゆく―丹波・三和の山陰道―』六〜七頁）。桂川の維新後の状況は、川勝寺村と下桂村を結ぶ丹波街道（山陰街道）の橋（桂橋）は、老朽化していたようで、京都宮津間車道工事で架け替えの対象になる。ともかく「車道」である以上、牛馬がスムーズに進める道、すなわち渡しではなく、橋があり、道の勾配は極端に急ではなく、しかも一定程度道幅に統一性があり、広い道幅（ほぼ三間）の道が求められた。つまり、かなり長い距離をスムーズに通行できる道が「車道」として設定されたのである。

第五節　国庫補助金の獲得

では、京都宮津間車道開鑿において北垣は何をしたのであろうか。

まず、北垣は車道がどの道を進むかという路線の選定には関与していないようである。しかし国庫補助金の獲得には大きくかかわった。さらに、車道の道幅の設定には、それを軍に承認させるよう動いた。

ここでは、北垣がかかわった国庫補助金の獲得についてまず述べよう。一八八〇年（明治一三）の太政官布告第四八号により一八八一年度から土木費に対する国庫過渡金は廃止になった。その後、居石正和が明らかにしたように、「河港道路等修繕の際、国庫補助を下付する工事を内務省が選別し、選択した工事には補助費を重点的に下付」するという形態、すなわち太政官布告第四八号以前の金額は少ないが、網羅的に補助金がもらえる形（「補助費の分散投下型」）から「補助費の選別投下型」への移行、つまり各県の特例として認めていく形が内務省によって意図されていく（居石正和「明治前期の道路行政と国庫補助―明治一三年太政官布告第四八号と車税問題―」『社会科学』第三七号、二四二〜二四五頁）。北垣が京都府知事になった時、まさに彼の政治力・交渉能力が発揮される条件ができたのである。一八八一年（明治一四）一一月、京都府は内務省に対し、補助を請願したが、採用されなかったようだ（『西京新聞』明治一五年七月二六日付）。翌年四月一一日、北垣は上京し、一六日夜に山田顕義内務卿邸で琵琶湖疏水工事を始め一一の「具状条件」の提示、すなわち要望を行っている。その中には、第一の琵琶湖疏水工事の補助金要望についで、第二の京都宮津間車道工事の要望があった。

一車道補助ノ事
京師ヨリ丹后〔後〕宮津ニ達スル車道ハ、昨明治十四年府会ニ於テ議決シ、拾七万円ノ費途ヲ地方税ヨリ支出スル所トナレリ。然ルニ該工費、追ヒノ坂堕〔隧〕道・宮津沿海車道等ニ付、三万円許ノ増加ヲ生セリ。此ノ増加金ヲ政府ニ補助セラレンコトヲ請フ所以ナリ

（『塵海』三九頁）

これらの要望について、山田内務卿は「琵琶湖通水」の件は大いに賛成し、なお取調のうえ「表面上申スヘキ旨内示」があったが、第二の京都宮津間車道補助については、「車道補助ノ件ハ、内閣詮議中ノ由」という回答にとどまった（『塵海』三七～四〇頁。この件の要望中、「宮津沿海車道」という表現は、この時点で普甲峠の路線はすでに消えていて、由良を通る道が選択されていたことを意味する）。

しかしそれから三か月後の七月六日、北垣にとって松田道之東京府知事の急死という衝撃的なニュースを大阪出張中の松方大蔵卿から聞く（本書第四章参照）。この時、北垣はたまたま病気になるが、一一日松方正義大蔵卿が（大坂から）京都にやってきた際、北垣は通常の状態に戻ったらしく、その「旅寓」である迎賓館を訪れ、「京都・宮津間車道補助金」のことを伺い、松方大蔵卿の「了諾」を得ている。さらに、翌一二日、北垣は国重正文大書記官に対し、車道補助金を松方大蔵卿が「聞済ミノ旨」を電報している（『塵海』四二～四三頁）。『西京新聞』明治一五年七月二六日付によると、「本年再願せられしに、内務省にも其議を容れられ、一ヶ年六千づゝ、

向五ヶ年間補助費として下附あり度旨を以て太政官へ上申中なりと東京通信に見ゆ」とあり、この頃に一か年六〇〇〇円、五年継続（一八八一～八五年度）、合計三万円の国庫補助が認められたと思われる。この国庫補助は、全国で最も早い時期の道路に対する国庫補助であった（「明治工業史　土木篇（上）」工学会編『明治後期産業発達史資料』第二二八巻、一八頁）。

さらに一八八六年（明治一九）一二月八日、明治二〇年度通常府会は、副議長西村七三郎の名で京都府知事に対して再度の国庫補助を稟請することを乞う建議を議決する（『明治二十年度京都府会決議録』五九～六〇丁）。この建議は、明治二〇年度通常府会での一八八七～八九年度総額一三万二〇七四円余の地方税負担を踏まえ、そのうち五万円を国庫補助とするために北垣知事の政府に対する働きかけを要請するものであった。

新聞史料によれば、北垣知事はただちに内務・大蔵両大臣に稟請したらしい（『日出新聞』明治二〇年七月一五日付。以下、適宜『日出』と略称。なお、北垣が東上したかどうかは不明である）。そして、その後内務省土木局は技師を京都に派遣して実地検分し、一八八七年（明治二〇）七月九日付で伺いの趣を聞き届けられ、工費補助金五万円のうち、一八八七年度一万円、八八・八九年度の両年度各々二万円ずつ下げ渡すべき旨京都府に指令があった（同上）。国庫補助獲得は沿道人民を大いに歓喜させたらしく、丹波・丹後各郡で献金の動きがあった（『日出』明治二〇年八月一九日付）。九月一二日には、府議会議員が常置委員、北垣府知事、庶務・土木の両課長および関係者を花見小路の有楽館に招待し、慰労の宴を開く旨の新聞記事がある（『日出』明治二〇年九月一〇日付）。

このように国庫補助金の獲得で北垣は手腕を発揮したが、当然のごとく寄附金募集でも尽力した。

寄附金は三万七六九一円余で総経費の一一・八パーセントを占めた（表1参照）。寄附金募集は、一八八一年度より始まった。まず、最初に知事をはじめとした京都府官吏らの寄附金募集がなされた。一八八二年（明治一五）三月一一日、北垣府知事が三〇〇円寄附の願書を府庁に提出している（『塵海』三一頁）。一三日には、上下京区長と府下郡長に対し、北垣が「宮津京都間車道開築費義金募集ノ事ヲ内達」している（同上）。

なお、この工事が完成時までどれほどの費用を要したのか記しておこう。当初工事は五年間で一七万五三一八円余の予定であったが、最終的に一八八九年（明治二二）八月の完成時までの八年間で三一万八六一〇円余の費用を要した。これは京都府の一八八九年度の歳出決算額六四万円余の四九パーセントにあたる（京都府立総合資料館編『京都府統計史料集　百年の統計1』四〇〇頁）。また、総費用の内訳を記したのが、表1である。地方税支出が二〇万九一八円余で六三・一パーセント、国庫補助金が八万円で二五・一パーセント、寄附金が三万七六九一円余で一一・八パーセントである。

表1　京都宮津間車道工費収入区分

種類	金額（円）	割合（%）
国庫補助金	80,000	25.1
地方税	200,918余	63.1
寄附金	37,691余	11.8
合計	318,610余	100

出典：『京都宮津間車道開鑿工事成蹟表』

京都府官吏の場合、寄附金の額は官吏のランクで分かれたようだ。一般の寄附金は、沿道住民を主要な対象として郡役所―各戸長役場の主導で集められた（『近代日本と地域振興』七四～七八頁）。

第六節　道幅の設定

さらに北垣は、道幅の設定にかかわった。ただし、これは京都府の官僚や府会の常置委員の意見などを尊重し、府知事としてそれを軍に了承させる役をはたす形になった。

車道計画のはじめ、すなわち一八八一年（明治一四）六月六日、明治一四年度京都府会で車道開鑿費の第一次会が開かれた。この時「府号外議案　京都より宮津に至る車道開鑿費参考仕分書」（『明治十四年度京都府会決議録』第二編、原案之部、六二～六四頁）が提出された際、当初の計画とその経費が記されている。この段階では、当初予定の経費はすべて地方税支弁で、国庫補助は考えられていない。また、路線も南桑田郡王子村（現亀岡市内）の峠、与謝郡栗田《くんだ》峠（現宮津市内）も切り下げが考えられていて、両峠が隧道《ずいどう》（トンネル）になることは考えられていなかった。しかし、府会で熊野郡の稲葉市郎右衛門が乙訓郡岡村（現京都市西京区内）から加佐郡由良村（現宮津市内）に達する路程と道幅について問いただしたのに対し、番外二番白木為政（京都府技手）は、「路幅ハ総テ三間ナリ」と答えている（『明治十四年京都府会議録事』第三編、五六頁）。つまり三間（五・四メートル）という道幅を、京都宮津間車道計画の最初の時点で、京都府土木官僚は想定していたのである。

この道幅三間という方針は、その後も変化はなかった。北垣の日記『塵海』の一八八六年（明治一九）六月一二日条には大阪の第四師団長高島鞆之助中将の了承を得た記事がある（一八六頁）。

この日、北垣は、大阪に赴き、大阪鎮台長官高島に会った。高島は、まだ工事が進捗していなかった福知山から宮津までの車道の道幅を軍事上の理由により四間幅（七・二メートル）にすることを希望した。北垣も四間幅を「適度の道幅」とし、京都府会の常置委員会に諮問したが、常置委員会では、費用が増加することを憂慮し、従来決定の三間にすることを北垣に要請した。この日の北垣と高島の会談は、三間幅にすることで高島の了承を得ることであった。高島は、断岸の地かつ迂曲の場所のみ四間幅に築造することを希望し、原則的に了承している。

北垣が高島に会ったのは、事実上京都宮津間車道の工事が終盤に入っていた時期であり、事実上事後承諾のようなものであるが、それでも必要な措置であった。なお、『塵海』では、北垣が高島に会うのは、一八八一年（明治一四）一一月二一日、イギリス皇太孫接待の慰労会が京都栂尾で開かれた時が初見であるが、一八八六年（明治一九）一月二五日、来京していた薩摩士族であった高島鞆之助を北垣が訪問し、西郷隆盛や桐野利秋・辺見十郎太の城山での最期の話を聞くなど、かなり親密な関係を維持した（『塵海』一九、一五七〜一五八頁）。この

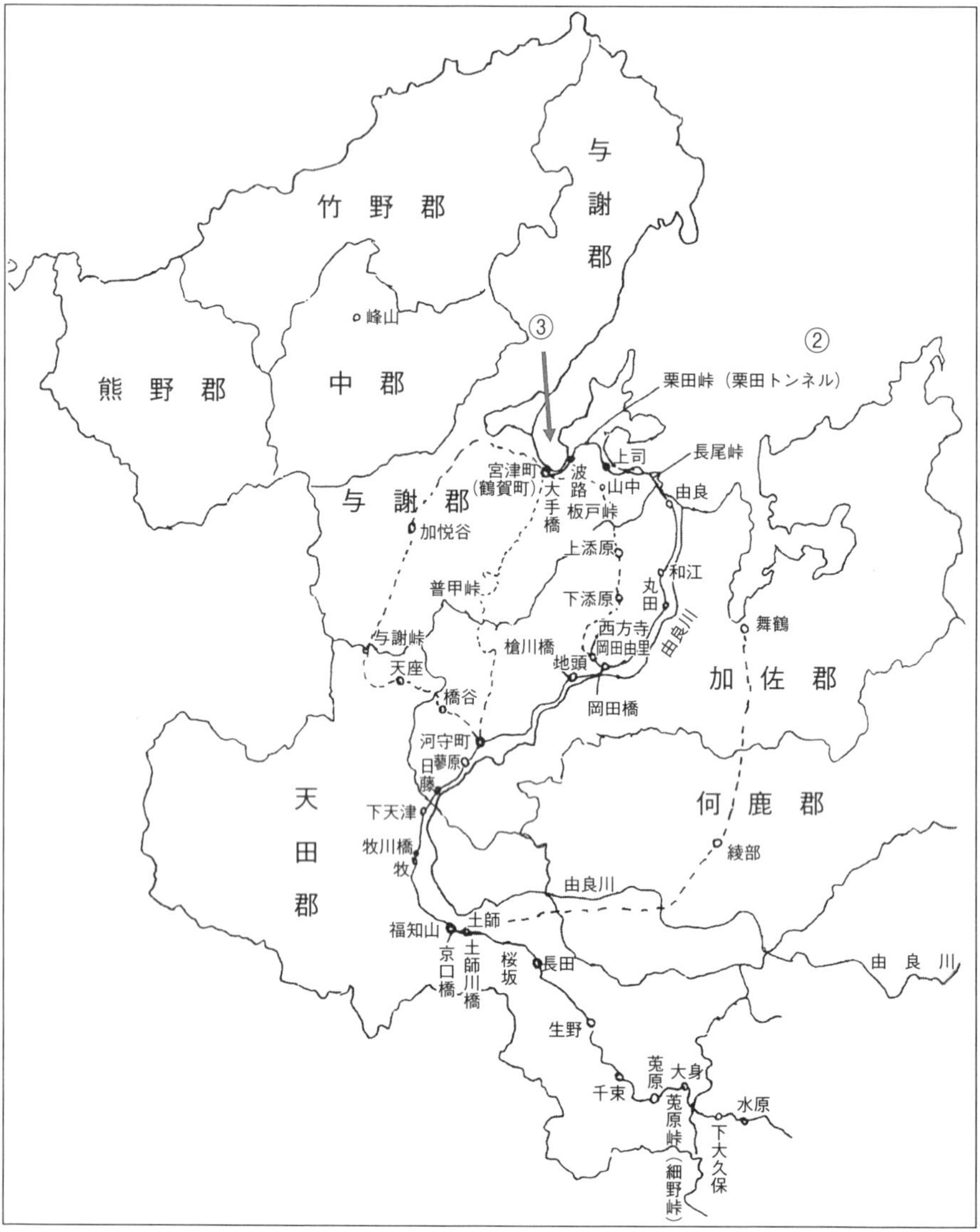

竹 野 郡
与
謝
郡
熊 野 郡
中 郡
峰山
③
②
栗田峠（栗田トンネル）
長尾峠
上司
宮津町
（鶴賀町）
大
手
橋
波
路
山中
板戸峠
由良
与 謝 郡
加悦谷
上添原
和江
丸
田
普甲峠
下添原
舞鶴
西方寺
岡田由里
由良川
与謝峠
槍川橋
地頭
天座
岡田橋
加 佐 郡
橋谷
河守町
日
蓼原
藤
天
田
郡
何 鹿 郡
下天津
牧川橋
牧
綾部
由良川
土師
福知山
京
口
橋
土
師
川
橋
桜
坂
長田
由 良 川
生野
莵
原
大身
千束
莵
原
峠
（細
野
峠）
水原
下
大
久
保

図１　京都宮津間車道

出典：高久嶺之介『近代日本と地域振興―京都府の近代―』第１章

備考：①は大枝峠（老ノ坂隧道）

②は栗田峠（栗田隧道）

③は終点大手橋

図2　老ノ坂隧道

（京都府『京都府誌　下』1915年）

現在は、同地に1933年（昭和８）と1965年にできた二つのトンネルが並行してある。

図3　亀岡市街の京都宮津間車道

図4　「隧道開鑿主唱者　売間九兵衛翁之碑」と刻まれた石碑

栗田トンネルの前、波路村側に立つ。1909年（明治42）建立。

図5　栗田隧道

図6　京都宮津間車道の終点大手橋

1902年（明治35）５月13日に撮影された和貴宮（分宮）神社の神輿。現在の宮津市役所にあたる所から写す（宮津地方の文化遺産を守る会『大手眼鏡橋を偲ぶ』）。市役所前に改造大手橋碑がある。

関係は長く続き、北垣が北海道庁長官から高島鞆之助拓殖務省大臣の次官に転出する時期まで続いた（同上、五四六〜五四七頁）。

第七節　北垣の視察

『京都宮津間車道開鑿工事成蹟表』（京都府立京都学・歴彩館蔵）によれば、工事は一八八一年（明治一四）七月葛野郡樫原・乙訓郡塚原（いずれも現京都市西京区内）間から始まった。そして大きな工事では一八八九年（明治二二）一一月の葛野郡下桂村（現京都市西京区内）・川勝寺村（現京都市右京区内）間の桂橋で終わる。

工事の進捗順序は、おおむね難路を先にし、平坦部を後にするという方針のもとに行われた（現実にはすべてその通りに進んだわけではない）。

北垣京都府知事は、工事が終盤にさしかかった一八八八年（明治二一）一一月二八日の明治二二年度通常府議会で車道工事について次のように述べている。

この事業は「近来莫大ノ金額ヲ費シタル事業」である。「明治十七・八年ノ頃迄ハ其事務敏捷ナラズ、進歩甚ダ遅々タリ」という状態であったが、「近年ニ至リテハ、其進歩成効著《いちじるし》ク」、これを他府県と比較して敢えて恥じることはない。たとえば、「京都ヨリ丹後ノ宮津へ達スル道路ハ、其費額三十有余万円ニシテ」、その延長「三十有余里」である。その間「随分困難工事モ多カリキ」、「最初老ノ坂ノ隧道ヲ造ルニ当テヤ、多分ノ日子（日数─高久）ト莫大ノ費用トヲ要シタリ」。しかし「十九年・二十年以来ノ工事ノ有様」はこれに反して「仕事ハ精功ニシテ、其費額ハ少ナシ」。これは「常置委員諸氏ノ注意、視察其ノ宜シキヲ得、懇切ニ其間ニ斡旋シタルノ功多キ」によるが、「担当吏員ガ多年実施ノ経験ト錬磨トヲ積ミシモノノ功ニ依ラズンハアラズ」（『明治二十二年度京都府会議事録』第一号二頁）。

北垣の発言は、この後の工事期間を含めれば、工事期間八年ほどの間に、一八八五年（明治一八）までの前半とそれ以後の後半では工事の進捗状況を対比的にとらえていた。彼が後半における進捗状況を楽観的にとらえ、それを常置委員と担当吏員の功としている点は、北垣ならではの発言であろう。これは新聞でも同じであった。『日出新聞』明治二〇年四月八日付は、「京都より宮津に達する車道もすでに十中の六まで成功」と前途を楽観するような記事を伝えている。前途を楽観するのは根拠があり、一八八七年（明治二〇）三月までには京都宮津間の七つの峠（芋峠、大枝《おおえ》峠、大朴峠、観音峠、菟原峠、長尾峠、栗田峠）の難路が克服されていた。すなわち、大枝峠（老ノ坂《おいのさか》）・栗田峠は隧道になり、観音峠は切り下げられ、大朴峠・菟原峠は迂回の新道が造られ、長尾峠は由良海岸の海岸線を通る新道に切り替えられた。

①老ノ坂隧道

工事の具体的な状況は、煩雑であり、北垣が視察に訪れた大きな工事に限り、それを見てみよう。車道工事のうち最も早い時期の大きな工事は、葛野郡岡村（樫原宿）から大枝峠（老ノ坂）を越えて南桑田郡王子村までの二四八六間余の区間の開鑿工事である。そしてこの区間の開鑿工事中最も困難を極めたのは大枝峠の開鑿である。工事の開始は一八八二年（明治一五）一月である（『京都宮津間車道開鑿工事成蹟表』）。この峠は維新後、一八七四年（明治七）六月、俣野権右衛門ほか二名によって峠の頂上の切り下げが計画され、一八七七年（明治一〇）一〇月には新道開鑿工事などが行われていた（『近代日本と地域振興』三〇～三一頁）。工事が始まるまでは、一貫して切り下げる方針であったが、峠の急な勾配を緩和する充分な切下げには至っていなかったようである。工事開始後切下げから、すぐに隧道（トンネル）に切り替わる。しかし、いつの時点でなぜ隧道に切り替わったかは史料上不明である。

この隧道工事がいかに困難な工事であったかは、次の『塵海』明治一五年三月二四日条（三四頁）からわかる。北垣は一八八二年（明治一五）三月二四日、午前七時に出発し、陶不窳次郎警部（陶が京都府警部長になるのは同年四月であり、この時はまだ警部長に就任していない。「陶不窳次郎の生涯」五八頁）、小野勝彬警部とともに車道工事の点検に出発し、岡村（樫原宿）からは白木為政技手が先導した。そして午後二時に隧道の西口より隧道に入った。この時点では、掘削は一一間（一九・八メートル）で、隧道の最終的な長さ一〇〇間の一〇パーセント強であった。つまり、隧道工事はまだ初期の段階であった。隧道内は軟柔な粘土質でしかも大量の水が発生し、より困難を極めていたらしい。

北垣は、それから八か月後の同年一一月二〇日にも国重正文大書記官とともに老ノ坂隧道の点検を行い、『塵海』明治一五年一一月二〇日条（八〇頁）に「姪坂隧道（老ノ坂隧道―高久）点検、夜ニ入リ帰ル。国重氏同行」とある。

老ノ坂隧道の完成は、翌一八八三年（明治一六）八月のようである。『塵海』明治一六年七月一一日条には「追ノ坂隧道（老ノ坂隧道―高久）額字、松風洞ノ三字ヲ書ス」とあって、今日東口の隧道入口頂部にかかる「松風洞」の文字がこの時期に書かれたことがわかる（一〇〇頁）。そして、『日本立憲政党新聞』明治一六年八月一八日付には、「京都宮津間の車道の一部分なる一の坂（老ノ坂―高久）隧道ハ愈々来る二十日を以て其工事を竣《おえ》られ、即日より人民の通行を許し通行式は尚他日をトして行ハる、よし」とあって、このころ工事が完成したことを窺わせる。

隧道は長さ一〇〇間、幅一五尺（二間三尺）、経一七尺（二間五尺）、中真直高一四尺五寸（二間二尺五寸）、半径以上は煉瓦により積立、円直以下は石垣または自然石を以て土台とする、という構造であった（『京都宮津間車道開鑿工事成蹟表』）。また、工費は当初は一万余円の予定であったが（常置委員松野新九郎の発言、『明治十八年度京都府会議録事』第二号、一四〜一五頁）、結果としてその四倍弱の三万九一六一円余で京都宮津間車道工事中最とも費用を要した工事であった。（『京都宮津間車道開鑿工事成蹟表』）。

なお、老ノ坂隧道の北側の地元王子村（現亀岡市内）は、その後一八八九年（明治二二）の町村合併によって他の八村と合併し篠村となるが、林屋辰三郎・上田正昭編『篠村史』（篠村史編纂委員会）には、「この工事によって旧来の道巾より約三倍広くなり」（三七七頁）とある。『京都府地誌』は桑田郡の分が現存しないので王子村の工事以前の道幅は不明であるが、この車道はほぼ三間で統一されていたから、工事以前の道幅は一間程度であったと思われる。大枝峠（老ノ坂）を越えた王子村の『京都府地誌』（明治一四年刊）は現存しないが、大枝峠（老ノ坂）の南、すなわち沓掛村（現京都市西京区内）の『京都府地誌』は現存している。それによれば沓掛村の丹波街道は道幅二間（三・六メートル）であるが、沓掛村の横ノ橋（小畑川に架す）は道幅一間（一・八メートル）、越前橋（古瀬谷川に架す）も道幅一間である。老ノ坂は、おそらく工事以前は道幅一〜二間であったことが想像できる（『京都府地誌　乙訓郡　村誌一』）。

②栗田峠の開鑿

切下げから隧道（トンネル）開鑿への変更は、京都宮津間車道開鑿工事中、老ノ坂峠以外にもう一か所あった。北部の宮津への道にある栗田峠である。栗田隧道が完成するまで栗田郷の中心集落である上司町《じょうしちょう》の北部、そして栗田半島の中津・小田宿野・島袋の各村の人びとが宮津に行くためには栗田峠を越えなければならなかった。栗田峠は難所で、貨物の運輸は人が肩に担いで行われた（市田富蔵『大典記念栗田村誌』一〇頁）。

明治になって、栗田峠を開鑿する計画が持ち上がる。この計画は、上司町と栗田峠を隔てる与謝郡波路町《はじ》（現宮津市内）の売間《うるま》九兵衛によってである。売間は、一八七九年（明治一二）頃、上司町の人びとに水力によって切下げをする方法を提起し資金提供を呼びかけた。売間は上司町の理解を何とか得て工事にとりかかったが、資金集めにはかなりの無理があったようである。売間らは一八八〇年（明治一三）頃には京都府に地方税下渡を請願するが、この段階では許可されなかった。しかし、一八八一年（明治一四）には、京都宮津間車道計画が進行し、栗田峠もこの線路中に含まれることになった（『宮津市史　通史編　下巻』五九八〜六〇〇頁）。

一八八三年（明治一六）四月、売間は京都府庁へ呼び出しを受け、話し合いの結果、同年五月、売間は前年九月の願書の却下願いを京都府に提出し聞き届けられている。同時期、売間は京都府に栗田峠の切下げ願書を提出し、今後工事が地方税で継続されることを要請しており、却下願いはそれに対応した処置であった（『宮津市史　史料編　第四巻』七七二〜七七三頁）。要するに、京都府は、一八八二年度までの売間らの栗田峠開鑿費用については一切の費用弁償もしくは援助金供与をしないかわりに、一八八三年五月に栗田峠開鑿を京都府の事業として引き継ぐことを明確にしたといってよい。そして、売間は、一八八四年（明治一七）一月一四日、京都府御用掛に採用され、土木課土工掛附属が申し付けられた。取扱は「准等外吏月俸六円」であった。このようにして売間は正式に京都府の雇になり、栗田峠開鑿工事の請負者になった（『明治十七年官員進退帰省罰俸録』）。また、『京都宮津間車道開鑿工事成蹟表』の「前后事業関係者」には「雇」として「売間」の名が記載されている）。彼は、工事の請負者になることを要請しており、この点は実現したことになる。

栗田峠が、それまでの切下げから隧道に切り替わるのは、一八八四年（明治一七）である。三月一〇日、明治一七年度通常府会で京都府の田所重礼技手は、栗田峠は切下げできがたい、ゆえに隧道の見込みで、栗田隧道の長さは六五間でその格好は「王子ノ隧道」（老ノ坂隧道）と同じ、ただし「王子」は煉瓦石であったが、この地には煉瓦石がなく他より運ぶときは莫大の費用を要するため石で築造するつもりである、と述べている。（『明治十七年京都府会議録事』第壱号、二六頁）。田所は、それから三日後の府会でも切下げの問題点と隧道の長所を指摘した（同上、第四号、二〇～二一頁）。

その後隧道工事は正式に決定したらしく、隧道開鑿の着手は、一八八四年（明治一七）一一月になる（『日出』明治一八年六月二〇日付「隧道開鑿」）。

栗田隧道の完成は、一八八六年（明治一九）七月頃であろう。この完成は、同時期に完成した宮津の終点大手橋の完成（三連アーチの石橋。宮城益雄「明治中期の京都縦貫道と宮津大手橋」『宮津地方史』第三号）とあいまって、京都宮津間車道工事の画期となった。

栗田隧道は長さ六八間（一二三・四メートル）、幅一五尺（四・五メートル）、中真直高一四尺五寸（四・四メートル）、周囲は切石で積み立てられた。工費は一万八一一七円五一銭二厘である（『京都宮津間車道開鑿工事成蹟表』）。トンネルの西口に「撥雲洞」、東口に「農商通利」という文字が刻まれている。いずれも北垣府知事の字である。

栗田峠の開鑿のきっかけをつくった売間は、栗田隧道竣工後上司町と金銭をめぐって裁判事件の当事者になる。売間は、この事業に身命をかけたが、工事は予期の如く進行せず、京都府の事業になることによってやっと完成までに至った。その間、売間はこの工事負担のため莫大な負債をかかえ、所有の財産はほとんど失う状況に至ったらしい。

一方上司町の人びとも多くの金額と労力を負担することになった。両者の開鑿費用をめぐる勧解《かんかい》（和解）裁判は、一八八七年（明治二〇）三月一〇日、売間が家財を売却し一五円五〇銭を上司町に支払い、残金一三六円七二銭四厘は売間が身代持ち直し次第返済することを条件に和解が成立している。この後売間は波路村を離れ、舞鶴町余部に移った（『宮津市史　通史編　下巻』六〇五～六〇六頁、和田博雄「売間九兵衛と栗田トンネル（下）」『宮津地方史』第五号、一三～一七頁）。

栗田隧道は、一九七〇年代に新しく国道一七八号線のバイパスができるまで、宮津への出入口の役割を果たした。一九〇九年（明治四二）九月、栗田トンネルの波路側の地に宮津町・栗田村・城東村の運送業者たちによって「隧道開鑿主唱者　売間九兵衛翁之碑」の石碑が建立された。栗田峠開鑿の売間の死はそれから三年後の一九一二年（大正元）一〇月である（和田博雄「売間九兵衛と栗田トンネル（上）」『宮津地方史』第四号、一八頁）。

③桂橋の竣工

京都宮津間車道工事のフィナーレは京都の街中に近い葛野郡下桂村・川勝寺村の桂橋である。大きな川の橋の工事は通常の道路工事と異なるために、京都宮津間車道工事の後半に集中する傾向にあった。桂橋は長さ一六六間で車道の橋中最も長い橋で、幅は三間三尺、九四間は高欄附の土橋、七四間は木製釣橋であった。橋脚は煉瓦積で六か所あった。この橋について、多田郁夫土木課長は、一八八六年（明治一九）の一八八七年度通常府会において、桂川の橋は「二十一年度以降」着手で、「桂川は頗る激流にして常に筏抔を流すを以て橋杭などは充分堅固にせざるべからす」（『明治二十年度京都府会議事録』第三号、一三丁）、と二年事業であることと、堅固な構造、それ故に巨額な工費支出の必要性を指摘していた。『京都宮津間車道開鑿工事成蹟表』によれば最終的に二万七四五八円余という莫大な工費が支出されたのである。

桂橋が竣工し、渡橋式を挙行するのは一八八九年（明治二二）一一月一三日である。『日出新聞』明治二二年一一月一四日付は、北垣府知事、尾越蕃輔・森本後凋両書記官、松野新九郎葛野郡長、多田郁夫土木課長および同課員、常置委員二名（田宮勇・西堀徳二郎）が出席したという。ただし、『塵海』明治二二年一一月一三日条およびその前後の日の記述には、桂橋渡橋式の記事はない。北垣は当時胃腸病を患っており、また栗田峠開鑿など大きな工事はすでに終わっており、出席したとしても日記に記すほどの感慨はなかったのかもしれない。

④『塵海』から見た京都宮津間車道の視察

北垣は、栗田隧道そして京都宮津間車道の北の終点宮津大手橋開通式に参加している。北垣の日記『塵海』をもとに、素描してみよう。

一八八六年（明治一九）八月二日、午前四時の早朝から、多田郁夫土木課長と巌本範治属を随従して、北垣は宮津に向けて出発した。「新道工事及ヒ未成工事ノ線路ヲ点検」し、午後九時福知山に到着した。この行路の途中田畑の諸作は豊かであったが、「然レトモ所々旱損アリ」と感想をもらしている。翌三日早朝の午前四時、福知山から「人車」（人力車）を走らせた。午前五時三〇分、登り道のため駕籠に乗り換えて内宮を出て、普甲峠《ふこう》の険しい道を越えて、九時に坂の麓についた。麓では陶不窳次郎与謝郡長と斎藤求警察署長などが迎え、ここで駕籠から「人車」に替えた。

北垣が、海岸の道を通らずに普甲峠の険しい道を通ったことは、この道がもともとの宮津への道であったことと、栗田隧道は完成しても、その前後でまだ未整備の道があったからだと思われる。

九時半、北垣は宮津の荒木旅館に荷を解いた。しかし休む間もなく、周辺の郡長による与謝郡の農業の状況を聞いた。麦作その他「夏収豊穣」で、春夏の蚕は「上作」そして稲作も「上」であった。したがって民情ははなはだ静謐で、四〜五月の麦の収穫前とは雲泥の差があった。ただ今より二週間雨が降らなければ「大旱ノ患」、すなわちひどい旱魃があるという。午後四時、大手橋、宮津尋常小学校、そして栗田隧道等を点検し、六時には郡長らの饗宴に会した。四日には、午前六時栗田隧道開通式に臨んだ。随員は、陶不窳次郎与謝郡長そのほか各郡長・土木課員・常置委員・戸長などである。

さらに八時には大手橋開通式、九時には宮津小学校開校式に臨んだ。午後一時には宮津警察署で各分署長に会い、事務の状況を確認した。麦の状況も聞いたところ、各郡の状況とも大同小異で良いということであったが、田の方は十分の作であるものの、今より二〇日も雨が降らなければ「旱損」が多くなるだろうということであった。午後三時、警官・監獄吏らの「劇剣」を見て、午後五時に宮津学校開校、新道開通等の宴会に臨んだ。五日の日記には、「昨日来邪気ニ犯サレ発熱甚シ」とある。それでも午前四時には「病ヲ犯シテ」宮津を発った。五時に栗田浜で漁舟に乗り、栗田・由良間の海岸新道掘鑿の状況を点検した。海岸道路はまだ完成していなかったのであろう。その後加佐郡の舞鶴湾海口を点検して、七時には舞鶴に着いた。午前九時に舞鶴を発し、午後一時綾部に着いたが、その時は「邪熱甚シキニ由リ泊ス」という状態で、昼から綾部に泊まることになる。翌六日午前二時、ほとんど真夜中に綾部を出て、駕籠で険しい坂を越えること六里（約二四キロ）、橋爪村字檜山《ひのきやま》（現船井郡京丹波町。『塵海』明治一九年八月六日には、「檜山村ニ着ス」と記している。しかし、檜山村は一八八九年（明治二二）四月一日に八大字の合併によって出来た新町村名である。この時期は一八八六年（明治一九）であるからこの地域の中心集落である「橋爪村字檜山」とした）に着いたのは七時間後の午前九時であった。それから「人車」に乗り換え、一一時に園部に着した。四時間後の午後三時園部を発し、五時間後の午後八時ようやく京都に帰った。

　こうして北垣の丹後行きは終わるが、その後日談がある。八月七日は、午前九時に病院（京都府立医学校）に行き、猪子止戈之助《いのこしかのすけ》副院長の診察を受ける。一〇時には検疫本部に臨む。おそらくこの年四月二二日、老母りき（利喜）が腸カタル、その後病勢が進み、「類似コレラ症」となって死亡したこともあり（本書第二章参照）、何らかの病気の疑いがあったからであろう。「病勢大ニ衰フ」とあって、午後五時高島鞆之助中将を京都の旅館に訪ね、「丹後新計画ノ順序」を談話する。翌八日は日曜日であったが「邪熱ノ為メ平臥」の状態。それから九日・十日・十一日・十二日・十三日と「臥病」が続き、一四日には「本日邪熱増シ頭痛甚シ」と記す。翌一五日は日曜日で猪子副院長に来診してもらい、「邪熱少シク散スレトモ胃ノ旧患発ス」という診断結果がでる。しかしその後も、一六日、一八〜二三日、二六〜三〇日、九月一日まで「臥病」が続く。一八八六年（明治一九）の

『塵海』は九月一二日までそれ以降は欠落しているが、九月七日に猪子の来診を受けたようで、まだ完治はしていなかったとみられる。それでも「臥病」の時でさえ、最低の公務はこなしていたらしい。北垣のもとには、多くの人間が訪れた。また、九月六日、「ナポレオン親王」に北垣が自ら旅宿に出向き、並河《なみかわ》の七宝焼を献呈する場面もあった。九月一二日を最後に『塵海』は欠落して次は一一月一四日からの『塵海』中の「温泉日記」になり、摂州有馬郡湯山村の湯治の日記になる。北垣が有馬を出て六甲山を越え、住吉を出て神戸発の汽車で京都に帰るのは、湯治で二か月ほどたってからの翌年の一月一〇日のことである。

おわりに

京都宮津間車道開鑿工事は、北垣の京都府知事としての最初の仕事であった。ただし、繰り返すが、これは北垣が主導した仕事ではない。もともと府会議員からの要望を京都府が受けて、槇村正直前知事は拒否したが、北垣になって実現した事業であった。府会の期間は、明治一四年度通常府会から明治二〇年度府会までかかり、不況を理由にした予算の削減、年度によっては廃案説も飛び出すなどさまざまなことが生じたが、それでも事業の中止までには至らなかった(『近代日本と地域振興』六七~七一頁)。削減されながらも、ともかくも事業が進んでいったのは府当局と府会の常置委員の事業に対する熱意といってよい。府会での答弁は、北垣が登場することはなく、府の土木官僚が担った。府会議員からの路線の設定に北垣がかかわったことはない。北垣がかかわったのは、道路に対する国庫補助の政府に対する要請、陸軍に対する道幅の認定、などである。それでも第四・五章で述べる琵琶湖疏水事業ほどの熱心さはなかったが、北垣による道路の視察は行われた。ただし、事業が山城・丹波・丹後にまたがり、当時において汽車はなく、人力車や駕籠あるいは馬を利用するしか方法はなかった。

北垣と府会の常置委員との関係も、北垣が「任他主義」の姿勢である限り順調であった。

しかし、第四・五章でみる琵琶湖疏水問題は「任他主義」という側面よりも、むしろ北垣自身が全身をかけて実現にむけて努力することになる。

なお、北垣は、京都市中の道幅の狭さについても、気にかけていた。一八八九年（明治二二）の北垣の『塵海』によれば、「市区改正、旧来ノ市区ハ路幅甚隘《せま》ク、三条通・寺町通等稀レニ四間幅ノ道路アルモ、其他ハ三間乃至二間・壱間半ノ道路ニシテ（後略）」と指摘している（三一五頁）。要するに、京都市街の外では、四間幅（七・二メートル）の東海道と鳥羽街道があるが、京都市中では三条通と寺町通が一番広く四間幅で、そのほかの道は三間（五・四メートル）ないし二間（三・六メートル）、そして一間半（二・七メートル）という狭い道幅であった。しかし京都市中の道幅の拡大は、次章で述べる琵琶湖疏水工事のための資金等の問題で当面は実現できず、その改善は明治末〜大正初期に最高道幅一五間幅（二七メートル）の烏丸線（丸太町—塩小路）で実現することになる（京都市政史編さん委員会編『京都市政史　第一巻　市政の形成』三〇一〜三〇二頁）。

第四章　琵琶湖疏水工事着工までの経過―琵琶湖疏水（一）

はじめに

京都宮津間車道工事は北垣が主導した工事とはいえないが、琵琶湖疏水工事は明らかに北垣が主導した工事であった。

この工事は、一八八一年（明治一四）から準備が進められ、一八八四年（明治一七）内務省が主導して以降本格的に行われることになる。本章では、まず琵琶湖疏水着工までの経過と北垣の動きを中心に分析する。

まず、北垣が京都府知事に就任した時から話を進めよう。

第一節　北垣の琵琶湖疏水構想の着手

①京都府知事就任時の北垣の構想

北垣の日記『塵海』明治二一年七月二〇日付によると、回想という形で、一八八一年（明治一四）就任当初の北垣は、京都の復興を「工業美術」を基本として振興をはかっていくとする自らの決意を次のように語っている。

明治十四年一月、伊藤参議・松方内務卿ハハ《ママ》、京都将来気運〔機〕ノ衰頽ニ傾カンコトヲ憂ヒ、赴任ノ上ハ、京都将来維持ノ目的ヲ立テ、千年ノ旧都、奈良ノ衰廃ニ陥ラサル様、考案ヲ起ス可シト懇切ニ示サレタリ。右ハ至難ノ問題ナレトモ、其任ニ当リタル上ハ一日モ忽《ゆる》カセニス可ラスト、微力ヲ顧ミス一心ニ決定シ、二月初着任ノ日ヨリ眼ヲ之ニ凝ラシ、徳川氏三百年、京都ニ於ル政略ノ要ヲ探リ、又、古来盛衰沿革ヲ推究シテ、京都ハ商売ノ地ニ非ズ、工業美術ヲ基本トシテ其繁盛ヲ保ツヘキ事、及ヒ徳川政府カ工業美術ヲ間接直接共ニ非常ノ保護ヲ与エ、以テ此繁華ヲ維持シタルコトヲ案出セリ。

（『塵海』二五四頁）

ここでは、第一に、北垣を京都府知事に強く推したのが、伊藤博文参議と松方正義内務卿であるということ（このことは先述した）、第二に北垣自身も京都を衰退させないために、京都を「商売ノ地」ではなく「工業美術ヲ基本」として発展させることを、強い決意をもって構想していたことを明らかにしている。

この「商売」と対比して「工業美術ヲ基本」というとき、「工業美術」はすなわち西陣・友禅など工業と結びついた美術を示すものであった。そしてその振興の方策の延長線上が琵琶湖疏水であった。

②工事の準備着手

一八八一年（明治一四）二月、知事として京都府に着任した北垣は、同年四月、地理掛に命じて、(1)京都三条橋と琵琶湖面との高低を測量し、(2)疏水線路を定めるために、三条より大津に達する道路、白川村（現京都市左京区内）より白川越本道を経て滋賀県下志賀里村に達する道路、白川村より白川越新道を経て滋賀県下錦織村に達する道路、および南禅寺村より滋賀県下小関越を経て大津に達する道路をあまねく測量し、適当の線路を求めた（京都市参事会『訂正琵琶湖疏水要誌』二頁）。さらに、同年五月、東上した北垣は、伊藤博文参議および松方内務卿に意見を述べ、松方内務卿からは、福島県の猪苗代湖疏水工事の落成式の知らせをうけた（同上、二

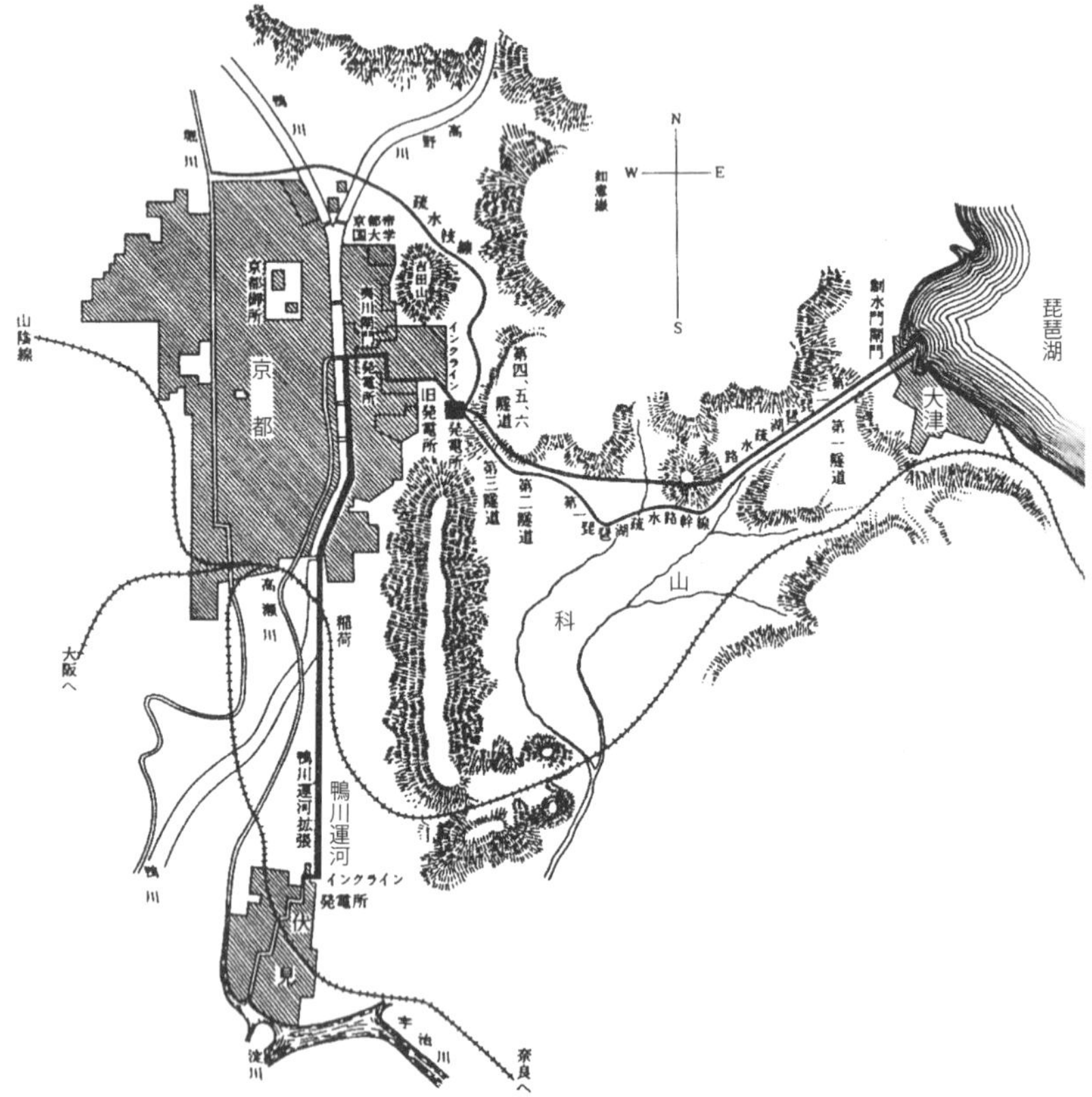

図１　琵琶湖疏水・鴨川運河図

出典：寺尾宏二「疏水工事史」（琵琶湖疏水図誌刊行会編『琵琶湖疏水図誌』東洋文化社、1978年）242頁。

〜三頁)。同年七月、北垣は、猪苗代疏水の現地に行き、工事の実況を視察し、農商務省一等属南一郎平たちに、工事の沿革、および方法順序等を質問した。この時、「始めて琵琶湖疏水事業の必ずなるべきを確信せり」と伝えている。なぜなら、猪苗代疏水が「僻陬《へきすう》山間不便の地」で、「延長十一里」であるのに対して、大津・京都の間は人家が連接して「距離僅《わずか》に三里」ということも事業が必ずなるという「確信」の要因であった(同上、三頁)。また、同年八月には、琵琶湖水量の増減を観測するため、滋賀県下三保崎に量水標を建設した。これはそれ以前に熊本県六等属島田道生に委嘱して、疏水線路を調査し、かつ島田の建言を用い、この量水標を設けたものである。一〇月には京都・大津間の琵琶湖疏水予定の測量図(図1)が完成する(同上)。

北垣は、この測量図を持って同年一一月二九日より神戸より船で横浜へ、そして汽車で東京に向かう。ただし、この東京行きは、籠手田安定滋賀県令や兵庫・和歌山・徳島・広島・長崎・愛媛・熊本県の県令らが神戸から同船するなど、東京での地方官の会議のための東京行きであった。それでも北垣は測量図を持参し、内務省・大蔵省・農商務省に出頭した。とくに農商務省には初めて「稟議《りんぎ》」し、かつ同省一等属南一郎平を京都に来させて実地に調査することを要求した(『訂正琵琶湖疏水要誌』四頁)。ただし、北垣の日記『塵海』は、北垣が東京で松田道之東京府知事、伊藤参議・井上馨参議・松方大蔵卿を訪問したこと、地方官一同の宴会等は記してあるが、北垣が農商務省を訪問したことは書いていない。

ともかく、北垣は就任一年目より精力的に知事としての職務をこなしていったが、仕事は琵琶湖疏水の準備だけではない。この年一〇月から一一月にかけて、イギリスのヴィクトリア女王の孫であるイギリス東洋艦隊見習士官であるアルバート・ヴィクターとジョージ兄弟が日本に来航し、一一月五日から九日までの五日間は京都に滞在し、西本願寺を宿所として京都市中各地の遊覧箇所を観覧し、保津川下りなどを楽しむ。この接待の準備が九月から行われ、一一月の五日間だけではなく、長期にわたり接待が行われた。一一月二一日には、栂尾《とがのお》でイギリス皇孫の接待責任者である東伏見宮嘉彰親王の招待により高島鞆之助大阪鎮台司令長官や京都府吏員などイギリス皇孫接待関係者を招いて宴が開かれた（拙稿「明治前期の京都とイギリス皇族―一八八一年の異文化交流―」ひろたまさき・横田冬彦編『異文化交流史の再検討―日本近代の〈経験〉とその周辺―』）。そのほか、北垣は、(1)開拓使官有物払下げ問題の建白書を三条実美太政大臣に呈す（一〇月一四日）、(3)二条城を離宮とする建白書を徳大寺実則宮内卿に提出（一〇月二五日）、(2)集会条例廃止の建言書を同大臣に呈す（一〇月七日）、などを行う。

なお、北垣は、一〇月五日より、胃病治療のため、本来午前九時出庁のところ、三〇日間は午前一一時に出庁することを各課に口達する。病気は事実であったようで、一〇月一三日には自宅で午後七時から半井澄の診察をうけている。この後も北垣の病気の記述は日記『塵海』に登場していく。

③水路位置の確定

翌一八八二年（明治一五）二月四日、農商務省一等属南一郎平が来京し、三月一〇日に帰京するまで、滋賀県下三井寺近傍を踏査して水路の位置を選定した。『塵海』同年三月三日条には「午後六時南一郎平来リ、琵琶湖通水位置発見ノ事ヲ談ス」とあるから、この日午後三時府庁を退庁して自宅にいた北垣に早速知らせたようだ。北垣は、三月一四日、午前七時発の汽車で滋賀に向かい「通水線点検」を行った。彼は、午前一〇時、数人の京都府官吏とともに、かねてから親交があったと思われる河田景福滋賀県大書記官（河田景与の弟）の家を訪れ、河田と同行し、三井寺山麓の隧道口より尾花川に沿って、河口に至り、琵琶湖の水量を点検し、引き返して三井寺に上り、西南役戦死記念碑がある「景色最佳」なるところで昼食を終え、小関越のルートを進んだ。北垣は、このルートを「隧道線」と記している。さらに小関小学校のところで河田と分かれ、「運河線」を通って山科村（現京都市山科区）を過ぎて天智天皇陵を拝して「第二ノ隧道口」に至り、この線を上って南禅寺の後ろに出て隧道の末端をみて「運河水車線両水道」を点検した。また、南蹴上《けあげ》坂より将軍塚（現京都市山科区）に上り、午後六時将軍塚を下って帰邸した。まる一日の点検であった（『塵海』三〇、三一～三二頁／『訂正琵琶湖疏水要誌』四頁）。

南一郎平によって疏水のルートが確定して以降、疏水開鑿の動きはより具体的になっていったようである。三月一七日には河田滋賀県大書記官より滋賀県別所村および神出村の売買地価を知らせる手紙が届いた。これは田（上・中・下田）および宅地の売買地価（上・中・下田の一反当たり地価、宅地上・中の一反当たり地価）を記したもので、実際工事が始まる前に京都府が購入すべきものであった（『塵海』三二～三三頁）。また同年四月には、高知県六等属島田道生により、疏水線路を京都市街から大津まで、初めて実測の測量が行われた。そして島田を京都府六等属に兼任の上、水路開鑿測量事務を担当させた。翌年一月六日、島田は兼任ではなく正式に京都府五等属になり、租税課地理掛を申し付けられる（『訂正琵琶湖疏水要誌』四頁／『琵琶湖疏水及水力使用事業』八五九頁。以下『水力使用事業』と略称）。島田は北垣と同じ但馬の八鹿村に弘化元年（一八四四）に生まれ、北垣とは八歳下であった（京都新聞社編『琵琶湖疏水の100年〈資料編〉』一二四～一二五頁）。

④政府顕官への接触

一八八二年（明治一五）四月、北垣は上京し、一四日より各省および大臣を回る。松方正義大蔵卿には「琵琶湖通水ノ工事ヲ稟議」し、松方の「採納《さいのう》」を得る。農商務省では、事実上省を実務面で仕切っていた品川弥二郎少輔に会い、一七日「琵琶湖開鑿ノコト」を談じ、「大ニ賛成」を得る（『塵海』三八～四〇頁）。その前日の一六日には山田顕義内務卿邸で一一か条の当面の「具定条件」を示す。その第一の「具定条件」では「琵琶湖通水」を第一に掲げる。そして、まず（1）「京都市街用水ノ不足」の解消は琵琶湖疏水の水の力によるしか方法はない、また、(2)京都は商業の地ではなく工業を興すべき地である、ゆえに京都の隆盛をはかるためには工業を作興するのが上策である、この工業を作興しようとするならば水車の力によって器械を運用するのが得策である、そして水力を得るとすれば琵琶湖の水を使わざるをえない、(3)京都は水運の便に欠き、わずかに高瀬川の便があっても、まわりくどくその利益は少ない、したがって、京都の船便を開いて、商工の気運を一変させて隆盛を求めるならば水運を開くしかなく、そのためには「琵琶湖通水」しか方略がない。そして、以上の「三個ノ大利益」は、「国道カ政府ニ具状スル」理由であり、また、資金は、「京都府旧政府ヨリ引続ノ古物等売払ヒ、其他大蔵省ヨリ拝借金増殖等ヨリ生シタル金額」、おおよそ「四十万円余」を充てる、としている。

ここでは、この時点での特徴のようなものが見える。一つは琵琶湖疏水の目的を、京都市街の用水の確保を第一にしながらも、水車を運用して工業を興すことを疏水の目的にしていることである。第二に、この「具定条件」を見る限り、滋賀県や大阪府など他府県の利害がまったく視野にないことである。第三に、そのため事業の予算規模が四〇万円余とかなり低く見積もられていることである(もちろんまだこの時点では予算は明確ではなかったこともあるが、その後予算は倍以上に膨らむことになる)。

ともかくも、琵琶湖通水事業は、四月一六日、山田顕義内務卿が「大ニ賛成」、一七日、農商務省の品川弥二郎少輔も「大ニ賛成」、さらに一九日には、井上馨参議邸で「琵琶湖通水事業大ニ賛成セラル」というようにほとんどの政府顕官の賛同を得る(『塵海』三八~四〇頁)。また、松方大蔵卿には七月一七日、松方が京都に来た時に談話し、「大ニ賛成」を得ている(同上、四四~四六頁)。

なお、東京では、二〇日、田辺朔郎(工部大学校卒業生)の訪問を受け、「琵琶湖通水」のことを談じ、さらに北垣は、伊仏間のトンネルのことを聞いた(『塵海』四〇~四一頁)。この時田辺はまだ京都府に雇われていない。

⑤松田道之の急逝

この年七月、琵琶湖疏水実現に尽力していた北垣に悲報が届く。七月六日、大阪で松方大蔵卿から松田道之東京府知事死去のことを聞く。わずか二か月半前には、北垣は松田と東京で面会したばかりであり、「歎惜痛悲《たんせきつうひ》ニ堪エス」と『塵海』に記す（四三頁）。松田は文久三年（一八六三）以来の関係があり（本書第一章参照）、北垣が最も信頼を寄せる人物であった。北垣はこの日夕方より「汗寒腹痛」「腹痛水瀉《すいしゃ》甚シ」の状態になり、九日まで「病気不出」の状態になる。体調を崩すことは偶然かもしれない。しかし、北垣にとって松田の存在は大きく、北垣は東京に行く際には必ず松田に逢っていたようである。京都での松田の追悼の行事、そして松田家の家計のこと、松田の遺児の教育問題など年を経ても松田の遺族と北垣（そして原六郎も）は関わり続けた（前掲拙稿「北垣国道と鳥取人脈」）。

一八八二年（明治一五）後半は、琵琶湖疏水の記事は『塵海』にはわずかしかない。この年一二月、北垣は地方官招集のため東京に行くが、松田のことなど多くの事項とともに、一二月一五日松方大蔵卿を訪問する。『塵海』には他の相談事項とともに、「京都府限金　原因明了ナラサルコト　右ハ琵琶湖疎〔疏〕水ニ支出ノ見込ノコト」という文がある（九一頁）。おそらく、琵琶湖疏水の予算規模を定める際に京都府が明治元年に付与された下渡金（産業基立金《さんぎょうもとだてきん》）の問題で相談があったと思われる。

⑥島田道生・田辺朔郎の雇用と槇村正直の来京

前述したように一八八三年（明治一六）一月六日、島田道生が京都府五等属として測量事務専任となる（『水力使用事業』八五九頁）。五月には工学士田辺朔郎を京都府準判任官御用掛として雇用し、疏水工事を担当させることになる（『琵琶湖疏水要誌』五頁）。このようにして、同年になって、工事と測量という工事の施行体制ができあがる。そして、八月には、田辺と島田の二名を滋賀県に派遣し、疏水線路に接続する山岳を調査させた（同上）。さらに九月には、北垣自ら、二人をしたがえて、滋賀県下柳ケ瀬に赴き、隧道工事の準備を視察した（同上）。

このようにして、琵琶湖疏水計画は順調に進んでいたように見える。

一八八三年（明治一六）九月三日、前京都府知事で巡察使である槇村正直が翌日京都府庁に出庁するということで京都府側が照会したところ、槇村の返答に北垣は「甚《はなはだ》奇ナル回答アリタリ」と日記に書いている。「奇ナル回答」とは、五日の日記によれば、北垣が府庁で面会の予定であったが、槇村は「用談ノ事件明了ナラサルニ於テハ、出庁ナリ難シ」と答えた。北垣は「奇亦奇ナリ」と日記に書く（『塵海』一〇三～一〇四頁）。「奇亦奇」という感情をあらわにした表現は、『塵海』では類似の表現がほかにないものであり、また北垣と槇村との関係も日記を見る限りまったく交流がなかったようである。一八八〇年（明治一三）地方税追徴事件により京都府会で議員の猛反発をあびて京都府知事を事実上やめざるを得なかった槇村と、かわって着任から比較的歓迎された北垣とは、互いに、感情的なしこりがあったと思われる。

槇村はすでに五月七日、巡察使としての復命書を三条実美太政大臣に提出している。その中で、現今の京都府政を次のように批判している。

明治十四年、長官交代シ、府治ノ方針一変シテ、任他ヲ以テ主義トシ、旧令廃止、旧規変換ノ新令屢《しばしば》出、自由民権ノ説之ニ乗シテ侵入シ、官吏ハ旧令破毀《はき》スルコトヲ是レ務メ、人民ハ旧弊ヲ提出スルコトヲ是レ競ヒ、干渉ノ煩ヲ脱シテ放縦ノ自由ヲ唱ル声一時囂々《ごうごう》タリ、然リ而シテ従前検束ヲ受ケタル浮業ノ遊民無頼ノ奸徒時ヲ得テ頭角ヲ顕ハシ、勢力ヲ張リ、旧弊陋習《ろうしゅう》再燃シ、善良ノ慣習ハ将ニ消滅セントス。（後略）

（『明治十五年・明治十六年　地方巡察使復命書　上』三七四頁）

以上の京都府政に対する槇村の批判は、北垣の政策が槇村の進めた殖産興業策とは異なるために、悪罵に近いものであるが、北垣には当然容認できなかったであろう。また、槇村が想定した工事費用は三〇万円と予定されており、当初の京都府予算六〇万円からみてもかなりの少額であった。

⑦精力的な現地調査

なお、京都府庁内でも、九月一五日尾越・谷口両書記官らと相談し、勧業諮問会議を開き、琵琶湖疏水工事の順序を議決する（『塵海』一〇九頁）。翌日の一六日には、北垣は吏員を伴って、若王子より南禅寺の間、琵琶湖疏水第二隧道西門の位置および水車場の位置を点検した（同上、一〇九〜一一〇頁）。さらに九月一九日には、上・下京両区長（杉浦利貞・竹村藤兵衛）を召集して、「両区長、該工事ニ付費用ノ募集ハ困難事ニ非ズ。京都将来繁栄ヲ維持作興スル為メ緊要ノ儀ニ付、鋭意之レニ力ヲ致シ、必功ヲ奏センコトヲ誓フ」の言を引き出す（同上、一一〇頁）。九月二七日には、上下京区会議員から「屈指ノ者」を介し意見を聴取した旨を浜岡光哲から聞いた。その結果は、「各大ニ賛成シ、且御土産金ヲ之レニ出スノ得策タル理由ヲ論シタルニ、是亦一同々意」に及んだ（同上、一一二頁）。翌二八日には、島田道生とともに、午前五時から南禅寺より北浄土寺村・白川村・一乗寺村・山端下川原より高野川を越え、「上下加茂」の間を過ぎ、加茂川を渡り、鞍馬口に出て、室町頭より南に下り、御苑内まで琵琶湖疏水線を点検した（同上、一一三頁）。三〇日には、午前五時に柳ケ瀬に行き、九時琵琶湖の小蒸気船に乗り、船上から左小関越より叡麓《えいろく》隧道の位置を見て長浜に到着。そこから汽車でもう一度柳ケ瀬に帰った。翌一〇月一日、雨の中峠を越え、隧道北口に至り、工事を点検し、翌二日、大津から京都に帰った（同上、一一三頁）。なお、一〇月五日〜六日条によれば、北垣は上京区会議長荘林維英をはじめ、上京区会議員らと琵琶湖疏水工事をめぐって会っている。

⑧勧業諮問会

北垣の日記『塵海』は一八八三年（明治一六）一〇月五日から一〇月三一日までで、その後は一一月から翌年一月末まで欠けている。したがって、一八八三年一一月五〜七日の勧業諮問会については記述がない。疏水計画の全容が明らかになる「起工趣意書」が出た勧業諮問会について『琵琶湖疏水及水力使用事業』より素描しておこう。

一一月五〜七日、疏水事業の可否を諮問するため、上・下両区の名望家五〇名を召集して京都府中学校講堂で開催された。ここで諮問案および起工趣意書が提出され、琵琶湖疏水工事の全容が初めて明らかにされた。「起工趣意書」は疏水開鑿の効用として次の七つを挙げている。

（1）水力（水車）で動力を起こし、これを製造器械に利用すること。
（2）通船運河として大阪港より琵琶湖に至る間を連絡して運輸に便ずること。
（3）田畑灌漑用水とすること。
（4）精米水車に用いること。
（5）防火用水とすること。
（6）市内井泉の枯渇を防ぐこと。
（7）市内細小河川に放流して清掃、衛生に資すること。

（『水力使用事業』三七〜三八頁／『琵琶湖疏水の100年〈叙述編〉』六九〜七一頁）

特徴的な点は、水力による製造器械の運転を、疏水開鑿目的のトップに挙げている点である。これは、北垣が就任当初の構想（京都の工業振興）からすれば当然のことであった。勧業諮問会ではとくに大きな異論もなく、全会一致を以て可決された（『水力使用事業』四四頁）。

⑨上下京連合区会での滋賀県への発言

さらに、主要財源である「産業基立金」が上・下京区民の所有なので、上下京連合区会（京都の街は上京区と下京区で構成されていた）に諮ってほしい、との要望があり、その議決がなければ、疏水工事に充てることはできないという点もあり、上下京連合区会が一一月一五〜一七日の三日間開催された。上下京連合区会では、附属書として出された甲号（第一工事見積書）と乙号（第二工事見積書）によって、総額六〇万円の工事費の内訳を詳細に記してある。産業基立金をもとに疏水経費を具体的に示したことにより質疑応答も具体的に行われた（京都新聞社編『琵琶湖疏水の100年〈叙述編〉』七六〜八三頁）。なお、質疑応答の中には、「勧業上大に関係のある滋賀県に於ては何も差支えなきか、且同県にても勧業諮問会でも開いたことがあるか」という質問があったが、京都府吏員は「滋賀県は近日勧業諮問会を開く由にて此二事は放念ありたし」と答弁している（『水力使用事業』七三頁）。しかし、後述するように、この答弁は事実とは異なり、後に問題になる。しかも、問題はたんなる事実の誤りにとどまらず、琵琶湖疏水工事の取扱い主管が内務省になる一つの契機になった。

この上下京連合区会は、「根本的な方針に異議はなく、最終的に出席議員五二人のうち四九人の大多数の賛成で原案のまま可決された」（『琵琶湖疏水の100年〈叙述編〉』八三頁）。

第二節　滋賀県と大阪府の琵琶湖疏水への対応

①滋賀県の琵琶湖疏水への対応

さて、この時期の滋賀県および大阪府の琵琶湖疏水への対応についてみておこう。

滋賀県や大阪府に対して、京都府が琵琶湖疏水工事のことを通知するのは一八八三年（明治一六）五月一日付の建野郷三大阪府知事と籠手田安定滋賀県令の二人に出した書面からである。この書面で、北垣は、琵琶湖疏水の実測図ができたので、内務・大蔵・農商務省三省に上申し、そのうえで協議に及びたいとし、ごく簡単に琵琶湖疏水によって琵琶湖から流れる水量の増減にはほとんど影響はない、と述べていた（『水力使用事業』三五〇～三五一頁）。

その後、京都府からはなんらの反応もしなかったが、同年一一月九日、大津始審裁判所の落成式に、北垣は馬で駆け付け、式後籠手田と会談に及んだ。この時、籠手田は、「長詮議」はしないとして、「もし疏水事業が我管内の不利とならば、安定は江州全国の人民に代りて飽迄《あくまで》之を拒まざるを得ざるなり」と述べた。これに対して、北垣は「江州人民」にけっして害は与えない、と明言した。なお、この日が北垣と籠手田が、「疏水起工」について「公然面晤《めんご》」した最初の機会であったらしい（『水力使用事業』三五二頁）。

また、籠手田は、京都府の請願に対して何分の指令をなすにおいては、精密に調査せられんことを「建白」した、と述べている（同右、三五二頁）。

この「建白」の内容は、筒井正夫の研究によって明らかになった（「新・琵琶湖疏水成立史(2)」『彦根論叢』四三二号、一〇四～一一二頁）。研究で示された「建白」とは同年一〇月一一日、籠手田が、太政大臣三条実美宛に提出した「琵琶湖疏水ノ儀ニ付建議」のことである（『公文別録』「至明治一一年至同一六年　上書建言録」）。主要な内容の部分を要約すると、次のようになる。

京都府において、「琵琶湖より京都に至る水路」の計画があり、不日允裁《いんさい》を請う計画がある。しかし、利害の調査は今後の精細の調査であるが、著しい巨害は本県下（滋賀県下）では、疏水のために湖面の水量が減少し、旱害に苦しむことが多くなるだろう。耕地養水のことは農家の民心に関する最重大のものであり、もし京都府より起工の允裁を請う場合においては、管下（滋賀県）に直接の巨害ある事業と見込まれるので、実際の景況ご洞察を仰ぎたく建議する次第である。

要するに、琵琶湖疏水実現の結果「旱害発生」の可能性があることが、滋賀県の危機認識であった。さらに、一八八四年（明治一七）二月一五日には、滋賀県は湖水の減水防止対策として具体的な申入れを行う（滋賀県令籠手田安定代理である滋賀県大書記官河田景福より京都府知事北垣国道に宛てたもの）。要するに、(1)今般目論見の疏水水量は湖水より一秒間に一尺立法三〇〇個の水量を引く見込みのよし、そうであればその水量を瀬田川筋黒津村大字大日山の辺にて堰止め土工を起こすことは決して難事ではない、(2)ただし、この土工の入費を「御府」（京都府）において負担してもらいたい、(3)もっとも、その土工の仕法は疏水工事着手前に協議をなし、その約定証書を取替え置きたい、という内容であった。

これに対し、京都府は二月二〇日付で応諾する旨の回答を発している（『水力使用事業』三五五〜三五六頁）。

三月七日から滋賀県勧業諮問会が開かれ、疏水関係は一二日から一三日の間に討議されている。京都府からも特に滋賀県の許可を得て、片山正中と丹羽圭介の両属が傍聴した。この席で籠手田県令は、「余は必ずしも一途に疏水に反対せんとするものではない。ただ余はその利害の関するところを究めずして咄嗟《とっさ》の間にただちに京都府の求めに応じがたい」と述べた。勧業諮問会では様々な議論が錯綜し甲論乙駁《こうろんおつばく》の状態があってまとまることがなかった。結局、滋賀県の意見は三月一九日、滋賀県知事籠手田安定が内務卿山県有朋と農商務卿西郷従道に提出した上申書に尽きている。上申書は、様々な被害の可能性を列挙しながら、「本県（滋賀県）も流水のために被害の患なき以上はこの工事に対し彼是拒むことはできない、しかし一利を得るために一害を生ずるようなことがあれば、はなはだ容易ではないので、もし御允許があったならば本県にも御沙汰いただきたい」と上申したもので（『水力使用事業』三五七〜三六三頁）、要するに条件付き容認論であった。

②大阪府の危惧

琵琶湖疏水に対する危惧は、大阪府からも出る。一八八三年（明治一六）一一月一九日、知事代理大阪府大書記官遠藤達より京都府知事北垣国道宛に二つの問い合わせがあった。一つは、『日本立憲政党新聞』一一月一八日発兌（発行）の雑報中に琵琶湖疏水工事で上下京連合区会中に「番外答曰　大阪・滋賀両方へはやくに照会していささか差し支えなき旨回答あり」の答弁があったが、該工事につきいまだ「御府」（京都府）より何らの照会もない、これが事実かどうか（『日本立憲政党新聞』の記事を『水力使用事業』三五三頁は、「昨二十八日発兌」としているが、「十八日発兌」の間違いである）。もう一つは、昨春（一八八二年）以来淀川沿岸の村の者たちが伝聞し、彼是再三苦情を申し出ることがあっても、いまだ「御照会」なきため、説諭している状態である、これについて、以上「御照会」する、というものであった（『水力使用事業』三五三〜三五四頁）。

京都府はすぐに対応しなかったらしく、一二月三日「大阪府大書記官遠藤達」より「京都府知事代理大書記官尾越蕃輔」宛に、淀川沿岸人民より苦情があり、諭示方の都合もあるが、いまだ何の回答もないとして、また至急回答がほしいとして、再度問い合わせがあった。

日は明記していないが、同年一二月、「京都府知事代理大書記官尾越蕃輔」より「大阪府知事代理大書記官遠藤達」宛に「記載は誤謬につき取消方を命じた」という回答、すなわち京都府の全面的誤りを認めた。もっとも、疏水工事が落成しても流れが淀川に合流する所では水量は従前の通りで、実際増減はなく、下流には影響は及ぼさない、という従来からの主張を繰り返した（『水力使用事業』三五四～三五五頁）。

第三節　内務省主導の琵琶湖疏水計画

①内務省の登場—取扱主管と琵琶湖疏水計画の変更—

もう一度、政府と京都府の動向を見てみよう。

北垣は、一八八三年（明治一六）一一月一七日の上下連合区会の承認をうけて琵琶湖疏水起工伺を内務・大蔵・農商務省の三卿に出願のため、一一九日上京した。この時には、片山正中三等属、田辺朔郎御用掛、東五一五等属、島田道生五等属が随行した（『水力使用事業』八七頁）。

一二月九日、随行員の片山正中・東五一より森本後凋一等属に宛てた、東京における諸経過、情勢を詳しく報じた書簡によれば、東京での交渉は、北垣の予想外の方向で進行していく。

この書簡によれば、一二月七日、井上馨参議邸で伊藤博文参議・山県有朋内務卿（正式にはこの後一二月二二日内務卿になる）・西郷従道農商務卿・松方正義大蔵卿の諸顕官が会合し、その場に北垣が出席、島田道生・田辺朔郎も同席し、席上北垣らに種々の質問があった。翌日、片山・東が北垣から聞いたところによると、少し意味が不明であるが、要するに、順調には進んでいないということのようだ。面倒なことには、内務省土木局と農商務省疏水掛の折り合いが悪く、「本伺ノ取扱主管」が定まっていないことである、としている。しかし、この書簡の時点では、「何レ内務ヨリ計画書類ニ就キ詳細ノ問」があるべきはずで、その節に充分に弁明すべしとしていて、「取扱主管」はほぼ内務省になっていたようである。そのため、京都府の「伺」は一二月七日の時点で農商務省の奈良原繁に差し出していたが、これは差戻しになり、あらためて一二月八日に内務省に提出することになった、と書簡は記している。いずれ、内務省から計画書類について詳細な「問」があるだろうから、その際には充分な説明をされたい、と島田らに要請したほか、内務省より現地出張検査が予定されていることも記している。また、ともかく「本伺」が聞き届けられるよう、長官（北垣）より直接内務卿（山県）に「御面談」のことを承っている、とした。ともかく、事態が動かないことには東京にいても無駄であり、二〇日ごろには帰京するとして、実際北垣は一二月二五日帰庁している（『水力使用事業』八八～八九頁）。

京都府の起工伺提出に対して、翌一八八四年（明治一七）一月一七日には、内務省准奏任御用掛田辺儀三郎、そして二月には同省土木局御雇ヨハネス・デレーケ（デ＝レーケ）が線路その他工事計画取調べのため入洛した（『水力使用事業』八九頁）。

服部敬によれば、一八八四年（明治一七）四月二三日、大阪府の十一の郡の郡長・戸長らは枚方郡役所に会し、田辺儀三郎を呼んで琵琶湖疏水工事が有害であると主張したという（『近代地方政治と水利土木』一九六頁）。

また、デ＝レーケは北垣や田辺朔郎、島田道生らも立ち合いの上調査をしたが、調査結果の結論は京都府の疏水計画が「完全無欠の策とは言い難い」というものであった（『琵琶湖疏水の100年〈叙述編〉』八八～八九頁）。山崎有恒によれば、「デ＝レーケの反対理由は、工事的に不可能ではなく、難工事のため金がかかり過ぎるので、その分は他に回したらどうかという、いわば財政運用上の問題から出たものであった」（「内務省の河川政策」高村直助編『道と川の近代』一〇七頁）。ただし、デ＝レーケの反対意見は採用されていない。

②琵琶湖疏水の主管問題

このようにして、琵琶湖疏水は、内務省主導になっていくが、それは新任の山県有朋内務卿の力によっていただけでなく、琵琶湖疏水が当初の勧農主導から運輸と産業振興にシフトしていったことが大きかったと思われる。

しかも、滋賀県や大阪府の利害が次第に現れるようになってきたとき、京都府のみならず、近府県の調整が必要になってくる。内務省は地方行政を担当しており、その事業にどれほど意義があっても、特定の府県のために内務行政を行うことは避けなければならず、ましてや隣府県で利害が異なる場合、その利害を調整することが内務行政の仕事であった。

一八八四年（明治一七）六月二七日、内務卿より大阪府、さらには別に滋賀県に、「工事実施に付き湖水周囲予防工事の方法、費額等取調べ、何分の義申し出べし」との達しがあった。これは、『琵琶湖疏水及水力使用事業』が、「滋賀県および大阪府よりはそれぞれ反対陳情があり、これを無視して京都府のみに特許を与へることは地方政治の円滑なる運行を紊《みだ》す虞《おそれ》があるとの政府の顧慮より、京都府への指令と同時に右の達が発せられたものと察せられる」（三六三～三六四頁）と記す。

なお、この達と照合するように、同年六月二七日、農商務省の疏水掛が廃止され、疏水・運河関連の業務は内務省土木局に移管される（前掲山崎「内務省の河川政策」九一頁）。

③内務省の修正意見

一八八四年（明治一七）三月三日、滋賀県では、疏水問題について開会された滋賀県勧業諮問会において、種々の議論があった。しかし、湖水の水量防止のためあらかじめ適当な方策が講ぜられるならば、必ずしも反対するものではない、との声が京都府に伝わり、五月五日に北垣は、疏水起工伺（「琵琶湖水ヲ京都へ疏通スル事業起工ノ儀ニ付伺」）を内務・大蔵・農商務の三卿宛に提出した。「これが正式の起工伺として現存する最初のもの」（『水力使用事業』九一頁）で、工事経費予算は六〇万円である。そして、主任者である田辺朔郎と島田道生等が東上し、内務省土木局で水利計画の内容等を詳細に説明した（同上、九一～九八頁）。

これに対し、同年六月二七日、内務省より京都府に対し、詳細な「指令書」と「予算説明」がもたらされた。この修正意見を作成した内務省土木局は、京都府の案を徹底的に精査したものであった。つまり、京都府の設計は、原設計は区民の負担の軽きことを願い、経費節減に急なるの余り、隧道の如きも一部を煉瓦巻にするに過ぎない等、工事施行上万全を期するにおいて不充分な点があるとして、その設計の改めるべき点ならびにこれに基づく工費の概算等詳細な報告書を内務卿に提出した。この報告によってさらに閣議を開き、再議に付した結果、当初の決定通り、疏水の起工を認許する大方針には変化はないが、設計は当然土木局案によらしむべきものであり、その結果は京都府の原案に比し、倍額余りの約六五万円の追加工費の大増額を要することとなるから、あらかじめ予算増額方並びに将来の維持費の支弁方法等につき、連合区会の議決を経た上でさらに伺い出るべきと決定、六月二七日付で内務卿から次の指令があった。その結果、琵琶湖疏水工事工費の概算は京都府原案の六〇万円から倍額以上の一二五万六七三五円に膨れあがった（『水力使用事業』九九〜一一四頁）。

もともと、六〇万円の京都府原案が安価すぎるという意見は、同年三月、滋賀県勧業諮問会での籠手田滋賀県知事が発言していた。籠手田は、逢坂山の隧道の費用などを事例に、「六十万円とは実に安価なる見積りと云ふ可し。予は其落成の覚束なきを危ぶむなり」と述べていた（『水力使用事業』九二五頁）。

内務省の修正意見の具体的内容は省略するが、おもな点として、（1）京都府の案のように隧道の一部を煉瓦巻にするのではなく、工事の安全と岩石の圧力を支えるために、隧道の全長にわたって穹隆《きゅうりゅう》（弓形）工を施し、隧道すべてを煉瓦巻にすること、（2）疏水の水量を一定に保ち、また山の斜面の水路において他から流入する水によって溢水《いっすい》等の事故がないように、水路の両側に悪水溝および側溝を設けること、などであった（『水力使用事業』一一四〜一一五頁）。

④再度上下京連合区会へ――北垣の反省と内務省――

京都府はこの内務省土木局の修正意見を全面的に認めた。一八八四年（明治一七）七月、当時東上中の北垣はひとまず帰京し、ふたたび上下京連合区会を開き、工費増額案を付議することになり、七月九日その旨を通達した。七月一〇日には、府庁上局に疏水掛を置き、一等属森本後凋ほか八名に疏水掛兼務を命じ、また、上下京両区長にも本職の傍ら疏水事務を取り扱わせることにする、とした（『水力使用事業』一一七頁）。

こうして七月一八日、再び上下京連合区会を中学校講堂で開き、新たな予算処置で琵琶湖疏水工事の議案をかけた。議案は、内務省土木局調整の設計書に依拠し、工費増額金六五万六七三五円（合計一二五万六七三五円）で、これを上下京両区内において負担するというものであった。そして、工事は着手の月より七二か月、すなわち六年後の一八九〇年（明治二三）を期する、としていた（『水力使用事業』一一七～一二一頁）。

北垣は、「特許申請に関する経過並に設計変更を要するに至った事情」について演説を行い、結果的に工費増額になったことについて「これまったく国道が思慮浅く識見足らざるより致すものなれば……ただ之を謝するの外なきたり」と謝罪した。そして工費がおおよそ六〇万円から一二五万円に増大したことに関しては、「実に国道が当時費用の節約を主旨として姑息《こそく》の情に誤られ、不充分なる計画をもって、上は大政府に呈し、下は議会に附したるはまことに千悔《せんかい》（何度も悔やむこと―高久）も及ばざるなり」と述べ、「大政府財政多端の際をも顧みず、巨額の金員を補助せんとせらるる」と、謝罪とともに補助金支給について述べた（『水力使用事業』一二二～一二四頁）。

質疑は七月一八～一九日の二日間で行われ、動議も出たが、すべて原案通り可決された。琵琶湖疏水工事をやらなければならないとしたら、工費の二倍以上の増額は認めざるを得なかったであろう。しかし、工費の二倍以上の増額は後述するように、あとで少なからぬ波紋を呼ぶことになる。

七月二一日に疏水工事費増額議案とともに下付された工費徴収方法に関する諮問案が図られ、琵琶湖疏水工費増額金六五万六七三五円の徴収にあたっては地価・戸数・営業の三種に賦課し、徴収は工事着手の次年度より賦課することが諮られ、動議は出たが、結局原案の通り可決された（『水力使用事業』一二六～一二七頁）。

このように内務省の指令に基づく疏水費増額の諸議案はすべて可決された。八月一八日、北垣府知事は山県内務卿宛の「琵琶湖疏通工費増額金連合区会議決ノ儀ニ付上申」を提出した（『水力使用事業』一二七頁）。そして、九月末、北垣は、板原二等属、田辺御用掛、島田五等属を従えて神戸から船で東上し、一〇月二日横浜から汽車で東京に着いた。この日は伊藤宮内卿に面会した後、内務・大蔵・農商務省に出頭し、琵琶湖疏水の件を三卿に「稟申」（申告）した。内務省に提出する前に、これまでかかわった大蔵省・農商務省にも「再伺」を知らせたと思われる。そして、翌一〇月三日山県内務卿宛に「琵琶湖疏水ヲ京都へ疏水スル事業起工ノ儀再伺」を提出した（同上、一二八～一二九頁／『塵海』一四五頁）。翌一〇月四日早朝、北垣は山県内務卿に面会し、速やかな許可を乞い、山県は京都府での可決を喜び、早く詮議に及ぶべき旨を示した（このほか、北垣と山県は、この年の町村制改正のこと、京都府での教導職廃止前後の状況、『自由魁新聞』のこと、この年の洪水と農業の状況など内務行政について語り合った。その間二時間）。その後北垣は伊藤博文宮内卿、井上馨外務卿にも会って琵琶湖疏水その他の話をしている（『塵海』一四五頁）。一一月八日には、北垣は、東京から田辺御用掛と島田属を従えて、神奈川・静岡両県下にわたる箱根芦ノ湖疏水線路を視察した。そして北垣は、起工再伺書提出後も引き続き東京にとどまり、特許促進にあたった（『水力使用事業』一三〇頁）。

⑤滋賀県令の交代

一八八四年（明治一七）七月滋賀県令が代わり、籠手田安定に代わって中井弘が就任した。この交代劇には、佐々木克によって、工部大書記官三島通庸《みちつね》から伊藤博文宛の書簡で、京都府および北垣の琵琶湖疏水推進策に批判的な籠手田に対して、協力的な中井に交代させるという顚末があったことが指摘されている（「琵琶湖疏水の政治的背景」『滋賀県近代史研究』第二号）。しかしこの籠手田から中井の交代に三島通庸や伊藤博文が関与したことが事実だとしても、そのことで琵琶湖疏水推進体制に切り替わったことが証明されるわけではない。もともと籠手田は工事の進め方や安易な工事予算に批判的であっても、工事そのものには絶対反対の立場をとらず、予防工事を前提としていた。

したがって、筒井正夫が記すように、「中井が新県令に就任したときには、すでに疏水問題に関する京都府と滋賀県並びに大阪府との問題はほとんど解決しており、中井に代わってから疏水事業が劇的に展開したというようなことは事実ではない」（筒井正夫「新・琵琶湖疏水成立史(3)」『彦根論叢』四二三号。なお、京都府では滋賀県に対して、一九一四年（大正三）以来、名称は変遷しているが「琵琶湖疏水感謝金」を現在まで支払っている。『京都新聞』二〇二三年七月八日付）。

また、一七年後のことになるが、拓殖務省次官を退職して京都にいた北垣を、一九〇一年（明治三四）一月七日、元滋賀県書記官河田景福が訪問した。河田は、滋賀県元土木課長松田宗寿・元警部長中西秀夫・元滋賀郡長木村広凱の三名をあげて、「疏水工事ノ際滋賀県庁ニ於テ疏水交渉ノ事務ニ当リ尽力シタル者」なので、これを記憶にとどめるよう要請した。この元書記官河田の要請に対し、北垣は、これらの滋賀県の官吏の人びとが疏水交渉の事務で京都府の交渉にあたったことを京都府および京都市に記憶に残しておくことを望んだものであろう、と記している（『塵海』五五九頁）。

⑥大阪府・滋賀県への内務省の対応と京都府への指令

一方、一八八四年（明治一七）六月二七日、内務省は京都府に対して工費増額方（六五万余）指令を発したが、同日付で大阪府および滋賀県にも、予防工事の方法、経費取調べの上申し出るよう達を発した。この結果、内務省土木局員田辺儀三郎の調査に基づき、大阪府の所要見込額は一〇万三九〇二円、滋賀県は二万六五九八円、合計一三万五〇〇〇円に上った（『水力使用事業』一三二、三六五～三六七、三六九～三七一頁）。

一〇月三一日、大阪府知事建野郷三および滋賀県令中井弘は連名で山県有朋内務卿に上申書を提出した。すなわち、京都府へのみ「御許可」になる時は、当管内（大阪府・滋賀県）の民心にも幾分の影響を来たし、施政上困難を生ずるので、京都府へ「御許可」の「御指令」と同時に当府県（大阪府・滋賀県）へも何分の「御指揮」をされるようにと（『水力使用事業』一三二頁）。

このような点を考慮に入れているうち、一二月四日朝鮮で甲申事変が勃発し、事務多端になり、疏水事業審議の閣議も自然とのびることになった。そのため北垣も一二月二七日帰庁した（『水力使用事業』、一三二頁）。

その後一八八五年（明治一八）一月七日、内務卿より京都府に対し、大阪府と滋賀県で要すべき予防工費合計一三万五〇〇〇円を京都府において負担するならば、「起業許可」の上、補助金一五万円を「特別」に三か年に分けて補助する、との指令があった。

これらの内務省の指示も京都府はすべて受け入れ、上下京連合区会に諮っていたが、全原案可決となり、北垣は一月一二日、「琵琶湖疏水工事ノ儀ニ付追伺」で内務省の指示通りであることを示し、前年一〇月三日の「再伺」を内務省に提出した（『水力使用事業』一三三～一三四頁）。

同年一月二九日、「書面之趣聞届候事」の特許指令を内務省から受け取り、二月五日、北垣は「欣喜帰庁」することになる（『水力使用事業』一三五頁）。

⑦安達清風（清一郎）の死

ここで琵琶湖疏水から離れた話を一つ加えよう。

北垣が幕末に接触した鳥取藩の重役安達清一郎（維新後、清風と号）への北垣の対応である。

一八八四年（明治一七）九月一一日付の『塵海』に「午前六時安達清風ノ病ヲ訪フ下加茂ニ寓ス。午前八時府庁ニ出」とある。北垣は府庁に出勤前に下鴨に居住していた安達清風の病気見舞いに訪れた（一二八頁）。それから八日後の九月一九日付の『塵海』には、「安達清風二男安達信彦来リ、去ル十五日清風死去ニ付身上云々ノコトヲ依頼ス」とあって、安達清風が亡くなったことを二男信彦より聞いたことが書かれている（一三一頁）。この九月一九日は、北垣にとってかなり多忙な日であった。午前六時には東本願寺渥美契縁が「寺法宗規等ノコト」の話があり、そのあと安達信彦、さらにそのあと浜岡光哲から「共信割引銀行設立」の話があった。さらに午前八時には官国幣社神官一七名を迎賓館に集めて午後二時まで「時事懇話」を行い、そのあと午後六時より各郡長を中村楼に招き、「地方政治の将来」について懇話を行い、終了は午後一〇時であった。このような中で、北垣は安達清風の死を息子から聞いたのである（同上、一三一～一四〇頁）。

安達は、経歴や幕末の活躍によっても、明治以後中央の政局に登場するかと思いきや、『鳥取藩史　第一巻　世家・藩士列伝』では、「清一郎を召さるるの議ありしも、正親町三条実愛卿、書を公（池田慶徳―高久）に送りて議止む。伝へ云ふ。嘗て中川宮の眷顧《けんこ》（目をかけられる―高久）を受けし故なりと。蓋し其茲《ここ》に至りしも、畢竟清一郎を忌むもの有りしに因るが如し」、と記されている（一三四頁）。つまり、幕末において文久三年（一八六三）の八月一八日の政変などで親幕府の姿勢にあった中川宮朝彦親王（賀陽宮）に目をかけられていたとして、安達は政府の役職から忌避されたとしている。維新後の明治三年（一八七〇）にも、家中の隊士の処分をめぐって刑法局と衝突し、閉門蟄居《ちっきょ》一年有半の処分を受ける。その後さまざまな職を経るが、一八七八年（明治一一）九月岡山県勝北《しょうぼく》郡の初代郡長になり、同地の開拓に従事した。しかし、一八八四年（明治一七）病にかかり、京都に出て治療にあたったが、死去した。『鳥取藩史　第一巻　世家・藩士列伝』は、「慶徳公退隠の問題起こるや、侃々諤々《かんかんがくがく》当路を罵倒して、余す処無し遂に忌まれて用いられず。爾後鬱懐《うつかい》（気になることがあって晴れ晴れとしない心—高久）不満、自重を欠きて自から災いを招き、幽蟄《ゆうちつ》空しく時を送りて、天下の事に遅れ、遂に志を暢《の》ぶるに至らざりこと、清一郎並に藩の為惜しむべしとす」、と書く（二三五頁）。

しかし、安達はなぜ京都で、しかも北垣に知らせる形で死んだのだろうか。一九四三年刊『鳥取市史』は、北垣が「情誼に厚かった」として、次のように書く。かなり長いが、記しておこう。話者は「鈴木源太郎」なる人物である。

余が知れる所に安田辰巳なる人がある。多分安達（清風—高久）の甥であろう。安田の談に拠ると、安達が維新後、窮迫失意の境にあった際、安達は時に不平を安田に漏らして曰《い》うには北垣は少い《ママ》時、大いに見込ある正確の人物と想ひ、相当に保護を与へた事もあった。然るに今日彼は栄達の地に在るし、吾は窮迫此《か》くの如くである。而して彼は我を顧みない。何ぞ我が当年鑑定を誤るの太《はなはだ》しきやと心太だ平かならざる者の如くであった。然るに明治十七年、安達は東京より病を得て西下し、日本原《にほんばら》開墾事業（岡山県北東部—高久）も成績を得ず、諸方面に対する金銭運動も悉く失敗した。病気療養の資にも窮し、病体羸然《るいぜん》（弱ること—高久）空しく西京に入った。安達が西京に来るや、北垣は自ら之を停車場に迎へ、而して粗末ながら寓所を設けてあるとの事で、安達は乃《すなわ》ち導かれて赴いたが、意外にも是れ実に北垣が安達の為に病気療養所として特設した家屋で飲食器具より寝具等に至るまで、一切之を新調し且《か》つ太《はなはだ》しきは勿論下婢下男までも附属せしめてあった。而して当時の名医を招いて安達の治療を托し、一切の加療費用は悉《ことごと》く之を自弁して呉れた。安達は何らの心配もなく、専心治療に従事するを得た。北垣の斯かる深更の心尽しには安達も為に大に感激し、乃《すなわ》ち安田が歿前出会の際、安達は北垣に対する前日の失言を悔《く》ゐ、非常に北垣の信義ある同情を徳として居った。安達は終に其深更ある保護の中に安心して易簀《えきさく》（学徳の高い人の死―高久）した次第であると。男爵が故人に対する情誼が厚かった事は此一事でも窺察《きさつ》（うかがい観察する―高久）に余りがある。

（『鳥取市史』一一六八～六九頁）

『鳥取市史』は、北垣が旧主池田家（旧鳥取藩主）にも「京都来遊の寓所として特に一館を其邸内に建築」するなど「旧主旧師旧友等恩義を受けたものに対し情誼《じょうぎ》を尽して交った」（一一六九頁）ことを記す。

第五章　琵琶湖疏水起工後の政治・社会状況―琵琶湖疏水（一）

第一節　琵琶湖疏水工事の起工

①起工式と工事の状況

一八八五年（明治一八）三月六日、疏水事務所が設けられ、五月には、工事請負は東京の大倉組、大阪の藤田組（両者はのち合併して日本土木会社となる）、京都建築組と定められた（『琵琶湖疏水及水力使用事業』一七六、二二三頁。以下『水力使用事業』と略称）。六月二日には北垣が尾越蕃輔疏水事務所長や府各部長・上京区長・下京区長を随え、滋賀県藤尾村（現大津市内）の起工場に臨み、第一隧道坑内にある爆薬を電気で爆発させ、工事着手の式を終えた。翌三日には、京都の祇園八坂神社で起工奉告祭を挙行した（同上、一七六～一八〇頁）。

工事の具体的経過は省略するが、この工事の根幹である隧道（第一隧道）をつくる上での苦労は、工事主任田辺朔郎が後年、次のように語っている。

・当時わが国隧道工事の状況は、既設の煉瓦巻の完全なものとしては京都大津間鉄道の逢坂山隧道だけで、しかもその長さは疏水第一隧道の四分の一に過ぎず（中略）、又柳ケ瀬（福井県・滋賀県間）では第一隧道のおよそ二分の一の長さの煉瓦巻隧道がこの時工事中であった（実際は一八八四年（明治一七）四月運行開始―高久）。

・この度の隧道工事にあたつて第一適当な職工坑夫を得る上に非常な困難を感じ、極《ご》く少数の者の外《ほか》は経験の有無は問わず、石工や坑夫、車夫その他の労働者を処々から狩り集めて一々技術を教へて仕事に慣れさすよりほかに仕方がなかつた。

・煉瓦職工も容易に得難かつたが、京都の建築家三上吉兵衛をして集めさせ、幸に見出すことが出来、ここに始めて工事を開始すること丶なつた。しかし初めの間は監督者が坑夫の主なる者を指導し、それ等が他の経験のない坑夫を指導するといふ有様であるから、仕事に対する見積もりなどの出来るものは一人もない。見積もりが出来なければ請負は無論出来よう筈がなく、仕事はすべて直営であつた。このような直営の工事を続けること約九ヶ月を経て、明治十九年十二月に至り、ようやく請負の出来るまでに進歩し、東口を藤田組に、西組を大倉組に請負わしめることとなった。

・なお明治十九年には虎疫（コレラ―高久）が流行して一時当惑したことがある。当時の坑夫等は衛生思想がないから多数の死亡者を出した。坑夫の欠乏に苦しんでいる我が疏水工事は、そのために少からぬ打撃を受けざるを得なかつた。このように坑夫の募集、指導、監督の上に感じた困難の程度は、今日の進歩した時代の標準では到底測ることは出来ない。

（『水力使用事業』二六四～二六六頁）

また、田辺のこの談話中にはないが、第一竪坑（シャフト）について記載しておく。この工事は、工事の時間短縮のために大津・藤尾の両口と竪坑の両側から掘り進めるもので、一八八五年（明治一八）八月六日に着手された（『水力使用事業』二六〇～二七五頁）。北垣の日記『塵海』明治一九年四月四日条には、「午前八時藤尾村疏水事務所エ出張、工事点検、「シヤフト」八百四十六尺五寸掘鑿ニ付、全ク墜〔隧〕道ノ天ニ達ス、西口墜〔隧〕道ハ十間掘鑿、東口堀割モ非常ニ進功ノ景況ナリ」、四月五日付には、「尾越事務所長ヨリ、「シヤフト」工事一段落ヲ終リタルニ由リ、工夫慰労祝酒下与ノコトヲ具定ス」と記されている（一六七頁）。『塵海』の記述からは、第一竪坑の工事が順調に進んでいるように見えるが、必ずしもそうとは言えない。

『琵琶湖疏水及水力使用事業』は次のように書く（二七五頁）。

明治十八年八月六日開鑿に着手し、同十九年四月十七日隧道線に達した。すなわち、この間百四十六尺（約四四・二メートル—高久）の深さを掘り下げるのに実際工事日数百九十六日を費やしたのであるから、一日に僅か七寸余を掘鑿したに過ぎなかつた。以て如何に難工事であつたか想像することが出来よう。

なお、蹴上船溜の西、インクライン起点の広場に工事「殉難之碑」がある。工事の犠牲者一七名の碑で、当時の主任技師田辺朔郎が私費を投じて建立し、一九〇二年（明治三五）五月一八日、建立の式が行われた。当時京都にいた北垣も参列した。ただ、一七名の犠牲者の数は、「京都府が直営で着手した竪坑開削を主とする初期の殉職者がほとんど」で、工事が「府の直営から組の請け負いへと移行してから」の犠牲者の数はわからない。木材の伐採、石材の切り出し、その他工事中のけがのもとでの死亡、あるいは当時大流行していたコレラによる被害など多くの犠牲者があったものと思われる（『水力使用事業』四八三～四八五頁／『琵琶湖疏水の100年〈叙述編〉』二〇九～二一二頁）。

②コレラの流行と母の死

工事中コレラの流行があったことは、田辺の談話にもみたが、一八八六年（明治一九）のコレラの流行は、北垣の身内にも影響を及ぼす。北垣の母りき（利喜）の「類似コレラ症」による死去である。一八八六年（明治一九）四月二二日の母の死去を書いた北垣の日記は異例の長文である。長いが、抽出しよう。


三時、老母不例、直ニ医ヲ招ク、腸加答留《（カタル）》ト云、五時老母病勢緩ム。

六時病勢復タ進ム。

七時益《ますます》進ム。終ニ類似コレラ性ト変ス、然レトモ苦脳〔悩〕ナク談話ス。

八時病院長半井《なからい》氏、衛生課長清水二等属ヲ召《よ》ヒ、隔離消毒ノ手続ヲ為ス、既ニ戸長ニ届書ヲ出セリ。

右深ク老母ニ秘スト雖モ、老母ハ自悟リ国道ニ告テ云、年八十ヲ超エ今日逝《ゆく》スルモ少シモ遺憾ノコト無シ、惟《これ》如此病トナツテ人々ニ心配セシムルニ堪エサルナリ、左手ヲ出シテ云、此脈ヲ看《み》ヨ、国道之レヲ診スルニ、脈勢微ニシテ甚タ危殆《きたい》ナリ、故ニ其病意ヲ慰メント欲シ、慈母自ラ脈ヲ圧セラル、コト甚シ、故ニ脈沈静ナリ、願クハ自ラ脈ヲ圧セラル、コト勿レト。老母微笑シテ云、半井先生始諸先生ノ治療、懇切手ヲ尽サル、ニ由リ、或ハ回復スルコトモアラント、尚微笑スルノミ、言他ニ及ハス。半井病院長・猪子同副院長・斎藤医学士・浅山医学士・鷹取当直医堪エス治術ヲ施スト雖モ漸々病勢進ミ、午後一時ニ至テ衰弱ヲ極ム、頻《しき》リニ睡眠ノ気アリ。四時ヨリ益睡シ、少シク感覚アルノミ、五時ヨリ更ニ感覚ナク、熟睡甘眠《かんみん》ノ面色ナリ、九時甘睡ノマ、逝去ス。


（『塵海』一七〇〜一七一頁）

一日の日記にしては長いが、北垣の母親に対する想いはまだまだ続く。前述したように北垣の場合、父三郎左衛門は北垣が一九歳の時死去し、明治以後の自身の日記『塵海』にはほとんど登場しない。北垣が生野の変後、在地から離れて流浪生活を送っていた時、母りきは、窮乏の極みに達し、平野国臣の著書『神武必勝論』上・

中・下三巻のうち、中巻を譲り受け、りきはこれを八鹿村の西村庄兵衛に買い取ってもらい、一時の危急をしのいだといわれている（『生野義挙と其同志』一一頁）。

りきは、北垣が京都府知事になった一八八一年（明治一四）一一月一八日に京都で同居するようになった。この時の北垣の日記は、わざわざ朱筆で「本日老親着京」と記しており、おそらく但馬から京都にやって来た利喜を北垣は悦びで迎えたようだ（『塵海』一八頁）。

またりきは、同居する北垣の琵琶湖疏水計画を相当に楽しみにしていたようだ。北垣の日記によれば、りきは、「琵琶湖疏水工事ハ日々進工ノ由、喜悦ノ至」であった。しかし、京都府が政府に請願の間は、「種々ノ世説ヲ聞キ、御許可ノ甚タ難キヲ憂ヒ、何卒其許可ヲ蒙リタルヲ承ラハ、老期ノ楽ミ之レニ極ルト日夜祈」っていた。亡くなる前年（一八八五年）の春、「許可ヲ蒙リ」、起工式の賑わいを見て、願わくば「此工事ノ落成、湖水ノ京都ニ通スルヲ一見シテ終リタシ」と利喜は念願した。北垣は、工事の概略やその進行の景況を母に語り、（明治）「二十二年六月迄ニハ必落成」するので、八〇を越した老体であっても「健康好ク保チ、此落成ヲ高覧アルハ万々疑ナシ」と述べたところ、母は「満面喜悦ノ趣ナリ」であったという（『塵海』一七一～一七二頁）。

母逝去後、北垣は、「親子ノ情忍フ可ラサル所」ありとしながら、伝染病予防の内務大臣訓示にもとづき、遺体を火葬とすることを決定するなどの処置を行った。

また、葬儀導師として大徳寺牧宗《ぼくじゅう》宗寿《そうじゅ》が正導師となり、相国寺と天龍寺の二老師が副導師になった。墓地は黒谷の金戒光明寺墓地に選定された。葬儀にあたっては大徳寺役僧が中心的役割をになった。大徳寺の牧宗宗寿が正導師になったのは「大徳寺大和尚ハ母公ノ信スル所ニ由リ」であったらしい（『塵海』一七三～一七五頁）。

なお、四月二四日、北垣は、葬儀総裁を陶不瓜次郎に依頼した（『塵海』一七三頁）。陶は、前年一二月京都府警部長から山形県警部長に転職するが、任務に従わなかったと見えて、すぐに山形県警部長を非職になる。北垣がかなり尽力して、五月一四日、与謝郡長に任命される（『陶不窳次郎の生涯』五九頁）。北垣の母の葬儀中は、陶は非職中で時間的余裕があったとはいえ、葬儀総裁は北垣との親交の強さを示している。

第二節　琵琶湖疏水工事への批判・不満

①疏水工事のための協議費徴収

京都市中における琵琶湖疏水に対する批判・不満を多面的に見てみよう。まず、疏水工事費が二倍に膨れ上がった問題に立ち返ろう。

前章でみたように、一八八四年（明治一七）七月、上下京連合区会も指令書に基づく府の原案を認めた。この結果、修正増額分はもとの金額の二倍強の一二五万余円（修正増額分は六五万余円）となり、上下京連合区会は、工費を産業基立金、国庫補助金、府庁下渡金に加え、雑収入、寄付金、さらには上・下京区民の協議費徴収によりまかなうこととした。

産業基立金は、明治三年（一八七〇）「東京奠都」に対する下賜金として京都に与えられたものであるが、一八八一年（明治一四）に上・下京区に移管され、一八八五年には二七万余円になり、その後の増殖の結果、一八八八年度（明治二一）には元資および利子総支出で三九万余円になっていた。国庫補助金は、その後の大阪府に対する悪水予防工費交付も加えて二〇万円、府庁下渡金一五万円でこれが疏水工費の外から与えられた資金であった。上・下京区民に賦課されたものは協議費（地価割、戸数割、営業割の三種）で、一八八六年（明治一九）から一八八八年までの三年間徴収されることになる。その額は、三年間総額で一二三万余円（全収入額の約一八パーセント）であった。（『水力使用事業』四〇六～四一八頁）。なお「戸数割および営業割は貧困にして事実納額に堪へ難きものに対しては区役所において詮議の上減額又は免除することあるべし」とされたが、徴収年度中各種目を通じて、戸数割は一八八八年度が最も高かった（同上、四一四頁）。

したがって疏水工費徴収に対する不満は一八八八年度（明治二一）に急速に広がる。八月末には、疏水工費の未納者が下京区の七つの組で一三〇〇名にものぼり、書記五名が説得して完納させるという事態も起こる（『日出新聞』九月四日付。以下『日出』と略す）。

一八八九年（明治二二）一月には、下京区内において「赤貧のため糊口に差支ふる等の情実を申立て」前年度下半期疏水賦課金免除を願い出る者が二二〇余名に及んだ（『日出』二月二〇日付）。また一八八八年（明治二一）になって新たに営業割を賦課された業者、たとえば売薬業者の場合、薬剤一方（包）につき、五銭徴収になるわけであるが、彼らによって組織する盛徳会は、七月一九日集会を開催し、減額を請願するか、営業上り高によって徴収するよう請願するか、相談をしている（『日出』七月二一日付／『中外電報』同日付。以下『中外』と略称）。

②疏水線路の問題―東高瀬川埋め立ての風説―

以上のように、疏水工費賦課金徴収をめぐって不満の世論が盛り上がる中で、その世論を一層高揚させたのが疏水線路の問題である。

疏水工事の当初の計画では、疏水が蹴上に達したのち北上し、鹿ケ谷、白川、田中各村を経て高野川、鴨川を横断し、小川頭に達し、さらに東高瀬川に連絡する、というものであった。しかしこの蹴上から北上する線路は、田畑灌漑には有利であるが、通船運輸の面からすれば迂回の道である。したがって一八八七年（明治二〇）になって、蹴上で本流と支流に分割し、支流は灌漑用としてほぼ従来の線路（鹿ケ谷、浄土寺、白川、田中各村を経て、高野川・鴨川を横断し、小川頭に達し、さらに東高瀬川に連絡する）を通し、本流は通船運輸のためにわが国初のインクラインを新設し、岡崎、夷川通を通過せしめることとした。

問題は、夷川通通過の本流を鴨川に通すか、それとも東高瀬川に通すかである。この問題は、東高瀬川埋め立てのうわさも絡んで、一八八八年（明治二一）四月から六月まで東高瀬川埋め立てに反対する動きが、東高瀬川近辺居住の府会議員溝口市次郎（下京区第三〇組笹屋町）を中心に起きてくる。溝口らは疏水線路の問題を討議する民間の「水路会議」を開くことに奔走し、この同盟者は五月中旬に三〇〇名に達したと『中外』五月一二日付は伝えている。

しかし、東高瀬川埋め立ての風説は、七月になって忽然と消える。『日出』六月二一日付は、尾越蕃輔疏水事務長の意見として、東高瀬川埋め立てを否定し、（東）「高瀬川埋め立てるとの説は虚なり」と報じ、『日出』七月一日付は、「東高瀬川を廃す云々の一段の至ては、或は空中楼閣の疑なきにあらざれども」と報じた。

三月から七月まで五か月間の東高瀬川埋め立て計画は、もともとたんなる「風説」であったのか、あるいは京都府の設計事務の段階で一部にあらわれた計画が、多様な反対運動の中で消滅していったのか、乏しい史料では判断できないが、おそらく後者の可能性が強い。でなければ、五か月間に及ぶ「風説」を府が黙認する訳はないからである。

ともかく東高瀬川埋め立て計画消滅後、疏水工事に対するさまざまな動きは、鴨川改修と工費賦課金の問題に収斂されていく。

③疏水有志会の運動――「不利不急の工事」――

『朝日新聞』一八八八年（明治二一）七月八日付は、「水路会議」には続々入会者が増大し、現今は「百七十余名」、「何れも上下京の区民にして多くは財産家なり」と報じた。水路会議のメンバーは、その後「水路有志会」

となったようであり、さらに水路有志会は、七月上旬「疏水有志会」と名称を変更する（『朝日新聞』七月一〇日付。以下『朝日』と略称）。

疏水有志会は、七月一〇日、四条南側劇場において、聴衆二千名を集め、政談演説会を開く。弁士は西座新右衛門（上京区第三〇組天性寺町、運送業）、吉田保三郎（下京区第一九組安土町、書物商）、永井徹（上京区第三四組岡崎町）、植島幹（上京区第二四組松竹町、府会議員・代言人）、溝口市次郎（下京区第三〇組笹屋町、府会議員）であり、溝口の「民力論」と題する演説中、臨監警部は中止命令を出し、解散になる（『日出』七月一二日付／『朝日』七月一二日付／京都府議会事務局編『京都府議会歴代議員録』二六三〜二六五頁）。

おおむね疏水有志会はこの時期疏水工事延期の意向であった。疏水有志会は、この工事を「不利不急の工事なりとし其計画の中止」を求めていた（『朝日』九月五日付）。府知事と対決的様相をおびれば、疏水有志会にとって工事延期の残された道は、政府に請願するしかない。八月から九月にかけて、疏水有志会は、鴨川改修と新運河開鑿を「不利不急の工事」として内務大臣に上申することに奔走する（『朝日』八月七日、九月五日、九月二八日付）。

しかしそのような行動とは裏腹に八月下旬から疏水有志会の内部には亀裂が生じていた。

七月一八日から実質二週間自宅を開放して説諭にあたっていた北垣知事の発言を聞いて、同盟を脱しようとする者がいたり、会の費用（有志の義援金）について彼是苦情を唱える者がいたり、という状況であったという（『中外』八月二八日付）。そして総会を開こうにも適当な会場がなく、たまたまあっても拒絶されて借りることができないという状況が続く（同上）。八月一七日付『東雲新聞』（以下『東雲』と略称）は、溝口・西座らが「近日琵琶湖疏水工事に関して大集会を為すを幸ひ、一応協議を遂げたる上其の筋へ知事交換の義を請願せんと目下奔走中」、と報じているが、このような激しい動きが、もともと東高瀬川埋め立てに端を発し、様々な利害を交錯させていた疏水有志会の内部に分裂をもたらしたのであろうか。

④疏水有志会の推進メンバー

ここで、「水路会議」―水路有志会―疏水有志会の推進メンバーの構成について考察してみたい。まず疏水有志会の中心メンバーが、一八八七年（明治二〇）一一月の京都「三大事件建白」署名者を多く含んでいることに注目したい。

「三大事件建白」とは、同年後半井上馨外相の条約改正案への反対運動に端を発し、言論集会結社の自由・租税軽減（地租軽減）・外交の回復を課題とする全国的な大請願運動の一つとして京都でも取り組まれたものである（原田久美子「三大事件建白運動の一史料」『日本史研究』一一〇号）。

この運動の署名者五八名は、京都市中の知識人・商工業者が大半を占めているが、この署名者中にのちの疏水有志会中心メンバーが見出される。すなわち、溝口市次郎、西座新右衛門、道樽伊三郎、植島幹、吉田保三郎、脇田嘉一（上京区第三一組槌木町寄留、雑業）である。

ともかくもこれらの人びとは、「三大事件建白」運動と疏水工事延期運動の両方に取り組むわけである。疏水有志会は東高瀬川埋め立ての風説に端を発して組織されたとはいえ、会員は必ずしも東高瀬川筋住民とは限らない。若山庄造のように堀川近辺の住民もいる。しかしまた河川沿岸住民以外の者（たとえば植島幹のような代言人、吉田保三郎のような書物商）が多数参加しており、彼らは線路をめぐる直接的利害よりも、まさに当時全国的に沸騰する運動の要求として、ある意味では自己の政治的上昇の場としてこの運動を推進したわけである。そしてこの運動が「三大事件建白」運動と共通する全国的政治要求の一具現化であったからこそ、北垣知事は日記に「反対者ヲ諭《さと》スノ無益ナラン」（『塵海』二五一頁）と書き記すわけである。

⑤北垣、自宅で区民を説得

このような中で京都府は協議費徴収を強制的に行う一方、すでにみたように、一八八八年（明治二一）七月一八日から実質二週間、自宅病気療養中の北垣知事は自宅で区民の説得にのりだすことになる。

北垣の日記『塵海』によれば、一八日から三一日までの一四日間に合計三九名の訪問を受けている。日記は、何日間かを「炎熱如炙」と記しており、「病臥中」で病み上がりの北垣もかなり大変であった。たとえば二八日の訪問者は町総代（下京廿二組下河原町一名・同金園町二名・同下弁天町二名・下京十三組俵屋町二名、総計七名）とあり、またその職種は陶器画工、呉服商、織屋、車営業の者、壮士、侠客、疏水有志会員など多彩であり、北垣は彼らに対していちいち工事起工の経過とその利益および賦課金の低廉さを説く。

北垣は、賦課金については、次のように訴える。

> 工費負担ノ軽カラサルハ官民共ニ憂ル所ナレトモ、一戸平均ニ割リ当レハ十円ニ足ラス。果タシテ然ラハ、十円ヲ以テ永久子孫ノ為メ此ノ大工事ヲ造成シタル者ナラスヤ、況ヤ、貧富当差〔等〕アリ、細民ノ担当ハ十銭ニモ足ラサラン。是十銭ヲ以テ、此疏水工事ヲ求メ得タル道理ナレハ、貧富ニ応シテ相当ノ義務ヲ尽スハ、各永久子孫ノ為メ直接ニ間接ニ幸福利益ヲ占取スル代価ノ安廉《あんれん》（安い—高久）ナル者ト云ヘキ者ナリ、云々。
>
> （『塵海』二五一〜二五二頁）

北垣は、賦課金について言葉では明示しないが、累進課税方式となっていることを述べ、決して「細民」にとって負担が重いわけではないことを強調する。工事に政治生命をかけた北垣の心意気が知り得よう。

ただ、『塵海』は、一八八八年（明治二一）七月一三日から三一日までの実質二週間で、それ以後の北垣を訪ねた訪問者については記していない。新聞記事によれば、八月も北垣宅への訪問者はあったらしい。八月二日、四日の両日にわたって溝口市次郎・西座新右衛門・永井徹の三名は、疏水有志会の委員として北垣知事を訪問し、鴨川改修、新運河開鑿工事について質問している（『朝日』八月三日・五日付）。永井は七月にも北垣を訪問しているが、溝口と西座は七月の北垣邸訪問者の中にはいなかった人物である。北垣は、溝口らに対して、反対の意見があれば別に意見書として提出すべし、と述べたという（『朝日』八月五日付）。また、永井は、この訪問の際、鴨川改修と新運河開鑿の工事は五〜六年間延期する方が得策である、との意見を述べている（同上）。北垣の日記『塵海』に書かれているよりも『朝日新聞』の記事のほうが、北垣に対して、区民らがより対決的姿勢を持っていたように読める。

⑥八木源助の運動

北垣の説得活動にもかかわらず、不満は広がっていったようである。疏水有志会とは異なる動きであるが、八月一六日付『東雲』は、上京区第二六組西堀川三坊町の八木源助が、工費賦課金が重く、到底その負担に堪えがたいことをその筋に上申するため有志者「三千余名」の総代として上京することを決した、と報じている。八月一六日、八木が会主となり下京区新京極浄心寺において琵琶湖疏水工事談話会が開催される。出席者は『日出新聞』によれば六八名（新聞によって出席者数が異なる）で、「皆な多少の財産と智識とを併用する人々」（『東雲』八月二一日付）であった。しかし、この会は段証依秀の発言中、下京警察署臨監の巡査により治安妨害と判定され、中止を命ぜられている。一七日、この会は「疏水談話会」（琵琶湖疏水工事談話会）の名称を止め、上京区大宮通今出川超勝院にて懇親会を開くが、出席者七八名中二三名が各町総代であったというから（同上）、各町総代は各町民の工費賦課金徴収の説得に相当程度苦慮していたことを知り得よう。さらに一八日、八木源助はおりから京都に滞在していた前知事で元老院議官槇村正直を訪問し、疏水についての意見を述べるに至っている（同上）。『朝日』九月四日付は、内務大臣へ上申の「疏水工事中止請願書」は、署名者「二百余名」に達し（署名者中には「車夫の如き業体のもの」も多かったという）、八木源助がいよいよ東上する、と報じているが、実際東上したかは史料がない。

⑦疏水工事延期の運動

さて、疏水有志会は、疏水線路をめぐる問題から次第に疏水工事延期へと課題の重点を移していく。そのことは、すでに指摘した七月一〇日の政談演説会において、弁士の多くが「工事は区民の力に堪えず」と述べている状況から知り得よう。

この点では、前述した八木源助の運動と共通するものであった。しかし、七月二〇日北垣府知事を訪問した疏水有志会員永井徹が「八木源助等カ如キ是非ヲ論セス、延期ヲ企ル如キ者流ト同視セラレテハ、甚迷惑ノ至リナリ」（『塵海』二五三頁）と北垣に述べているごとく、八木と疏水有志会の接触はなかったようである。永井の言は、八木の運動とは違うということを示唆したものであろう。

疏水有志会の構成については、前述したように、七月の時点で『朝日新聞』はこの会の構成員を「多くは財産家」と報じた。この時期多くの場合、意識的政治運動のにない手は、暇と金を有する者である（『朝日』七月八日付）。しかし、一方で、壮士層や非富裕層も十分な活動を行っていた。

そのような人物の一人として九月に林丑之助という人物が『朝日新聞』紙上に登場する。林は、「府下にては俠客とかいはる、者」で、「右改修は京都府民の力に堪へざるのみか不利不急の工事なれば其筋に於て許可の指令を府知事に与へられざる様政府に請願」するとして、請願書を内閣各大臣に「奉呈」のため上京する（『朝日』

九月一九日、一〇月一二日付)。請願書の署名者は「千余名」で、「七分まで富める人には非ざる」人たちであったらしい(『朝日』九月一九～二〇日付)。請願書は手続き上の不備などを指摘され、「参考書」として扱われ、正式には受理されなかったようだ(『朝日』一〇月一二日付)。林の言では、黒田総理大臣邸に行き、親展書を差し出し、大隈・井上両大臣邸に赴いたと「当地同志者」に通知したとのことであるが(『朝日』一〇月一二日付)、実際上の効果は不明である。また、林の運動は、疏水有志会の運動とは別の動きであったようである。

第三節　水力発電へ

①企業勃興期と市制の時代

ここで、琵琶湖疏水が建設された時代、すなわち建設が開始～完成された一八八五～一八九〇年(明治一八～二三)までがどういう時代であったかを経済的・政治的に大まかに見てみよう。

明治一〇年代後半から二〇年代前半の時期は、北垣国道にとっては自由民権期よりも一層難しい行政運営とむきあう時代になる。現象的には、まず明治一〇年代後半から企業勃興期が訪れ、一八八九年(明治二二)四月には、市制町村制が施行され、京都市が誕生する。

一八八九年(明治二二)四月、京都市が誕生した時、京都市は上京区と下京区の二区であった。ただし、それ以前から上京区・下京区は膨張を続け、たとえば、一八八八年(明治二一)六月には愛宕郡岡崎、聖護院、吉田、浄土寺、南禅寺、鹿ケ谷、粟田口の七か村は上京区に編入され、同郡今熊野、清閑寺の二か村は下京区に編入された。以後も膨張を続ける(京都府立総合資料館編『京都府市町村合併史』五三一～五三八頁)。

そして一八九〇年(明治二三)七月の第一回衆議院議員選挙を機に政治の世界が出現し、各種の運動が政治を絡めて活発化する。北垣もこのような時代の中で琵琶湖疏水工事などの行政を進めなければならなくなってくる。

時期的には企業勃興期が先であるが、まず京都市の誕生から話を進めよう。京都に市制を適用する際、元老院などでは、京都・東京・大阪の三地域では、市制とは別の制度を適用すべきという意見が強く、結局京都・東京・大阪の三地域には、市制特例が適用されることになった。具体的には、府知事が市長を兼ね、収入役や書記も府の職員が担当することになった。北垣府知事は京都市長を兼任することになったのである（京都市市政史編さん委員会編『京都市政史　第一巻　市政の形成』一一〇頁）。

京都に市制が適用される以前、明治一〇年代後半から二〇年代後半にかけて、京都府においては企業勃興期になる。この企業勃興は琵琶湖疏水執行を進める北垣行政に影響を及ぼしてゆく。

一九四四年（昭和一九）に刊行された高橋真一編著『京都商工会議所史』は、（明治）「十九年に至り紙幣の正価兌換実施せらるるに及んで漸く回復に向ひ、紙幣価格の安定、金利の低下により不振沈滞の空気を一掃し、二十二年に至るまで企業勃興期を出現した」（一二頁）と書く。企業勃興の前史として、一八八二年（明治一五）に京都商工会議所ができ、一八八四年（明治一七）に京都株式取引所ができる。また、一八八六年（明治一九）京都商工銀行、一八八七年（明治二〇）に京都倉庫会社、京都陶器会社、関西貿易会社、京都織物会社、京都電燈会社が生まれている（京都府立総合資料館編『京都府百年の年表　商工編』七二・七六・八〇・八二頁）。

これら諸会社のうち、北垣および京都府がかかわった諸会社がいくつかある。たとえば、京都商工銀行（一八八六年一〇月設立・資本金五〇万円）は、設立時の頭取は田中源太郎、役員が浜岡光哲であり、京都府当局から一八八七年（明治二〇）より区部（一八八九年より市部）、区郡連帯地方税為替方取扱銀行の指定を受けている（それ以前は、区部は三井銀行、区郡連帯は第一国立銀行、および百十一銀行が地方税為替方を取り扱っていた）。なぜ京都府が地方税為替方取扱銀行を京都商工銀行にしたのか、北垣は、一八八九年度（明治二二）の京都府通常市部会で「銀行の信用を害するの恐れ」があるとして、具体的に明示していないが（『日出』明治二二年一一月三日付）、田中、浜岡は北垣とは親しい関係であり、後述するように北垣が批判される要素があった。

また、京都織物会社の場合、京都の田中源太郎・浜岡光哲、東京の渋沢栄一・大倉喜八郎・益田孝などにより一八八七年（明治二〇）五月に設立されたが、会社設立を彼らに勧告したのが北垣であり、斡旋の労をとったのが農商務省技師荒川新一郎であった（京都織物株式会社編『京都織物株式会社五十年史』九〜一〇頁）。そして、田中らは、七月京都府所有の織殿地所建物および機械を、地所建物一万円、諸機械一万円という格安の金で払い下げられている（同上、四七頁）。これに対し、旧自由民権運動の系譜を引く新聞『京都日報』からは、一八九〇年（明治二三）九月五日付社説「京都織物会社の破裂」で、「今日の実業社会は全く官府とは縁ある権勢者と密接の関係を有するにあらずんば、種々の不便を感じ様々の面倒を起すは避《さく》べからざる」と暗に非難されることになる（拙稿「明治憲法体制成立期の吏党」『社会科学』二二号）。

では後述する琵琶湖疏水に関係する京都電燈会社の場合はどうか。同社社史によれば、「明治二十年秋」、欧米電気事業の視察を終えて帰国したばかりの東京電燈社長矢島作郎は神戸電燈社長佐畑信之と京都で会った。そこで藤尾村にあった疏水工事事務所を訪れ、疏水常務員中村栄助・大沢善助・堤弥兵衛に会い、京都にも電燈会社の設立を熱心に勧誘した。中村らは京都倶楽部に集まったが、まとまるまでにはいたらなかった。これを聞いた北垣知事は、田中源太郎と会見し、会社設立に力を添えるよう要望した。田中は、ただちにこれを快諾し、西村七三郎・中村栄助・高木文平・富田半兵衛らとその設立計画を相談した。一〇月七日、京都倶楽部において田中源太郎・高木文平ら一一名の発起人会が開かれ、一〇月一〇日、北垣知事宛「京都電燈会社創立願」を提出した。一一月一日、京都府知事の承認を受け、一八八八年（明治二一）四月六日、創立総会を開いている（京都電燈株式会社編『京都電燈株式会社五十年史』九〜一〇頁）。

以上のように、京都電燈会社が北垣の積極的な懇望により設立されたことは、北垣自身電気について相当な関心があったことを物語っていよう。もちろん、この段階では水力発電ではなく、火力発電が想定されている。

北垣の企業勃興期の政策、すなわち民間活力を育成し、京都の商工業を発達をさせようとする政策が、このように諸会社への援助策であったことはまちがいない。しかし、その恩恵にあずからない人びとにとっては、特定企業グループの優遇と映っていた。

なお、これら企業勃興期を支えた人びとは、「大資本家層が社会的公共的役割に無関心だったために」「市内でも最大規模の資本家だったわけでは」なく、「発言力を強めてきた新興の商工業者であった」（小林丈広「京都公民会と都市商工業者」『キリスト教社会問題研究』五九号、八二頁）。

②水力発電方式への変更

一八八八年（明治二一）一〇月二〇日、上下京区連合会の推薦で、田辺朔郎と高木文平がアメリカの水力利用方法について実地調査のため横浜を出発する。そして、ホリヨーク、ローレル、アスペンなどの発電会社を順次視察し、一八八九年（明治二二）一月三一日帰京する。その視察の結果、両名は同年二月二六日「調査報告概要」、さらに五月二八日に正式な「調査報告書」を北垣知事および上下京連合区会（四月以後は市会）、勧業諮問会などへ提出した。そして当初の計画を変更して、鹿ケ谷における段階的な運河ならびに水車場の設立を取りやめ、電気による水力利用方法をとることに決定した（『水力使用事業』六二三〜二四頁）。

なお、水車から発電へという琵琶湖疏水工事の最大の変更は、視察の結果によるものではなく、視察以前に発電の計画があったことは田辺朔郎の談話から明らかになっている（同上、六二四〜六二五頁／『琵琶湖疏水の100年〈叙述編〉』二七五〜二七七頁）。

③市営か京都電燈会社委託か

さらに、水力使用事業（建設工事）と水利事業（電力供給）の実施主体を誰にするのか、具体的には市の直営事業か民間委託（京都電燈会社）かをめぐって議論があった。一八八九年（明治二二）一二月六日、京都市参事会は「水料」や電気料など市参事会の委託条件を呑むことを条件に京都電燈会社に委託する方向を一旦内決したらしい。北垣の日記『塵海』一一月二九日条には「参事会　疏水馬力私会社ヱ任スヘキ調査ヲ為ス」との記事があるが、これに対する感想はない。

一八八九年（明治二二）七月時の市参事会員は内貴甚三郎、朝尾春直、大沢善助、東枝吉兵衛、辻信次郎、高木文平、膳仁三郎、坂本則美、熊谷市兵衛であり、高木を除く八名が京都公民会（以下「公民会」と略称）の構成員であった（『京都公民会雑誌』第六号、七頁）。また、同年四月五日の時点で京都市参事会九名は高木文平が辞め、西村七三郎が当選した結果、全員が公民会員になった（同上、第一五号、六頁。公民会は後述）。

しかし、疏水工事の中心的課題になりつつあった電気事業を一民間企業に一任することは特定の企業への優遇と映ることになる。しかも、それを決めたのが公民会員が大半を占める市参事会であるというのも批判の論点であった。この世論を主導したのが、平安協同会と絵入論説新聞『京都日報』である。

④明治二〇年代の政治配置と公民会

明治二〇年代初期のころ、京都府では明治一〇年代の自由民権期よりもはるかに政治運動が活発であった。

当時、京都府・京都市で最も勢力を持っていたのが公民会であった。公民会は、第一回衆議院議員選挙をめざして明治一〇年代自由民権運動の再興を意図する大同団結運動に対抗して、実利主義的立場から京都府人心の組織化をはたそうとして一八八九年（明治二二）二月に設立された。そして公民会は、いかなる中央政社、政治組織とも関係を持たない京都府独自の政社であった。公民会はその趣意書で「京都府下市町村ノ公民権アルモノ」を対象にし、政治理念としては「現今ノ政党又ハ政治上会合ノ外ニ立チ」とうたっていた（『京都公民会雑誌』第一号、五頁）。田中源太郎（南桑田郡・府会議長）、浜岡光哲（上京区）、雨森菊太郎（下京区）、田宮勇（綴喜郡）、上野弥一郎（加佐郡）が創設時から幹事で、幹事は最初は全員府会議員であった。一八九〇年（明治二三）二月の時点では一八四四名が会員数で、そのうち上京区二一七名、下京区三九六名（合計市内会員数六一三名）で約三三パーセントが京都市内会員であった（同上、第一三号、五頁）。この組織の特徴は、京都府会・京都市会の最大党派であり、事実上北垣京都府知事の与党的傾向があったことである。ただし北垣自身は公民会が知事与党であることを一度も公言したことはない。

公民会については前掲拙稿「明治憲法体制成立期の吏党」参照。ただし「吏党」という表現は、あくまで敵対の方向から見た表現であり、また「京都府独自の政社」であることからして、表現として適切ではなく、もちろん、京都公民会が自らを「吏党」と表現したことはない。今後筆者はこの呼称にカッコを付して使用することを原則とする。

なお、公民会については、公民会と京都の都市商工業者、とりわけ西陣の商工業者との関係を詳細に分析した研究、前掲小林「京都公民会と都市商工業者」がある。

これに対し、明治一〇年代の自由民権運動の系譜を受け継ぐいくつかの結社があった。一つは、一八八九年（明治二二）三月に発会する交話会である。この会は、「貴族的保守主義」や「破壊的暴民主義」に対立する「秩序的平民主義」を持する「良民」と自らを位置づける政社で、その意味では温和な形の政社であった。そして交話会は、一八八九年九月段階で四四六名の会員であった。ただし、京都市内の会員は四名に過ぎず、ほとんどの会員は郡部在住であった。伊東熊夫（綴喜郡）、河原林義雄（北桑田郡）が中心であった。中央では旧立憲政党の中島信行に結びついていた。また機関雑誌としては『良民』を発行していた（拙著『近代日本の地域社会と名望家』第三章、一六六～一七二頁）。

いま一つに、一八八九年（明治二二）八月二五日、京都府下大同倶楽部系の地域政社の集合体である生民会が成立する。ただし、この会は後に京都市内の植島幹・溝口市次郎などが加わるとはいえ旧立憲政党員の西川義延（綴喜郡）や奥繁三郎（綴喜郡）が中心の政社であり、おもに大同倶楽部系の人びとが中心であった。なお、生民会は西川義延の衆議院当選のための一階梯であることに不満の植島・溝口およびそれに連なる壮士連がおり、両者の対立は激化し、同年一一月に西川派および壮士に反対する連中は生民会を脱会する。そして、生民会脱会派は、交話会と結びつき、一八九〇年（明治二三）三月二四日、新たに公友会という新組織を作る。公友会は、規約で、自由主義をとること、手段は平和秩序の方法をとることをうたっていた（『近代日本の地域社会と名望家』一七四～一七六頁）。

京都市内での自由民権運動の系譜を引く結社は、もう一つあった。一八八九年（明治二二）九月にできた平安協同会である。八十余名の会員はほとんど京都市内居住の者であり、植島幹、溝口市次郎、樺井保親、宍戸亀三郎、鈴鹿弁三郎、猪上能貞、西村義民などが中心メンバーであった（『京都公民会雑誌』第八号、一九～二〇頁／『日出』九月一〇日付）。平安協同会は、『京都公民会雑誌』第八号（明治二二年九月二八日発行）で「暗ニ本会（公民会―高久）ニ反対セントノ意見」というように反公民会の姿勢が明確であった。

この会は、同年一二月八日新京極寺町受楽亭に三十余名の会員を集め、例会を開く。この例会で会員溝口市次郎、大塚栄治（両名とも府会議員）より「疏水の水力利用を京都電燈会社に一任する件」の議題が提出され、議論の結果、水力を一会社の利益に任せるよりも、市が直接に取り扱うべきだとして、その旨を市参事会に建議することを決定している（『京都日報』一二月一〇日付）。

⑤平安協同会の運動

植島、溝口ら平安協同会の疏水水力利用をめぐっての運動は、府＝市当局の「特定企業優遇」批判、そしてそれは公民会批判の意図をもっていたといってよい。

府＝市当局の特定企業優遇に対する批判はなにも疏水水力利用問題だけとは限らない。すでに前年一八八八年（明治二一）一二月の明治二二年度京都府通常区部会・明治二二年度京都府通常府会では、田中源太郎、浜岡光哲、内貴甚三郎、市田理八、竹村弥兵衛らが役員を占める京都商工銀行が区郡連帯と区部地方税為替方取扱いを独占していることに対し、「地方税為替方変更の建議」（地方税為替方取扱銀行を京都商工銀行から一八八六年（明治一九）まで取り扱ってきた三井銀行に変更させせよとの建議）が提出されている。この「建議」を推進した人びとは溝口市次郎、植島幹、堀田康人、大塚栄治らである。この「建議」は、区部会では可決、府会では否決されている。

さらに、一八八九年（明治二二）公民会が誕生して以降は、京都商工銀行批判はより明確になる。平安協同会が疏水水力利用問題をめぐって運動する二〜三週間前に開会されていた明治二三年度京都府通常市部会では、溝口が依然地方税為替方取扱いが京都商工銀行に命ぜられていることを非難し、「変更ノ建議」を提出し、可決されている。溝口は、この後、「偏私ノ所為」をした北垣府知事に対しても「府知事交迭ノ建議」を市部会に提出するに至っている（この時は否決）。

なお、このような動きの中で、一八九〇年（明治二三）からは京都市の地方税為替方取扱銀行は三井銀行に変更されている。その決定は、一八八九年（明治二二）七月四日、京都市参事会の全会一致の評定による（『日出』明治二二年七月五日付）。

以上のように、京都商工銀行と同様、疏水水力利用問題は、溝口・植島らにとって特定企業優遇批判の一環であった。

一八八九年（明治二二）一二月六日の市参事会決定は、反公民会的様相を呈していた『京都日報』をも刺激する。一二月一〇日、『京都日報』は、「疏水の水力利用に付いて市民の注意を促す」と題する社説、「疏水の水力利用法」「水力利用と電燈会社」という記事を掲載し、一一日からは「有志諸君に告ぐ」という「特別広告」を掲載する。「特別広告」は、「目下京都市に現出せる一大問題たる琵琶湖疏水の水を京都電燈会社に一任するの傾き有り、弊社は其不可なるを確認すれども」と非難する。そして、一一日・一二日には「再び市民の注意を促す」と題する社説を掲載し、市参事会と京都電燈会社を非難するキャンペーンを展開する。『京都日報』の「市民が金を投じ、市民が造ったる市民の事業たる疏水工事の最大目的は其の工事の成功すると同時に一会社に奪ひ去られ、府民は水力の支配を却て電燈会社に仰ぐ如きの奇観に接するも図からざるなり」（一二月一〇日付）との社説は極めて説得力をもった。この社説は、基本的に平安協同会の主張と一緒であった。

また、『日出新聞』の姉妹紙の『中外電報』も「讒言」という投書欄に「冷飯庵居士」の「市の事業に限るよ」という文章を載せる（『中外電報』明治二三年一二月一七日付）。

しかし市参事会も、完全に京都電燈会社委託でまとまっていたわけではなさそうである。『京都日報』一八八九年（明治二二）一二月一一日・一三日付は、市参事会の会社委託派を内貴甚三郎・熊谷市兵衛・大沢善助とし、委託反対派を高木文平・朝尾春直・東枝吉兵衛・膳平兵衛とし、態度保留派を坂本則美・辻信次郎とする記事を掲載している。これが事実とすれば、水力電気の情報を京都市にもたらした高木文平が委託反対派で、しかも委託反対派の高木・朝尾は北垣とともに「内決」したとされる一二月六日の市参事会を欠席していた（『中外電報』一二月一三日付は、この「内決」を「謬説」とした）。一二月一二日の市参事会では、北垣市長が議長席につき、「疏水の水力利用は市の事業と為すへき件を議決」し（「市参事会議決書」）、一八九〇年（明治二三）一月一七日、京都市会は市営を正式に決議する（『水力使用事業』六五九頁／『京都日報』明治二三年一月一九日付）。

⑥第一回衆議院議員選挙

一八九〇年（明治二三）七月一日、第一回衆議院議員選挙が行われる。

この選挙の京都府当選者は、第一区浜岡光哲（公民会）、第二区中村栄助（同）、第三区松野新九郎（同）、第四区伊東熊夫（公友会）、第五区田中源太郎（公民会）・石原半右衛門（同）、第六区神鞭知常（無所属）で、公民会が五名、公友会は一名で、公民会の圧勝であった。『京都日報』同年七月五日付は「自由主義の大敗」としたが、得票率では、公民会三七・七パーセント、公友会三六・四パーセントで結構拮抗していた（『京都日報』明治二三年七月三日・五日・六日付／『日出』七月五日付）。

北垣は、それから二年後に行われた第二回衆議院議員選挙とは異なり、表面的には、一切選挙戦にはかかわらなかった。

注目されることは、ここで当選した公民会員の院内での位置である。公民会員五名は衆議院会派大成会に所属することになるが、大成会は、あくまで大成会創立の趣旨にのっとり「中立」「不偏不党」たらんとした「専属派」と、あくまで自由党、改進党に対決するために他の「非民党」的政治的会派と連携しようとする「両属派」に分裂していく。そして公民会員五名は、一貫して大成会「専属派」に属していた。すなわち、第一・第二帝国議会の時の院内会派大成会が「専属派」と協同倶楽部所属の「両属派」に分かれ、「専属派」が政府と「民党」との間で中立的様相を取り続けていた事実がある（前掲拙稿「明治憲法体制成立期の吏党」一九二～二〇一頁）。そしてこの政治的位置は、公民会の田中源太郎に見る限り、第二回衆議院議員選挙後の第三議会まで続くことになる（本書第六章参照）。

第四節　竣工式と鴨川運河

①琵琶湖疏水竣工式

一八九〇年（明治二三）四月九日の竣工式を前後として、一連のイベントが盛大に行われた。天皇・皇后をはじめ皇族や政府顕官が入洛し、花見を兼ねて南禅寺近傍から二条にかけておびただしい人出が殺到した。四月一一日から京都市民に限り疏水路の一部を無料で乗船通過が許されたこともあり、市民の熱狂もすさまじかった。

かつて疏水工事延期論を唱えていた人びとはこの時期どのような動きを示したのであろうか。疏水落成式の当日天皇が隧道を通過することについて、事前に新聞ダネになる動きがあった。「非疏水工事論を唱えた」西座新右衛門が、天皇が「危険極まる隧道の通御を願い奉るは恐れ多きなり」として長崎省吾宮内大臣秘書官の手を経て、土方久元宮内大臣へ「陳止書」を差し出すという動きがあった。またその後、京都府会議員溝口市次郎も三条内大臣へ同様の「陳止書」を差し出した（『日出』明治二三年四月三日付／『大阪朝日新聞』四月九日付）。

このような動きもあったからであろうか。四月九日、「風強かりし為」という理由で、天皇は隧道を通船せず、「御代覧」として小松宮彰仁親王はじめ政府顕官や侍従が大津より乗船することになる（『日出』四月一〇日付／『大阪朝日新聞』四月一一日付）。

一般の人の隧道（トンネル）通過は最初のころはそれなりに神経を使ったらしい。北垣は幕末以来森寛斎に恩義を感じていたことは前述したが（本書第二章参照）、できたばかりの疏水に森を招待した。森は弟子の山元春挙とともに船に乗り込むが、山元にとっても結構緊張感のあるものであったらしい。

疏水の隧道が掘鑿されて双方からの穴の通った時、北垣さんは先生を招待されました。何分掘りたての穴で岩石の尖ったのが天井に錯綜している。通路も勿論平坦ではない。そこを先生が腰をかがめ杖によって通り抜けられる。頭ははげて居るし、危険極まるので、私はいさめましたが、北垣さんがせっかく見せてくださったから拝見するとて肯《うなず》かれませなんだ。

（『京都日出新聞』大正五年一月二七日夕刊）

②北垣の紀念碑問題

四月九日の竣工式の前に、京都市会で、北垣知事の功労と疏水工事を記念するために紀念碑を建設する建議が提出された。四月五日、下間庄右衛門（公民会）より提出されたもので、時期が早いとの意見も出たが、結局建議は採用された。紀念碑建設については、調査委員五名が選出され、費用の半額は疏水工事雑収入のうちを以て支出し、半額は融資者の寄付金に仰ぐとした（『京都日報』明治二三年四月六日・二〇日付）。

しかし、『京都日報』に批判の投書が載る。『京都日報』四月二〇日付は、市井民助「北垣氏の紀念碑の建設に就て」という「寄書」を載せる。市井民助（おそらく匿名であろう）は、「其未だ功業と云ふべからざる疏水工事を功業と云ふ」「みだりに紀念碑を建設し且之を永世に表彰せんとハ抑も如何なる意か」「該工事の起工以来市民が費用の負担に苦しみたるは蓋《けだ》し忘れんと欲するも能《あた》ハざる所ろなるのみならず、運河彼れ自身も恐るべき確実なる証拠を挙げて長く市民の苦楚《くそ》（つらく苦しいこと—高久）を表彰せんとなしつつあれば何ぞ事更《ことさら》に紀念碑の建設を要せんや」と批判する。そして、「斯《かか》る不必要なる斯る大早計なる事柄に向て聊《いささ》かにても人民の膏血《こうけつ》を徒消するが如きことならんことを望んで措《お》かざるなり」と、紀念碑建設の取り消しを主張する。

しかし、それから一週間もたたないうちに、事態は動く。北垣が、「謝絶」に動いたのである。『京都日報』明治二三年四月二四日付は「寄書」の形ながら、市井民助「北垣国道氏紀念碑の建設を謝絶す」を掲載し、北垣が

図１　北垣国道銅像

琵琶湖疏水の夷川船溜に建つ。ただし、この銅像は昭和戦時中に金属回収され、1990年に京都桂ライオンズクラブによって再建されたものである。

市参事会に文書を送り、紀念碑建設を「謝絶」したことを伝え、北垣の「虚名を貪《むさぼ》らず市税を徒消するを避けられる消極の美挙を称賛せずんばあらず」とした。「消極の美挙」という言葉に市井民助のある種のこだわりを感じるが、ともかく紀念碑建設中止をよしとした。中立的位置の新聞である『中外電報』四月一三日付は、「紀念碑建設は尚ほ早し」と題する社説を掲げ、「市会の議決と云ひ知事の謙譲と云ひ余輩は之れを以て京都近来の総美観」とした。しかし、「四ヶ有余の年月を消し百有余万円の金額を費やして以て其の功を竣《お》えたる疏水工事は果して予期の効果を収め得たるか」とし、「世上幾多の懐疑論者」や「冷評熱罵《ねつば》の言を発する」人物もおり、「余輩は市会議員諸氏の少しく早計に失したるなきやを疑ふなり」とした。そして、「其の功に彰表するは之れ後日に期せざるべからず、疏水の効用世に顕れて市民其の恩沢に浴するの日を俟たざるべからず、万一北垣知事にして其の果を見ずして京都を去ることあるも、之をたつるに毫もさまたぐる処なく、北垣知事も亦た以て甘受すべきなり」として、紀念碑建設は、「挙を他日に期せんことを希望す」と結んだ。

北垣の紀念碑辞退の理由は、竣工式で琵琶湖疏水事業が終わったわけではなく、まだ鴨川運河が残っていたからである。しかも、この事業は後述する如く、疏水が完成した後、引き続いて疏水の水を伏見まで、そして淀川まで運ぶ鴨川運河が妥当であるかという疲労感が市中に広範にあり、今後の行方も不透明な状況があった。

しかし、それから一〇年後に事態は動く。

一九〇二年（明治三五）一一月九日、疏水の夷川船溜に建設された北垣の紀念銅像の除幕式があった。北垣は長男確と共に来場した。来賓四〇〇名。北垣は、一八九二年（明治二五）から四年間続けてきていた北海道庁長官を辞職し、一八九七年（明治三〇）四月、拓殖務次官になり、一八九九年（明治三二）八月には貴族院議員になっていた。なお一八九六年（明治二九）六月、勲功華族として男爵が授けられている。京都を出て一〇年、年齢は満六六歳になっていた。この時は、大きな役職をほとんど終え、京都の鴨川べりに居住して居た。この除幕式は、一九〇〇年（明治三三）四月の京都市会で銅像建設が決議され、実現したものである。疏水事業に対する市中の疲労感が消え、そして反対運動がなくなった琵琶湖疏水と北垣を取り巻く環境がまるで変わったことが銅像建設に行き着いたとみてよいだろう（『日出』明治三五年一一月一〇日付）。

北垣の日記『塵海』の一八九九年（明治三二）一月一二日条には、京都に居住していた北垣のもとを初代の水利事務所理事となった木村栄吉が訪れたことを記す。北垣は、「国道銅像ノ模形トスヘキ写真八葉ヲ贈リ、且ツ位置評定等ノ旨ヲ告」げた（『塵海』五一五頁）。おそらくこの頃より北垣の銅像が具体化されていったのであろう。

③鴨川運河問題

鴨川問題の流れを見るために、すこし、竣工式の前にさかのぼろう。

一八八九年（明治二二）秋、琵琶湖疏水工事は完成に近づいてきた。琵琶湖の水は南禅寺を経て夷川で鴨川に達しようとしていた。それからの問題は、夷川で鴨川まで通った疏水の水をどのような流路で伏見、そして淀川まで通すかである。

疏水工事の主体が京都府から京都市に移った同年秋にはいろんな方法が模索された。一二月一六日、京都市参事会は「鴨川運河築造費に関する件」を議決する（「市参事会議決書」）。一二月二〇日、北垣市長は、明治二二年度追加予算で、鴨川筋新運河開鑿工費予算（一〇万円）および市債募集（二二万五五〇〇円）ならびに償還方法に関する議案を市会に提出する（『水力使用事業』五〇七～五一二頁／『中外電報』明治二二年一二月一九日付／『日出』一二月二〇日付）。しかし、この案は調査委員七名に負託されることになる（京都市参事会『訂正琵琶湖疏水要誌附録』八～九頁）。北垣は、通常は尾越蕃輔書記官などに任せてほとんど出席しない市会に出席し、工費の面から鴨川運河の必然性を述べた（『京都日報』「京都市会傍聴筆記」明治二三年一月一五日付）。

京都市会は様々な議論の末、鴨川運河案を出席議員三一名中わずか一票差で可決したのである（『京都日報』「京都市会傍聴筆記」明治二三年一月一八日付）。

このような僅差の可決には、鴨川運河に対する様々な不満が鬱積していたからである。大きく分けて（1）京都市政は琵琶湖疏水に偏重していないか、いましばらくは民力を休養すべきではないかという意見、（2）鴨川運河工事を見合わせ、堀川に通ずる新運河の調査をすべしという堀川説の意見（京都市の地域開発を鴨川の東部の重視から西部重視にすべしとの意見）、（3）新運河を開くときには、東高瀬川は不要となるとの東高瀬川付近の人びとの意見など、多様であった（『訂正琵琶湖疏水要誌附録』九〜一〇頁／『日出』明治二三年一月一八日付）。

たとえば、公民会員も民力休養説を主張したのが、『京都公民会雑誌』第一二号（一八九〇年一月二八日発行）に掲載された小川桃華坊「京都市ノ一大問題」という文章である。この文章は、「市民カ既ニ百弐拾五万円ノ工費ニ苦ミ弐拾余円ハ市公債ヲ募集シ、未ダ其償還ヲ終ヘザルニ、猶ホ数拾万円ノ市債ヲ起シ、鴨川東岸ニ運河ヲ開鑿」と、琵琶湖疏水の工費が六〇万円から一二五万円と倍以上になり、その上さらに鴨川運河事業までが加わったとし、「諸氏ノ耳ニハ市民ガ苛税《かぜい》ヲ訴ヘル歎声ハ未ダ聞ヘザル乎、諸氏ノ眼中ニハ市民ガ困難ノ実況ハ映射セザル乎」として、市民の困難な状況を指摘する。そして、「今日ハ是レ暫ク民力ヲ休養スベキ時ニ非サルナキ乎」と鴨川運河の延期を訴える。この主張だけを見れば、名望家層や実業家層を多く含む公民会員ではなく、反公民会員の主張と考えやすい。したがって小川は「多数ノ会員諸氏ハ必ラス此評論ニ同意セラル、コト之ナカルヘシト」と公民会員の一定層に配慮しながら、「直言」したのである。小川桃華坊という名前は仮名であろうが、機関誌に掲載していることから見て、機関誌編集のすぐ周辺にいた人物ではないかと思われる（『京都公民会雑誌』第一二・二〇〜二二号）。

以上のように、公民会員の中に鴨川運河延期論が出てきていた。市会での一票差の可決には公民会員の意見の分裂があったのである。ともかくも六月には内務大臣の起工許可も得て、一部工事は開始される（『水力使用事業』五一三頁）。

しかし、その年一一月には、工事が途中で延期になる事態が発生する。具体的には、沿道郡村の要求により工事の予算外支出が生じ、市参事会は市会の意見をいれて調査が完了するまで工事延期を決定する（『訂正琵琶湖疏水要誌附録』三四～三六頁）。一八九一年（明治二四）一一月一六日、京都市会で調査委員が「調査報告書」を提出し、当初の設計と異なる様々な問題点を指摘した（同上、三六～四三頁）。北垣は強硬に原案に固執し、調査委員と北垣の意見は対立し、このような中で次第に工事中止の雰囲気が醸成されていった。

二月二四日、京都市会に鴨川運河を明治二五年度に起工する（工事中止ではなく）という折衷案が出る。この案が三四対三一の多数で可決され、北垣も妥協し、工事は一年先送りの形になった（『訂正琵琶湖疏水要誌附録』八七頁）。

④府会での非公民会派の成立と北垣

ここで、すこし、京都府政の流れを見てみよう。

国政では第二帝国議会開会前の自由・改進共同での「民党」戦線が成立し、その影響は京都府にも波及する。一八九一年（明治二四）秋、京都府会でも京都市会でも、自由党・改進党が提携してそれまで多数派を形成してきた公民会に対抗する非公民会派の動きがあった。同年一〇月二九日、臨時府会で府会議長選挙が行われ、非公民会派が推薦した河原林義雄が公民会の雨森菊太郎を四五対三七で敗北させる。さらに、非公民会派は、一〇名中九名までが公民会員であった常置委員に対して「常置委員信任欠乏ノコトニ付建議」を提出し、信任投票の上不信任決議を行った。

このような府議会の公民会対非公民会派の争いに北垣府知事が登場するのが一一月二〇日である。この日の府会で河原林議長が前日北垣府知事より「其会ニ於テ議決セシ常置委員信任・不信任投票ノ件ハ議決ノ効力ナキモノトス」という達（丙第百十六号）があったことを報告した。要するに、府会の常置委員不信任の決議は効力がないとの府知事の判断であった。これに対し、非公民会派は議会に臨席の尾越蕃輔書記官に説明を求めるが、「府知事ノ職権上」として説明を拒んだ。

午後の議場で、非公民会派の堀田康人より「達書返戻ノ建議」が提出される。この建議は投票の結果、列席七六名中採用・不採用が三八対三八で同数になったが、議長河原林の採用説同意により可決となった。

一八九一年（明治二四）一一月二一日、堀田康人より、北垣知事がこれを却下したことが府会議場で報ぜられた。却下の理由はなかった。このことにより、府会は非公民会派と北垣知事の全面対決の様相を帯び始めた。この後、いろんな議論や動きが起こったが、一一月二五日、非公民会派の溝口市次郎より「丙第百拾六号達書ハ本会ニ遵守《じゅんしゅ》スベキモノニアラズ」という文字を議事録に特筆大書せよという意見が提出される。この議事録への特筆大書は七〇名列席中三七名で過半数可決された。この後一一月二六日から一二月一〇日までは明治二五年度京都府市部会・郡部会の議事が開かれ、通常府会の議論が中断された。

一二月一〇日、堀田康人より「府知事栄転ノ建議案」が提出された。建議案は、知事の最大の業績として、(1)琵琶湖疏水工事、(2)京都宮津間車道開鑿工事、の二工事を称賛し、その上で「栄転」すべしとする最大の理由を、議場の党派間紛争において「敢テ一方ヲ庇護スルノ政策」は府知事の処置として至当ではないとした。この後、番外一番尾越書記官が知事の達は内務大臣の命令によって出されたものであると述べたが、堀田の建議は採決の結果、八五名中賛成四七、反対三八で過半数可決された。

一二月一一日、府知事栄転の建議の第二次会が開かれる。しかしこの日の午後一時より閉場式と府知事の達

（陳情書は内務大臣において受理すべきものではないとして内務省より却下される）があって二次会を遂げないで明治二五年度京都府会は幕を閉じる。

非公民会派の常置委員不信任の理由は、非常に分かりにくい。結局は、常置委員が公民会派によって占められていたことに対する批判につきる（『明治二十五年度京都府会議事録』）。

北垣に対する批判も、公民会と非公民会の争いの結果論で、もともと北垣批判が目的ではなかった。ともかく、府会内の党派対立は「府知事栄転ノ建議」（事実上府知事罷免の建議）まで行きつくのである。

⑤公民会の解散

一八九二年（明治二五）三月一六日、公民会は総会を開き、解散を決議する。「公民会解散宣言書」によれば、府会における非公民会派の創立により、「府下人心の真正なる結合は却て四分五裂するの傾き」あり、したがって「府下人心」の分離を防ぐために解散することになった、と述べている。国政において第一議会では、院内会派大成会は「専属派」（大成会創設の趣旨にのっとり「中立」「不偏不党」たらんとする、浜岡光哲・田中源太郎・中村栄助・田宮勇・石原半右衛門ら公民会所属議員五名）と「両属派」（大成会に所属しながら協同倶楽部所属）に分裂し、第二議会では大成会所属議員を減少させていた。浜岡光哲は、第一議会での大成会の分裂に嫌気がさしていたようで、同年二月一五日の第二回総選挙に立候補しなかった。そもそも第一回総選挙では公民会員が五人もいた衆議院議員は第二回総選挙では二人にとどまった。また、公民会の中でも琵琶湖疏水をめぐって意見の違いが出現していた。琵琶湖疏水に限らず、公民会にはさまざまな意見の違いがあった。公民会解散の総会および懇親会で、「形体を解き精神を結ぶは偏に府民を思ふためにして、実に祝すべききことなりとて、解散の後にも似ず慷慨悲壮の趣き少しもなく、談笑愉快に歓を尽くして散ぜし」という状態であった（前掲拙稿「明治憲法体制成立期の吏党」

／『日出』明治二五年三月一八日付）。

このようにして公民会は解散した。公民会の解散は、事実上北垣与党が崩壊したことを意味した。ただし、繰り返すが、北垣がみずから公民会を与党としたことは一度もない。公民会が創立されてから解散までの時期の北垣の日記『塵海』にも「公民会」の言葉すらない。要するに、北垣は議会多数派に依拠して行政を展開しただけなのである。

⑥鴨川運河問題の決着

もういちど鴨川運河問題に戻ろう。

一八九二年（明治二五）になっても、鴨川運河は再着工できなかった。三月三日、市参事会は前年の市会議決の趣旨に基づき、明治二五年度において起工すべく、同年度総予算に臨時費鴨川筋新運河工事一二万円を計上し、北垣市長（府知事）は提案理由を説明し、原案追加を希望した（『水力使用事業』五二二～五二三頁／『中外』明治二五年三月四日付）。

しかし、市中の世論は、鴨川運河再着工に否定的な雰囲気であった。一八九一年（明治二四）四月一八日に京都市の商工業者有志によって組織された京都実業協会は、一八九二年（明治二五）三月八日、「希望書」を提出する。この「希望書」は、鴨川運河工事について「便益少なき工事」、「不急の工事」とするとともに、琵琶湖疏水工事の効果についても「該工事開鑿の結果は甚だ思はしからず、百二十万余円の大金を費やして其収むる便益は実に微々たりしは諸君の確知せらる丶所なり」と否定的であった（『中外』明治二五年三月九日付）。京都実業協会は、政治的色彩は薄く、それだけに鴨川運河中止論はかえって影響力があった（『日出』明治二四年四月一七日・二一日、明治二五年三月二二日付）。

図２　琵琶湖疏水の大津側入り口(大津閘門)

図３　第一トンネル（隧道）入口

図４　第一竪坑（シャフト）

図５　山科を流れる疏水

図６　蹴上の船の乗降場

図７　鴨川運河

夷川より鴨川に並行して鴨川の東側を南に伏見まで流れる。現在は一部地域、暗渠。

一八九二年（明治二五）四月の時点で、鴨川運河工事中止になることはもはや避けられない情勢であった。この時点では、北垣自身も、熱海で心臓病の療養や、何度も東上するなど（本書第六章参照）、鴨川運河工事着工にある種のあきらめをもっていた感がある。

しかし、この流れが五月下旬に逆転する。

同年五月二六日の市会で、当年四月に「鴨川運河開鑿の決議取消」の件を見合わせる建議が提出され、翌日の市会で過半数可決される。要するに鴨川運河再着工の流れが決まる。そして、七月二七日の京都市会で鴨川運河および堀川改修実測費に関する建議が二三対一三で可決され（『訂正琵琶湖疏水要誌附録』一四六〜一五四頁）、これにより鴨川運河工事が再開されることになる。

なぜこのような逆転が起こったのか。この五月という月は、京都市参事会および京都市会が平安遷都千百年祭と第四回内国勧業博覧会実施の計画を本格的に開始した時期であった。五月二六日、京都市会は、「桓武天皇御遷都紀念祭」を議し、挙行を決議する。さらに五月二八日京都市会は、「明治二十七年第四回内国勧業博覧会開設の具申」を農商務大臣に提出し、第四回内国勧業博覧会を京都で行うよう建議する（『中外』明治二五年五月二七日・二九日付）。

五月二六日と二七日の市会において行われた、鴨川運河工事再開をめざした建議の提出者である東枝吉兵衛の説明は、市が事業を申請して政府の許可を得たにもかかわらず、これを取り消すことは、市の信用を失墜し、将来事業の申請上悪影響を及ぼす、というものであった。つまり、新たなイベント成功のためには、鴨川運河工事はどうしても実施する必要があったのである。しかも、堀川改修のための調査費を計上することによって、京都市西部に配慮し、そのことによって鴨川運河再着工の条件を整えたのである。

この間、琵琶湖疏水工事およびその継続事業である鴨川運河工事を強力に推進してきた北垣は京都での長の任期を終えようとしていた。北垣は、七月一六日内務次官に任命されるが、それを断り（後述）、この結果同月一九日北海道庁長官に任命される。京都市会で鴨川運河工事が決議されるのはその八日後の二七日である（『水力使用事業』五九六頁）。

まとめに代えて―その後の北垣と琵琶湖疏水―

北垣は、北海道庁長官になって京都を離れても琵琶湖疏水のことは気にかけていたようだ。初代の水利事務所理事であった木村栄吉は、北垣について次のように語っている。

北垣知事は明治二十五年七月、私が理事に就任して間もなく内務次官に栄転し、又直ちに北海道（庁脱）長官に転任されて遠く京都を離れられたが、疏水及び水利事業の状況については常に心配して居られた。一例を申すと、北垣さんは、年に一、二度京都の自宅へ帰られたが、その時は大抵大津で汽車を降りて、懐かしい疏水を船で下り、当時南禅寺町にあった水利事務所に立寄られて、事業の状況を聞かれた上、「君等には京都市の大事業がお願いしてあるのだからしっかりやって貰ひたい」と激励され叮嚀に頭を下げられた。これには私共甚だ恐縮したものです。

（『水力使用事業』七八八頁）

北垣が京都に戻ったのがいつのことか明確ではないが、一度は一八九四年（明治二七）八月一五日のことであろう。その時期、北垣は、四月二三日札幌を出て、二八日東京着、それから八月一四日まで函館築港・上水道工事や小樽築港などの陳情や説明を内務省などにするかたわら、八月一四日京都に向かった。翌日大津の馬場停車場に降り、小舟で疏水運河を蹴上まで下る北垣の様子を日記『塵海』は次のように記している。

午後三時大津馬場停車場着。汽車ヲ下リ疏水運河ニ出点検。隧道前両岸ノ桜樹ハ我命令ニ従ヒ之レヲ傷フ者ナク、今ヤ天然ノ森林ト為リ、一層ノ風致ヲ呈セリ。小舟ヲ買ヒ運河ヲ下ル。舟子能ク業ヲ熟シ一時間ニシテ蹴上ケニ着シタリ。之レヲ賞シテ小計ノ酒代ヲ与エタリ。

（『塵海』四二九頁）

なお、電気の効用は、北垣が京都府知事を辞めるころでもまだみえなかった。『琵琶湖疏水及水力使用事業』は次のように書く。

電気供給開始の当時（一八九一年（明治二四）一一月―高久）は既述の如く電気の効能が広く理解されなかつたので、供給申込は極めて少く、二十四年度の如き、年度半ば過より開始したのではあつたが、一般の需要としては京都時計製造会社の一馬力に過ぎず、甚だしく予期に反し事業の前途が危まれた。

（『水力使用事業』七八五頁）

また同じページに次のように書く。

当時の動力用発電機は、直流式で遠距離送電が出来なかつた、めに、その送電区域を蹴上発電所より二十町（約二・一八キロ―高久）以内に制限し、その範囲において一般の需要者を募集した。（中略）後交流発電機が製作され、遠距離送電が可能となるに至つたので、この送電区域の制限を撤廃して、明治二十八年先づ西陣地方に送電し、爾来漸次各方面へ送電することになつた。

（『水力使用事業』七八五頁）

北垣が京都を去る時、琵琶湖疏水の効能はまだはっきりとせず、一二五万円に見合う工費の成果はまだ見えなかったのである。

送電区域の拡大、鴨川運河の開通など琵琶湖疎水の事業が京都市民に広く見えるようになるのは、北垣が北海道に移ってからしばらく後の時代になる。

第六章　京都府知事最終盤の北垣国道（一八九一〜一八九二年）

はじめに

一八九一年から一八九二年（明治二四〜二五）半ばまでの時期は、北垣京都府知事の任期最終盤であるとともに、第一次松方内閣の混乱の時期である。

北垣の中央政治とのかかわりは、これまで特に触れてこなかったが、本章ではその点を重点的に述べてみたい。第一次松方内閣期ほど府県知事が政治勢力として動き、中央政治に発言した時代はないであろう。詳しくは行論で述べるが、一八九一年（明治二四）秋の自由・改進両党による「民党」連合の成立が各府県議会へ波及し、第二回衆議院議員選挙では品川弥二郎内務大臣によって「民党」派（自由・改進両党）に対する選挙干渉がなされる。しかし選挙干渉にもかかわらず、「民党」派が数的に勝利し、そして選挙後、品川内務大臣の辞職に象徴される内閣内の不統一、そして品川の辞職をきっかけに地方長官更迭の動きと五月の第三議会での選挙干渉弾劾の動きが起こる。これら一連の事態は、府県知事の危機意識を高め、多くの府県知事が頻繁に東上するなど活発な政治運動を展開することになった。北垣もそのような動きをした知事の一人であった。

そのことを中心に北垣の京都府知事最終盤を追いたい。したがって、本章では北垣の事業（たとえば琵琶湖疏水事業など）を直接扱うことはしない。

なお、この時期の北垣の政治的位置について、北垣が内務省の白根専一次官・小松原英太郎警保局長・大浦兼武警保局主事と連携し、安場保和福岡県知事・松平正直熊本県知事・船越衛宮城県知事などの実力知事と同一の動きをとったと、指摘されている（國岡啓子「明治期地方長官人事の変遷」伊藤隆編『日本近代史の再構築』一一五頁）。行論で述べるように、そのことは事実であるが、北垣は彼らと同調しながらも完全に同一方向をとったわけではなかった。そうでなければ、北垣が松方正義総理と河野敏鎌内務大臣によって内務次官に任命されることはなかったはずである。

論の展開としては、時期を少し前に戻し、一八九一年（明治二四）秋の明治二五年度京都府議会（明治二五年度府議会の予算を審議。通常府会会期は、一八九一年一一月五日〜一二月一一日）の公民会と非公民会派の紛争、それを北垣府知事が公民会の側に立ったとして非公民会派による「府知事栄転の決議」がなされたことを北垣自身がどう認識していたのかから始めよう。これは、北垣が「任他主義」的様相を放棄する過程でもあった。そして第二回衆議院議員選挙を経て、松方内閣での紛争、それを経て北垣が京都府知事を辞職するまでの政治過程を政治史的にあとづけてみたい。また、北垣は京都府知事の後、北海道庁長官に転進していくが、北垣が従来から北海道に関心を持ち続けたことも本章で明らかにしたい。

第一節　北垣の二つの書簡——品川弥二郎・松方正義宛て——

明治二五年度京都府議会における紛争、それが最終的に北垣攻撃に至ったことに対して、北垣はどのように意識し、対応しようとしていたのであろうか。それを知りうる二つの北垣の書簡がある。

一つは、一八九一年（明治二四）一二月五日、内務大臣品川弥二郎宛の書簡である（尚友倶楽部品川弥二郎関係文書編纂委員会編『品川弥二郎関係文書』3、二七六〜二七七頁）。

この書簡を、府議会で起きた事実も加味しながら要約してみよう。まず、明治二五年度通常府議会の動向を北垣は品川内務大臣に伝えていたことがわかる。その上で、北垣が品川に伝えていたことは、（1）「府知事の栄転」の建議は予想されていたこと、（2）「暴議連」（自由・改進両党など）は毎日集会し、また東京の自由党本部に通信し、党員の星亨は当地に滞在し計略をめぐらしていたこと、（3）市部会・郡部会が終わり次第、「攻撃問題」（知事攻撃）を通常府議会で議論することが内定していたこと、（4）もしそのようなことになれば、北垣は府県会規則に基づき府会を中止とし、内務大臣に上申して解散および府会議員の改選を行なう予定であり、そして解散の上は充分なる実業家で名望資産の有する者を選出することを計画していたこと。

現実には、明治二五年度府議会の閉場式（一八九一年一二月一一日）と「府知事ノ達」により府議会の解散には至らず、比較的穏やかに府議会は終了する。そのように、北垣は、本人が自ら書くよりも、より穏やかに行動するのが通常であった。

ともかくもこの北垣の品川への書簡を見る限り、北垣にとって明治二五年度通常府議会での非公民会派による公民会攻撃、その結果としての北垣府知事攻撃は、決して「余波」やとばっちりというようなものではなく充分なる警戒の上での結果であり、全面的な対決姿勢を堅持していたのである。

もう一つは、それから五日後の一二月一〇日、松方総理宛の書簡である（松方峰雄ほか編『松方正義関係文書』第七巻、一六〇～一六一頁）。この日は、代言人で自由党員にもなり、のちに衆議院議員にもなる堀田康人（『京都府議会歴代議員録』）より「府知事栄転ノ建議案」が府会に提出され、八五名中賛成四七、反対三八で過半数可決された日であった。

北垣の松方への書簡は、当年以後は少しも斟酌することなく、「十分強硬手段ヲ以テ御決行」下され、「内閣サエ御一致ナレハ（中略）内政ノ整理ハ決シテ難事ニハ無之候」、としている。

このような強硬姿勢を奨励する北垣の意識には、次のようなものがあった。当年の各地方議会の有様は、「自由改進両党本部」が熱心に手を付け、互いに気脈を通じ、「無定見ノ議員」を扇動し、よほど熱に浮かされている、と。さらに、この書簡の中で北垣は、一八九一年秋の明治二五年度京都府通常議会も同様な傾向と認識していた。すなわち、京都府会も、わずか六名の自由党の議員が主導者となり、また、元改進党派の三名（中安信三郎、畑道名、富田半兵衛）がこれに雷同して、他の議員を扇動し、種々「烏合之団結」をして、公民会を攻撃し、その余波はついに「知事攻撃」になり、「知事交迭之暴議」を「内定」している。しかし昨夜以来おいおい「悔悟之者」も出てきており、ただ今の状況では何ともわからぬ有様に見え、夕刻までに勝負は決せられることになろう。ただ意外なことには京都府の行政事業はことごとく原案賛成になり、「知事攻撃」くらいのことは格別行政上の障害にならない。しかし、地方議会の風潮は、どの地でも同様の模様であり、本年衆議院において「私意」を伸ばすことがあれば、地方の「虚形」は「実形」になり、ついに内政の整理を破り、無秩序になることは必然である。なにとぞ、「大隈伯放遂之御精神」でどこまでも国家のため「御勇断」なされんことを熱望する、としたのである（同年一一月からの滋賀県会では、県庁彦根移転と坂田郡分合をめぐって紛糾し、知事批判も起こり知事より県会中止が命ぜられるまでになった。滋賀県議会史編さん委員会編『滋賀県議会史』第二巻、三〇〇〜三〇二頁）。

第二節　第二回衆議院議員選挙

北垣の非公民会派に対する対決姿勢は、一八九二年（明治二五）二月一五日を投票日とする第二回衆議院議員選挙の過程で露骨に表れた。北垣の動きは、一八九〇年（明治二三）七月の第一回衆議院議員選挙では選挙運動に関わらなかった姿勢とはまったく異なり、公民会系とその周辺を露骨に援助するものであった。第二回衆議院議員選挙については、佐々木隆「干渉選挙再考―第二回総選挙と九鬼隆一―」（『日本歴史』三九五号）が、「高知県などで見られたような物理力の行使をも厭わぬ警察力重視の選挙干渉」とは異なる選挙干渉のあり方、すなわち、京都府も含めた近畿地方で繰り広げられた「隠微にして洗練された実効有る選挙干渉」の様相を具体的に明らかにした。佐々木の研究は、九鬼隆一から松方正義に宛てた一八九二年の一月から二月にかけての大量の書簡を用いて、松方首相の委託を受けた九鬼が「近畿、瀬戸内東部の諸府県で各種の集票活動や反政府系候補落選工作」を行なったことを明らかにしたものである。

筆者のこれまでの研究（「京都府知事最末期の北垣国道」『社会科学』七四号）、および佐々木の研究から、北垣の動きを追えば、北垣がこの選挙にかけた積極性が明らかになる。北垣は、雨森菊太郎・松野新九郎・田宮勇ら公民会員と談合を持ち、第一・第二区の候補者選定に自ら乗り出し、各郡長に指示を与えた。そして品川弥二郎内務大臣、小松原英太郎警保局長とも常に連絡をとっていた（この選挙について加わった新たな事実は、北垣がかつて天橋義塾の幹部であった京都府属の木村栄吉を丹後に派遣し、郡長への方針伝達などの選挙工作を行なった事実である。久美浜町史編纂委員会編『久美浜町史　資料編』久美浜町、六四五～六四八頁）。

二月一五日の選挙の結果は、表1の通りである。この結果について、北垣は二月一八日、品川に報告し、選挙は第三区を除き「勤皇派」（京都の公民会のこと。公民会を「勤皇派」というのは奇妙な話であるが、おそらく北垣は品川に対してわかりやすく説明したつもりであったろう。なお公民会は三月一六日解散している。第五章参照）が勝ちを占めたこと、第三区は乙訓郡長が大患に罹って二月八日死去し、三郡町村の気脈が断絶した結果、四票の差で「破壊党」（「民党」すなわち自由・改進連合のこと）を混入したことが残念である、と書き送った（『品川弥二郎関係文書』3、二八一～二八二頁）。

この選挙をとりまく状況を北垣はどのように見ていたか。二月一五日、選挙日当日でまだ帰趨がわからなかったが、北垣は品川内務大臣に（公民会派および非「民党」、すなわち自由・改進以外の人物が）「大略全勝の心算」と書いた上で、この選挙の実況を詳述した。

例として、北垣が指摘した事実は、かなり具体的である。たとえば、「乳臭き少年」が「生《な》ま聞きの個人主義」を受け売りして、これに誘惑される「村老」がいる、あるいは「尋常小学校卒業程の力も無き無学無識の壮士」が説く「首尾も無き支離滅裂の自由論」に迷う町村長がいる、等々。

表1　第2回衆議院議員選挙結果

選挙区	氏名	得票	所属
1区（上京区）	坂本則美○	35	（無所属）
	西村七三郎	24	公民会
	富田半兵衛	23	（改進党）
	その他	3	
2区（下京区）	竹村籐兵衛○	126	（無所属）
	能川登	32	自由党
	その他	2	
3区（愛宕・葛野・乙訓・紀伊郡）	正木安左衛門○	551	自由党（弥生倶楽部）
	松野新九郎	547	公民会
	小松喜平次	206	保守中正派
	寺内計之助	197	公民会
	その他	7	
4区（宇治・久世・綴喜・相楽郡）	西川義延○	672	（独立倶楽部）
	田宮勇	586	公民会
	伊藤熊夫	448	元自由党
	その他	3	
5区（南桑田・北桑田・船井・天田・何鹿郡）	田中源太郎○	1,330	公民会（無所属）
	石原半右衛門○	1,041	公民会（無所属）
	河原林義雄	627	自由党
	羽室嘉右衛門	480	
6区（加佐・与謝・中・竹野・熊野郡）	神鞭知常○	878	（無所属）
	石川三郎介	301	保守中正派
	上野弥一郎	23	公民会
	その他	4	

出典：『日出新聞』明治25・2・17、2・18、2・19、2・21付

備考：①○印は当選者。②所属のカッコ内は院内会派。③1区の富田半兵衛は京都の「三人改進党」の一人（他は中安信三郎、畑道名）とみなされる者であるが、断定できないため、（改進党）とした。

北垣は、この後も数々の事例を挙げて、第二回衆議院議員選挙の状況を指摘する。その中で注目すべきは、「地方官取締上の過失」も随分あって、今後は一層地方行政上においても困難をみるであろう、としている点である。しかし、品川内務大臣に宛てた書簡であることもあって、全体として非難は自由・改進両党の方に向けられている。

ともかく「智徳財」の三つの力に乏しい民度の結果、「個人主義」とか「自由民権」とか「無秩序的の邪説」が流行することにより、「民風の怠慢に流れ秩序を紊乱したる事」一方ならず、とりわけ「官吏を嫉忌《しっき》し政府を猜疑《さいぎ》するの観念」は最も甚しい、と北垣は認識していた。そして、このような流弊を一変して「秩序的な社会」と「我が帝国の独立」を望むとすれば、今度の選挙で選ばれた着実な議員が組織を結んで、首領を定め、強固な一団体をつくり、東京に本部、各地方に支部を置き、平生連絡をとり、これを機関として漸次着実なる「秩序的政事思想」を養成し、衆議院議員選挙はもちろん、府県会議員選挙、小さいところでは市町村の施政に至るまでこの機関の力に依拠し、中央本部から地方支部、ひいては市町村および商業会議所、農会から各組合に至るまで直接および間接に一気貫通して「国家の元気」を培養するならば、その力は巨大なものとなるだろう、とした。要するに、「民党」に対抗する全国組織の必要性を北垣は力説したのである。それから三日後の一八日付の北垣より品川宛書簡でも、北垣は、議会の多数がどのようになっても、「勤皇派、温和議員の首領を定め」「各地方気脈一貫の基礎を」立て、新議員の方向を失わないよう「御計画が焦眉の急」である、と書いた。そして、総選挙については、地方によっては随分混雑を極め、またし損じもあるだろう、したがって将来「破壊党」(「民党」すなわち自由・改進党など)は種々の口実を設けいっそう「急激陰険な方略」をとり、新議員を迷わし、「良民」を惑わし手段を尽くし妨害を極めるので善後の策を一日も軽んずるべきではない、とも書いた(『品川弥二郎関係文書』3、二七七~二八一頁)。

ただし、北垣が「民党」に対抗する全国的組織の必要性を力説したところで、北垣自身がそのような組織をつくろうと力を尽くすことは考えていなかったし、そもそも北垣自身、全国的組織の具体的イメージがはっきりしていなかった。

第三節　北垣の東上

第二回総選挙後、七月に北海道庁長官に任命されるまでの五か月間に、北垣は四度にわたって東上している。五か月間に四度の東上は、一八八一年（明治一四）に京都府知事になってからまったく例のないことであった。そのうち、四度目の内務大臣任命の時を除けば、一度目は一八九二年（明治二五）三月四日から（帰任の時期は不明）、二度目は四月一日から五月一日まで、三度目は五月一九日から六月一八日までである。要するに、第二回衆議院議員選挙後から七月一九日の北海道庁長官任命までの間、北垣は京都にいる期間よりも東京に滞在していた期間の方が長いのである。この東上は、地方官会議や京都府知事としての陳情の意味も含まれていたが、中央の顕官や政治家との接触を通して、中央政治へのコミットや情報収集の目的があった。なお、この過程で、とりわけ三度目の東上の時に、一地方長官である北垣が、松方正義総理ときわめて親密であったことは事実である。

①一度目の東上

『中外電報』明治二五年三月四日付は、この日北垣が巌本府属とともに東上し、ついでに持病である心臓病の療養のため熱海に赴くはずで、滞在日数は二週間、と報じている（『日出新聞』三月四日付も同様の記事である。以下『日出』と略称）。さらに同紙三月一六日付は、東上中の北垣が京橋山下町の対山楼を宿所に療養しながら、各地方長官との間を往復し大臣を訪問するなど公務にしたがっている、と伝えている（また、北垣は、この頃京都市上京・下京高等小学校落成の時期が近づいていることもあり、「御真影」の下賜を宮内大臣に請願したらしい（『日出』三月一一日付）。

北垣が東上した一八九二年（明治二五）三月、中央政治では、大きな混乱が発生していた。三月一一日の品川内務大臣の辞任である。佐々木隆によれば、品川は、選挙干渉問題の引責辞任ではなく、松方政権の地方官・警察官処分や政府系議員（温和派）への無定見な対処に絶望して辞任に踏み切ったようだ。後任をめぐっては井上馨が擬せられるが、政権内部の反対の声と本人の拒否により、結局副島種臣が後任に決まった（『藩閥政府と立憲政治』二二八〜二三〇頁）。品川が辞任した時、白根専一内務次官も辞職しようとしたが、内閣からの引止めと副島新大臣が前大臣の方針を踏襲すると明言したことにより辞職を思いとどまった（『読売新聞』三月一三日・一六日付。以下『読売』と略称）。

地方長官の東上は、北垣のみではなく、二月二八日に安場保和福岡県知事・山田信道大阪府知事が東上したのをはじめ、三月一一日までには三府一五県の知事に及んでいた（『読売』三月一日・一二日付）。これら地方官の東上は、内務大臣の命によるものではなく、各自それぞれの意志によるものであった（『読売』三月一二日付）。おそらく、古参地方官でリーダー的役割を果たしていた安場など地方官の呼びかけによる上京であろう。この時、後藤象二郎逓信大臣・陸奥宗光農商務大臣などによって品川内務大臣の引責辞職の要求があったし、地方官の「大更迭」の噂もあった（『読売』三月一日付）。

内務大臣が品川から副島に代わったことを北垣がどのように意識したかは史料がないのでわからない。ただ、北垣は、品川を個人的には高く評価していた。この東上より二年半ほど前のことであるが、一八八九年（明治二二）一〇月一七日に北垣が品川弥二郎御料局長官を訪問し、嵐山民林買上げの件を相談した時、日記に次のように書きとめた（『塵海』二八一頁）。

品川氏ハ慷慨憂国《こうがいゆうこく》ノ義士ナリ。条約改正ノ事天下囂々《ごうごう》タルニ由リ、病ヲ犯シテ在朝ノ大臣・枢密顧問官等ニ説キ、以テ未発ニ危害ヲ除却センコトヲ謀リ、百方尽力、忠ヲ国家ニ致ス。議論切実、人ヲシテ感動セシム。

二月の第二回総選挙の際に、北垣が品川と常に連絡を取り合っていたことは前述したとおりである。なお、品川は北垣が内務少書記官時代の内務大書記官であり（本書第三章参照）、北垣が信頼を寄せていた人物であった。しかし、京都の公民会員で第一回衆議院議員選挙後、意見の相違から、大成会から自由党に入党した中村栄助によれば、中村は第二回衆議院議員選挙には立候補しなかったものの、品川の指示のもと「東京、大阪、高知、佐賀、熊本、鹿児島などは、最も激烈を極め、其他の地方にあつても、随分民党与党の激戦に、政府干渉の爆弾が投ぜられた」、「余りにも猛烈極端な選挙干渉」という（森中章光編、中村栄助述『九拾年』六九、七七頁）。

北垣に限らず、多くの府県知事には品川の辞任が地方官処分に向かうのではないかとの危惧の念があったであろうが、副島が前大臣の方針を改めないと明言したことにより、北垣ほか地方長官は安心したはずである（『読売』三月一六日付）。

北垣が三月中のいつ京都に帰ったかは明確ではない。

②二度目の東上

一八九二年（明治二五）四月一日午前一一時、北垣は京都七条停車場からこの年二度目の東上の途についた。車中では山下秀実大阪府警部長も同車していた。翌日午前八時過ぎに東京に着く。旅館は定宿の山下町対山楼である。この日から五月一日の帰京までの一か月間も北垣は東京に滞在することになる。東上の理由は、定期の地方長官会議であるが、『塵海』を見る限り、むしろ多くの顕官・政治家・地方官と会い、情報を交換した点が目立つ。

地方長官の会議は、四月七日、内務省において「地方官諮問会」という名称で開かれた。この時議長である白根専一内務次官より種々の諮問があったようであるが、議事は給仕であっても会議室に入れないほど内密に行なわれた（『読売』四月八日付／『日出』四月一〇日付）。四月八日も、午前は内務省の議事堂において、白根が議長席に就いて小松原英太郎警保局長、大浦兼武主事臨席のもとで地方長官会議が開かれた。四月八日〜九日の内務省会議でどのようなことが話し合われたかは不明である（『読売』四月九日付）。『塵海』を見る限り、この後、一二日・一五日・一八日も「内務省会議」があり、一八日には市町村監督方法および訓令案を議論した。二三日には松方総理大臣の召集で総理大臣官舎に会した。集まったのは北垣のほか富田鉄之助東京府知事、山田信道大阪府知事、内海忠勝神奈川県知事、周布公平兵庫県知事、籠手田安定新潟県知事、中野健明長崎県知事、中村元雄群馬県知事、石井省一郎茨城県知事であった。地方官の代表的人物である安場福岡県知事、松平熊本県知事の名は書かれていない。ここでは、松方が地方の事情を聞き、また松方総理の意見が告げられた。各知事は皆その任地の実況を開陳したが、北垣は「政略ノ大方針」を述べ、これに対して「大臣、驚テ聞ク」という状況があったらしい。北垣は、このことについて、「事機密ニ係ルヲ以テ記セス」と書いた（『塵海』三六二頁）。二四日は「内務省集会」、二六日は副島内務大臣の晩餐会、二七日には内務省に出頭して市町村監督条例の発布を促した。そして、四月二八日、『塵海』には「十時内務省ニ会ス」という記述だけであるが、午前中各府県知事が内務省に参集して会議を開き、この会議を以て地方官会議は終結になったらしい（『読売』四月二九日付）。ただし一部の地方の知事は、五月中旬まで滞京して政界の実況を観察するという噂があった（『読売』四月二二日付）。

この間北垣は陳情でも動いたが、陳情の中身は省略する。

以上のような地方官会議と陳情の合間を縫って、北垣が精力的に意見交換と情報収集につとめたのが政党問題であった。

　四月三日、東上の車中で同乗した山下大阪府警部長が北垣の旅宿を訪問し、「大坂会」について談じた（『塵海』三五七～三五八頁）。「大坂会」は、『朝野新聞』（以下『朝野』と略称）によれば大阪府九名、京都府三名（西川義延、田中源太郎、石原半右衛門）、滋賀県五名、兵庫県三名、岡山県二名の近畿府県「非民党派」代議士二二名が三月二七日に大阪で開催した会合である。これからの第三議会に対する運動の方針を協議したが、議決には至らなかったらしく、四月二〇日東京においてさらに会合をすること（実際には開かれていない）、そのための府県代表者として外山脩造（大阪）、村野山人（兵庫）、田中源太郎（京都）、中小路与平次（滋賀）、坪田繁（岡山）の五人が選ばれた。この状況を伝える新聞記事で注目される点は、この会合では大阪府選出の外山脩造が開会の趣旨を述べた際、近畿結合の必要性と、「其主義とする所は要するに民党にも政府にも与《くみ》せず専ら中正不偏の地位を守らんと欲するに在り」と発言し、大東義徹（滋賀）、田中源太郎、坪田繁、俣野景孝（大阪）がこれに賛成したこと、また粟谷品三（大阪）がこれに反対し、近畿だけではなく議会で多数を制すべき団体を組織することの必要を述べ、村野山人、村山龍平（大阪）、高井幸三（大阪）がこの意見に賛成したことである（『朝野』三月二九～三一日付）。これにより、近畿の「非民党派」代議士が近畿結合派と全国結合派に分かれたのである。そして、この対立は近畿結合派が政府と「民党」の間で「中立」と自らを位置付けた（たとえば田中源太郎）。これに対し、全国結合派はこの当時九州の「非民党派」代議士が主導しており、明確に「民党」に対決する構図であった。

　北垣は四月三日山下大阪府警部長との会談を経て、京都府の「非民党派」代議士の中心人物である田中源太郎に対し書留郵書を送り、「委員会ヲ急速（二脱）スル事ノ得策ヲ注意」した（『塵海』三五七頁）。

さらに同日、北垣は三月一一日に内務大臣を辞め枢密顧問官になっていた品川弥二郎と会談した。品川は、「去月下旬大坂会ノコトニ付、信書ハ軽忽《けいこつ》ニ失シタル旨頻《しき》リニ弁解セラル」と『塵海』にあるが、おそらく三月下旬品川が北垣に「大坂会」について誤った情報、もしくは誤解を招く情報を手紙で伝え、そのことを品川が「弁解」したのであろう（『塵海』三五八頁）。

翌四月四日、山下大阪府警部長の訪問を受け、山田信道大阪府知事の「疑団」（疑問）がようやく氷解したこと、なお将来猜疑が起きないよう忠告を受けた。山田の「疑団」の中身は画然としないが、大阪における「非民党派」代議士の会合に対して山田が何らかの動きをしたことを誤解したものであろう。北垣は、近畿「非民党派」代議士の「委員会ヲ急速ニスル事」を田中源太郎に通牒したこと、山下は外山脩造と俣野景孝にもこのことを話しておくと約束した（『塵海』三五八頁）。

四月五日、北垣は内務省に出頭し、山田信道大阪府知事・安場保和福岡県知事・松平正直熊本県知事・小崎利準岐阜県知事らに「大坂地方団体ノ景況ヲ談シ、九州団体ト其性質殊ニシテ、純粋ノ実業団体ナル所以ヲ告」げた。これに対して知事連中は「各了解ノ旨ヲ述」べた（『塵海』三五八頁）。北垣は、近畿の「非民党派」代議士の多くが九州団体と異なり、「純粋ノ実業団体」であり、したがって直接的な政府系集団ではないことの了解を得たのであろう。この後白根専一内務次官に会った北垣は、「東京ノ臆病疑団ノ病ハ其害ヲ京坂団体ニ及ホシ、良結果ヲ見ルヘキ者モ終ニ中位ノ結果ヲ告ルニ至レリト告」げた（同上）。これに対して、白根は、自分には疑問はなかったが、勢いやむをえなかった、と述べた。この「疑団」の中身が明確にわかるわけではないが、おそらく近畿の「非民党派」代議士の中で完全に政府系になりきらない人びとへの不信や疑惑があったのではないかと思われる。

五日の午後、北垣は伊藤博文の病気見舞いに訪問するが不在で、その後井上馨邸を訪問し、会談した。この会談で、井上からのいくつかの質問に対し答えている。まず、京阪の景況はどうか、という質問に対し、町村制の実施時期を誤り、速過ぎたことが最も「病」の甚だしい点である、と述べた。ついで「衆議院温和派ノ纏《まとま》リ如何」の質問に対し、「温和派」は一七〇名いるが、浮雲のように一定しない、まとまるためには首領が必要である、と述べた。また「根本タル有力ノ首領見込ミアリヤ、如何」という問いに対しては、根本の人物は忠君愛国の精神、義勇の胆力に富み、俗気を脱して内閣などには少しも志望しない者、小欲に迷わない「脱俗家」でなくてはつとまらないと述べた。ではそのような人物はいるか、品川弥二郎ではどうか、との質問に対し、「甚タ其人ヲ得サルニ苦シム。品川ハ衆雲皆集ルコト難カラン。一方ニ方ニハ之レニ帰スルアルモ八方望テ集合スルニ至ラサル可シ」。では誰がよいか、との質問に対し、勝海舟翁を除いてその人はいない、と答えている（『塵海』三五九頁）。しかし、勝を首領となすのが現実味のないことは北垣も井上馨もわかっていたはずである。

この時期、北垣に限らず、政府の周辺にいた人びとは、数多くの「非民党派」代議士をいかに糾合するかが大きな課題だったのである。

「非民党派」代議士の動向はどうなるか。四月二五日、旧独立倶楽部の一部および無所属議員の一部は厳正中立主義を標榜して独立倶楽部を改組した。京都からは第四区の西川義延がこれに加わった（衆議院・参議院編『議会制度七十年史　政党会派編』二六三〜二六四頁／『朝野』四月二七日付）。一方、四月下旬、九州の代議士を中心にして中央交渉会が誕生し（『読売』四月二四日付／『日出』四月二四日・二六日付）、その後近畿団体の一部をも糾合して、九五名の院内団体中央交渉部が結成された。この時近畿団体は分裂し、大阪グループ（外山脩造、浮田桂造、村山龍平、橋本善右衛門、高井幸三、俣野景孝、児山陶、佐々木政乂）や兵庫グループ（村野山人、渡辺徹、後藤敬）は中央交渉部に入るが、京都グループ（坂本則美、竹村藤兵衛、田中源太郎、石原半右衛門、神鞭知常）、滋賀グループ（大東義徹、中小路与平治、川島宇一郎）と岡山グループ（坪田繁、西毅一、坂田丈平、渡辺磊三）は中央交渉部に入らず、無所属になったのである。三月二七日の「大坂会」で、政府と「民党」の間で「中正不偏の地位」を守ろうとする田中源太郎および大東・坪田・俣野ら近畿結合派と、粟谷・村野・村山・高井らの全国結合派とで意見が分かれたことは前述したが、近畿結合派の一人俣野景孝が中央交渉部に入ったのは、大阪府の「非民党派」代議士がほとんど中央交渉部に入っていることと、山下秀実大阪府警部長らの説得があったためと思われる。

ところで、北垣の御膝元である京都府の「非民党派」代議士は、中央の「非民党派」代議士の院内最大会派には入らなかった。田中源太郎や石原半右衛門からすれば、第一議会・第二議会のときの大成会「専属派」の考えを引いていたといえよう（本書第五章参照）。『塵海』を見るかぎり、北垣が田中らを説得して「非民党派」全国結合への参加を画した形跡はない。むしろ、田中らの独自な位置を他の知事や白根らに説得している側面が目立つ。つまり、北垣には「非民党派」代議士の中でも、京都の代議士のように、全国的結合をしない専属派の動きを尊重している姿勢が目立つのである。

四月三〇日にも、北垣は、白根内務次官と小松原警保局長に会って、坂本則美と神鞭知常のことを話しているが（『塵海』三六五頁）、無所属の彼らの位置（両人とも京都の旧公民会員ではないが、中央交渉部には入らない）を説明したものと思われる。

ところで、「民党」対策として、北垣らが危惧するもう一つの点があった。品川に代わって登場した副島内務大臣が、「民党」妥協策の姿勢を見せたことである。四月九日、副島は自由党総理板垣退助を訪問した（『読売』四月一〇日付）。また、四月一三日、副島は大隈重信に面会を求める文書を送った、という（『読売』四月一四日付）。この日には改進党島田三郎ほか五名が選挙干渉問題で副島の官邸を訪問し、会談をするということがあった（『読売』四月一四日・一五日付）。かつて品川の路線を踏襲するとした副島の「民党」に対する鷹揚な態度は、白根内務次官のみならず、北垣ら地方官の怒りと不信をひき起こすことになった。『塵海』四月一一日条に、「十時内務省ニ会ス。大臣エ面談、板垣面会ノコト」、一六日条に「午前内務省ニ会シ、内務大臣、板垣面会ノコトニ付談アリ」、とあり、板垣に面会したことを副島から告げられたことがわかる（三六一〜三六二頁）。これに対して、一七日の日曜日、北垣は、松平正直熊本県知事・内海忠勝神奈川県知事とともに松方総理を三田に訪ね、「品川子ノ辞職、改進党員ノ各大臣歴問、副島内務大臣ノ板垣面会等ハ、非常ニ温和議員ヲシテ疑団ヲ生セシメ、殆ト困難ヲ極メントスル事情ヲ述へ、将来善後ノ四事ヲ具陳」した。「将来善後ノ四事」の内容は不明であるが、松方総理は「同感ヲ表シテ甘諾」したようだ（三六二〜三六三頁）。北垣が、新橋停車場から帰京の汽車に乗るのは五月一日である。

③三度目の東上

北垣のこの年三度目の東上は五月一九日である（『塵海』三六九頁）。その五日前の一四日、小松原英太郎警保局長や三橋警部長などから、当日衆議院において自由党の中村弥六が提出した選挙干渉決議案が可決されたという電報が北垣に届いた（同上、三六八頁）。この決議案は、官吏の職権乱用による選挙干渉に対して、総理大臣の処決を要求する案であった（大津淳一郎『大日本憲政史』第三巻、七二一頁）（なお第三帝国議会は五月六日に開院式をあげている）。翌一五日には、おそらく電報であろう、松平正直熊本県知事と安場保和福岡県知事から東上を促してきた。この時北垣は、一、二日のうちに東上するという返事を出している（『塵海』三六八頁）。一六日には、白根専一内務次官よりも東上を促してきた。また、小松原警保局長・三橋警部長からこの日帝国議会停会の命があった旨の電報が届いた（同上、三六八頁）。一七日には、北垣は松方総理に書留郵書を送り帝国議会停会についての意見を述べた。また白根内務次官にも書留郵書を送っている（同上、三六八〜三六九頁）。北垣の帝国議会停会についての意見の内容は不明である。一八日には、白根より電報があり、出発の日を訊いてきた（同上、三六九頁）。北垣が七条停車場から出発するのは一九日午後二時四三分である（同上）。

北垣が東上した一九日午前一〇時頃、安場福岡県知事・松平熊本県知事ら一府九県の知事が内務省に参集し、何事かを協議したらしい（『読売』五月二〇日付）。四月の品川内務大臣辞職の時よりは地方官の上京の人数はまだ少なかったが、選挙干渉決議案の可決ならびに帝国議会の停会は、その後生じてくる地方官更迭の噂とあいまって地方官の危機意識を高め、多くの地方官を上京させることになったと思われる。

北垣が東京に呼ばれた理由の一つには、議会対策、すなわち政府内において京都の五人の代議士など無所属議員の結集を図る意図があったと思われる。二〇日午前七時東京に着いた北垣は、まず京都選出の坂本則美、竹村藤兵衛の両代議士に議会停会後の景況を訊き、（議会）「開会ノ方針ヲ案」じ、午後には白根内務次官に面会した。夜には松方総理を訪問するが不在。その後高島陸軍大臣を訪問した。高島は、議会停会前後の景況と改進・自由両党の内情等を話し、北垣は「中立派」の代議士結合の事を約束した。この日の北垣の日記には、「是レハ、今日開会ニ際シ事実ノ問題ニ、十ノ八勝ヲ占ムレハ局ヲ結フヘキニ付、中立ノ者四十内外ヲ結ヘハ其目的ヲ達スヘキヲ以テナリ」、と書かれている（『塵海』三六九頁）。この場合の「中立派」とは、京都の五人が属していた四二名の無所属議員のことであった。すなわち、無所属議員のほとんどが政府の方針に近い立場に立てば、事態は政府に有利なように展開するはずであった。翌二一日の早朝、北垣は坂本に会い、「中立者結合ノコト」を話し、坂本は、当日同志者と会合して協議する、と述べた。午前九時には松方総理を訪問し、「中立者結合策」を述べ、松方は「同感」した。この時松方に対して北垣は、「京畿実業団体凡三十名計結合、中心ヲ取ルヘキ手段ヲ国権党カ破リタルノ害、終ニ停会ノ不幸ヲ見ルニ至リタル理由」を述べ、今解散に及べば、「上ハ　陛下ノ宸襟ヲ脳〔悩〕マシ奉リ」、下は良民の心を失い、そして「良議員」を得ることができなくなる事情を具申し、松方は「大ニ感悟」するところがあり、北垣はなお「将来実業家結合シテ議政ノ中心ニ立ツヘキ必要」を開陳した、と日記に書いている（同上）。日記中「国権党カ破リタルノ害」という表現が中央交渉部の中の九州系議員の動きを批判的に書いているのか必ずしも判然としないが、北垣が「中立者結合」を言う場合、その後六月に創設される国民協会のような国権的色彩の強い組織ではなく、「実業家結合シテ議政ノ中心」となるような幅広い結合の組織の必要性を認識していたことが窺える。それゆえに松方の同意を勝ち得たのであろう。この日一〇時過ぎには高島陸軍大臣を訪問し「昨夜以来中立者ノ景況」を告げた。高島の反応の記載はない。そして午後からは田中源太郎代議士と「中立者結合ノコト」を談じた。

なお、北垣の「民党」対策は、闇雲《やみくも》な強硬策を否定するものであった。五月二三日の議会停会あけの日、北垣は早朝白根を訪問し、議会における「政府委員説明中圭角《けいかく》冗弁ノ此際ニ於テ不得策ナル理由ヲ注意」した。二四日には松方首相を訪ね、河野敏鎌農商務大臣同席のもとで、「議会説明ノ議員感情ニ関スル二三ノ事情ヲ談シ、此際ニ当リ圭角又ハ力味ノ不得策ナル理由」を述べた（『塵海』三七〇〜三七一頁）。「圭角」、つまりとがった言動の否定を北垣は主張したのである。

この時期北垣が憂慮する事態はもう一つあった。松方内閣が内部の軋轢によって、統一性の点でかなり弱体化していたことである。特に内務省内では、「民党」との妥協点を探ろうとする副島内務大臣と強硬派の白根内務次官との間の亀裂がますます深くなっていた。五月三一日、濃尾震災救済費予算外支出事後承諾をめぐって、松方総理や後藤象二郎の意を受けて結果として「民党」との妥協策になる演説をしようとする副島に対して、それに抗議して白根が自宅に籠居するという事態が起こった（佐々木前掲書、二五二頁）。その翌日の六月一日、北垣は白根次官を訪問するが、そこにはたまたま内海忠勝神奈川県知事、小松原英太郎警保局長、大浦兼武警保局主事が座にいた。白根は前日の濃尾震災の答弁の際、副島内務大臣と意見が合わなかった件について談じた。北垣は、『塵海』に「事頗ル困難ニ渉リ、人皆心ヲ苦ム」、と記し、また白根に「静ニ一段落ヲ着ケ、而シテ後チ善後策ヲ施スヘキ旨ヲ忠告」した（三七二頁）。この問題は、当日、副島内務大臣から白根に謝状が送られたことにより一旦は解決し、白根も議場に登ることになった。このことは内閣内の軋轢の問題として新聞でも取り上げられた。これについて、北垣は、「方今ノ勢、四方皆疑団ニ塞《ふさが》リ人心恟々《きょうきょう》タリ」、「方今内閣ノ事、一モ其方針定メス、一歩一歩左顧右眄《さこうべん》。嗚呼《ああ》危哉」、とその軋轢を嘆いた（同上）。

しかし、六月二日、副島は再度演説をしようとして松方にとめられ、辞表を提出するに至った（佐々木前掲書、二五三頁）。四日、北垣は前日に引き続き高島陸軍大臣を訪問するが、高島は「内務大臣辞表一件ノ失体〔態〕」を語り、副島の妥協的態度のためであろう、中央交渉部の中に広がっている「不平甚シキ景況」を談じた。北垣も帝国議会議場に中央交渉部員の欠席の多いことを告げている（『塵海』三七四頁）。

この日、北垣に対して、高島陸軍大臣・西郷従道・品川弥二郎が協議の上、ある重要な要請が行われた。「内務大臣進退ノコトニ付、総理大臣エ注意」してくれという要請である。松方と北垣の親密さを前提にしての要請であった。北垣は貴族院に松方を訪ね、その旨を伝えた。松方には「異見」があったらしい。松方は、「一部分ノ事情ヲ取テ内閣・大臣ノ進退ヲ論ス可ラスト」、と述べた。北垣は日記に「此問答機密ニ由リ、之レヲ記セス。独リ胸中ニ於テ研究ノ一要事トス。然レトモ、四人ノ意見、三人ハ一向ニ戦機ヲ論シテ他ヲ顧ミス、一人ハ全体ヲ論シテ戦機ヲ半ハニスルノ風アリ」、と書いた（『塵海』三七四頁）。明らかに、「三人」、すなわち高島・西郷・品川は、白根内務次官を支持しており、副島内務大臣の辞職を好機にして自由・改進両党の「民党」に対する対決姿勢を明確にしていこうという志向性を持っていたと思われる。これに対して、松方は、副島と同じ志向、一定程度「民党」と妥協があっても、第三議会を平穏裡に終えようとする現実的対処を志向していたといえよう。では、北垣の場合はどうか。精神的には高島・西郷・品川に親近感を持っていたことは推測できるが、一方で松方の現実的対処に理解もあったように思われる。

注目すべきことは、北垣と松方との関係の密なるところである。北垣は、松方内閣にかなり不満を持っていたが、以下に見るように松方は北垣を相談相手の一人にしていたようである。

五日早朝、松方を訪問した北垣に対して「極テ密ニ君ニ諮《はか》ル」として、次のような相談があった。今日の景況では、議会はようやく局を結ぶに至った、特別議会後の整理策をどうすべきか、自分は総理を維持して事を為すのが得策か、総理を辞職して事を為すのが得策か、もし総理の座を他に譲るとすれば伊藤伯以外は望みがないと思うがどうか。これに対して、北垣は、「事機密ニシテ大事ナリ。熟考ノ上答申スヘシ。伊藤伯ハ此際内閣ニ立ツコトヲ辞スルナラント想像ス」と述べ、「答申」を約束して帰った（『塵海』三七四〜三七五頁）。七日、北垣は、小田原に伊藤博文を訪ねている（同上、三七五頁）。北垣は小田原に一泊するが、伊藤との会談内容は書いていない。おそらく、五日の松方との会談が関係し、松方の意を汲んで伊藤の腹を探る目的もあったのではないか。九日夜、北垣は松方を訪問し、五日に松方から諮問があった点について「内申」した。

その内容は以下の通りである。方今の内政について「大体ヲ概想」すれば、外事の交渉で急を要する困難はない、財政を整理しなければならないことはない、凶歳で飢餓があるわけではない、しかし、「党派外」と「内閣内」に弊がある、その相容れないこと水火・氷炭のようであり、圭角が接触し、会場は「政権ノ争闘場」となり、言論は官民が傷つけあう具になり、ついに第二議会の解散となり、総選挙となり、特別議会となり、議会の停会となった。昨今ややその局を結ぼうとする傾向があるがその基礎が確立しているわけではない、畢竟一時の僥倖なので秋の通常の帝国議会で予算問題が前年の轍《てつ》を踏むことは必然であろう、したがって今においてその気運を一転する方略を執り、内政整理の基礎を固めなければ、ついに収拾すべからざる弊害を醸成することになるだろう、その気運を転化するには二つの道がある、甲は、松方伯は総理を辞職してこれを「黒幕諸公」に一任し、自身は財政一途を担当し、間接的に実業家の団結をすすめて国家枢要の中心力を養うという道、乙は「黒幕諸公」に熟議して七年ないし一〇年を約してまったく大政を担当し、大いに感情的な弊害を洗い流して、外交・内政各方針をそれぞれ定め、国務大臣はおのおのその腹心の人を以てこれに充て、各省の機関をして「敏活鋭利」の運用をなさしめ、大いに行政の活動を強め、我が精神動作に押されて党派を常に退守防御の境に立たせる道である（『塵海』三七五〜七六頁）。

北垣が『塵海』で書いているのはこれだけである。松方が辞職するのが良いか、辞職しないのが良いかは書いていない。辞職しない場合、松方に長期政権を勧め、行政主導で政党を重視しない点は一つの超然主義の形であった。この方法が、彼我の情勢を見ればどれだけ現実的であったかは疑問が残る。

六月一〇日、北垣は午前六時発の汽車で伊藤博文の別荘のある小田原に向かうが、おそらく伊藤がいなかったためか途中で帰り、一一日早朝伊藤を伊皿子《いさらご》（現東京都港区三田）に訪ねた。九日の松方との話し合いを受けての結果であろう。伊藤の言としては、「伯モ亦世ノ紛擾ヲ歎ス」とのみ、『塵海』に書かれている（三七六頁）。この日は、貴族院が追加予算案について衆議院と憲法上解釈を異にする疑義を上奏した。北垣は翌一二日に京都に帰任の予定であったが一二日、突如腸カタル病に罹り、医学士三浦省軒の診察を受け、この日は終夜激痛で眠れない状態になった。結局、一六日まで毎日三浦の診察を受け、この日の午後ようやく山下町の旅亭に帰った（三七六〜三七七頁）。

北垣が病に臥しているときにも政治状況は変わっていった。北垣が日記に書きとめているところによれば、一三日には貴族院の一一日付上奏に対し勅諭があり、一四日には「上下院争権問題」が落着し、海軍費のみ否決され、他は成立の局を結んだ。そして一五日には帝国議会の閉場式が催された。北垣は一八日に東京を発って京都に向かう。

東京滞在中、北垣は京都府知事として陳情も行なっている。五月二八日には京都商業会議所会頭浜岡光哲に会い、浜岡から「二七年内国勧業博覧会」を京都において開くことを京都市会の決議を以て請願することへの尽力を依頼される。三一日には西村捨三農商務次官と相談、六月二日には、河野敏鎌農商務大臣に京都市会・京都商業会議所より上申の詳細を具申、六月四日には九鬼隆一図書頭とこの件で談じ、五日には土方久元宮内大臣、六日には徳大寺実則内大臣を訪問し、この件と「桓武天皇開都千百年祭」執行のことを具陳し、両人の賛成をとりつけている（『塵海』三七一〜三七五頁）。

その前日の一七日、北垣は松方を訪問した。そして九日午後松方に「内申」したことを再述して、「大臣ノ決断ヲ促」した。これに対する松方の言は、実は『塵海』では次のように途中で終っている。

大臣（松方―高久注）深ク感スル所アリテ云、余モ亦同感ニ出ツ。由テ密ニ君ニ談ス。乞フ此ノ機密ヲ保テ熟考アレ、余ニ於テモ君ノ忠告ノ如ク今日ヲ以テ気運ノ変化ヲ図ラサレハ（以下文なし―高久注）

（『塵海』三七七頁）

松方はどのように発言したのであろうか。北垣の日記『塵海』は、下書が残されている部分もあり、おそらく清書の段階で、北垣は松方の発言の清書をとめたのであろう。そしてその後の松方の動きを見れば、北垣が提示した二つの道のうち、辞職しない道を選択した可能性が高いと思われる。

なお、北垣は京都への帰任の途中小田原に立ち寄り、伊藤博文の「考案ヲモ承」った。そして、その夜伊藤との会見内容を松方に書き送っている。それによれば、伊藤に対して北垣は、「国家元老諸公ハ各自振《ふるっ》テ難局ニ当リ、又之レヲ佐《たす》ケサル可ラサル場合」、と伊藤も含む元老等の協力を要請したようだ。それに対して伊藤は、今の複雑なる世の中は尋常手段で「料理」すべきものでもない、誰が担当しても同様で実に難しい、内務その人を得て、これを整理することなどは、今日急務中の最大急務である、しかし、容易にその人を充てるのは「前轍ヲ踏ムノ恐」があるだろう、これらは「第一着之仕事」になるだろう、と答えた。北垣の感触では、伊藤は「厭世《えんせい》避塵《ひじん》之人」ではないが「今日憤テ衝《しょう》ニ当リ候趣」は見られない、というものであった（『松方正義関係文書』第七巻、一六二～一六四頁）。

それにしても、この年三度目の東上の期間における『塵海』を見る限り、北垣と松方の接触の頻度は高く、松方自身も北垣を信頼して、さまざまな相談をしていた。

京都府知事時代、琵琶湖疏水工事、京都宮津間車道、地価修正、京都織物会社への援助などを通じて、松方（内務卿／大蔵卿）と北垣がきわめて親密な関係を築いていたことを示す事例は、『塵海』あるいは新聞紙上に多数見ることができる。ただし、そのことは、北垣が松方系（薩摩閥）であることを意味するものではなく、伊藤博文・井上馨との良好な関係も維持していた。

北垣は松方と伊藤とのパイプ役も事実上担っていた。副島辞職後内務次官でありながら、事実上内務省の実権を握っていた白根と松方の関係は微妙なものであったが、少なくとも松方は北垣に対しては白根のような対「民党」強硬派とは意識していなかったように思われる。北垣自身も、白根・高島のような対「民党」強硬派にシンパシーを感じながらも決して同一歩調ではなかったようだ。そのような北垣の位置が、それから一か月後の北垣の内務次官任命になって現れたと思われる。

第四節　京都府知事から北海道庁長官への転任

①内務次官辞任から北海道庁長官へ

北垣は、一八九二年（明治二五）七月一六日、内務次官に任命されるが、これを拒否し（正確には辞任）、七月一九日北海道庁長官に任命される。

なぜ、北垣は内務次官に任命されたのか。そして、なぜ拒否したのか。このことを知り得る時期の『塵海』の記述はない。したがって、新聞など間接的な史料によって、その辺の事情を推察していくことになる。

直接のきっかけは、七月一四日、それまで内務大臣を兼任していた松方総理が兼任を解き、河野敏鎌が内務大臣に任命されたことによる（農商務大臣兼務）。この任命は、松方と黒田清隆の相談による松方内閣の延命策であったようであるが（佐々木前掲書、二七四〜七五頁）、河野は内務大臣就任の条件として、白根と地方官数名の更迭を挙げたらしい（『朝野』七月一五日付。ただし、同紙七月一六日付「河野内務大臣は無条件」は、何らの条件もなかったとして前日の記事の内容を一部否定している）。この結果、一五日に白根は内務次官の辞表を提出し、同日午後依願免官と宮中顧問官の辞令を受けた（『朝野』七月一六日付）。

では、白根の後任は誰か。『朝野新聞』七月一五日付は、現在の政界を見渡して河野の下で敏腕を振るうべき人物は、清浦圭吾か北垣国道しかなく、そして清浦ははじめに次官の相談を受けてこれを謝絶し、北垣は白根・清浦・安場その他の政友諸氏に背いて河野のために「一臂《いっぴ》の労」（わずかの手助け）をとるとは思われないので相談を受けても到底これに応ずることはないだろう、と記している。

内閣が北垣に対して「御用召」の電報を東京から発した時刻ははっきりしない。いずれにしても、一五日正午に白根が内務次官の辞表を提出する前であったことはまちがいない（『東京日日新聞』七月一六日付／『大阪朝日』七月一六日付／『日出』七月一九日付／『朝野』七月一六日付）。河野内務大臣就任から既定の路線が敷かれていたのである。

北垣にとっても内務次官就任は予想されたことであったようである。『大阪朝日新聞』七月一七日付によれば、京都の有力者四〜五人は出発前の北垣を訪問し、今度の上京は内務次官もしくは北海道庁長官に任ぜられるとしても、琵琶湖疏水という大事業後の事業である鴨川運河の工事が竣工していない段階では京都府民のために固辞されたいと希望し、北垣は、自分も固辞して命を受けるつもりはないが万一勅諭の場合は旨（命令）を奉じなければならず、その点はあらかじめ諒解せよと語った、という。そして、これまで自宅から七条停車場に赴く時はどのような場合にも馬車を駆るのが通例であったが、この時は「腕車」（人力車）で人目に立たないように注意した、という。夜七条停車場から午前〇時三〇分の夜行列車で急いで東上した北垣が東京に到着したのは一六日の夕方であった（『日出』七月一九日付／『東京日日新聞』七月一六日付。以下『東京日日』と略称）。しかし、北垣が到着する以前、北垣への内務次官の辞令は、大森鍾一県治局長が北垣に代わって受けた。要するに欠席任命であった（『日出』七月一九日付／『東京日日』七月一六日付。なお、河野が内務大臣に就任したとき、白根に代わって北垣が内務大臣に就任することを確実視する巷評は、新聞紙上にあった。七月一五日付の『読売』、『大阪朝日』がそうであった）。

北垣が内務次官任命をどの時点で知ったかは不明であるが、一六日夕方東京に着いた時点ではすでに知っていたと思われる。『東京日日新聞』七月一九日付によれば、一六日夜、北垣は河野に面会し、「内外の事情」を並べて次官就任を固辞した。北垣の辞退は松方首相を当惑させたようだ。松方にすれば、「電命を受けて東上するからには異議のあるべき筈なし」（『東京日日』七月一六日付）、と思ったはずである。松方は、七月一六日夜、もしくは一七日早朝、外務大臣榎本武揚に説得を依頼する。榎本と北垣の関係は、明治初頭の北垣が北海道にいたころからであるが、一八九〇年（明治二三）一一月三日、田辺朔郎と北垣の次女静子の結婚の仲人を文部大臣であった榎本がつとめたという間柄であった（西川正治郎編『田辺朔郎博士六十年史』一二八〜一二九頁）。七月一七日午前七時、榎本は、これから北垣の旅宿対山楼を訪問し、説得することを松方に書き送る。そして馬による使いで北垣に自分の訪問を待ち受けるよう要請するが、北垣は自分で榎本を訪問すると返事をしてきた。しかし、午前九時になっても北垣は現れなかった。榎本は、午前一〇時半の段階でまだ北垣の行方がわからないと松方に書き送った（『松方正義関係文書』第六巻、五七～五八頁）。この後榎本と会ったかははっきりしない。会ったとしても榎本の説得を受けなかったはずである。

一七日には松方首相自ら北垣を招いて説得に努めたが、北垣の固辞の姿勢は変わらなかった。そして一八日には辞表を提出した（『東京日日』七月一九日付）。

北垣が内務次官になることを主導したのは誰か。『大阪朝日新聞』七月二一日付は、河野内務大臣の談話として、弾正台時代の関係から北垣を推薦したという。一方、『読売新聞』七月一七日付の記事「北垣次官の推挙者は誰か」は、「今或る慥《たしか》なる筋より漏れ聞く所にてハ松方総理の推挙に出づるものなりと云ふ」、と伝えている。すでに行論で述べた松方と北垣との親密な関係、そして現実に松方自身が説得にあたった事実からして、この推測は充分説得力を持つ。

ただし、北垣の位置はきわめて微妙であった。北垣は、河野が排斥しようとしていた安場保和福岡県知事、松平正直熊本県知事、そして白根にも親しく、一定程度行動をともにしてきたという事実があった。『時事新報』七月一九日付は、「新内務次官北垣国道氏はさきに安場福岡県知事、松平熊本県知事等と所見を同ふし政府に強硬政策の断行を勧告したる仲間の一人なりし」と記していた。したがって、北垣の内務次官辞退は、白根・安場・松平への配慮のためであったという巷評は広く存在していた。

この点を見れば、佐々木隆の見方、すなわち、北垣の内務次官任命は、「それは白根グループや国民協会への慰撫の人事だったと信ぜられるが、上京した北垣は十七日、忽然とその姿を晦《くら》まし、行動によって白根解任に抗議するとともに次官就任を峻拒した」（佐々木前掲書、二七六頁）、との解釈は合理性を持つことになる。

しかし、一方で、北垣を白根・安場・松平とは違う存在とする、次のような世論もあった。

氏を躍起《やっき》組の一人なるか如く誣《し》ゐるものあるも、氏は頗る温雅なる隠君子の風ありて、躍起組などに算入すべき人物にあらずと聞く。

（『東京日日』七月一六日付）

したがって、「河野氏は躍起を征伐せんとするものとせば、初めより躍起知事を次官に挙ぐる筈なし」（『東京日日』七月二一日付）という、それなりの説得力をもっていた。そして、さらに、北垣への内務次官任命に河野と松方がかかわっている以上、白根・安場・松平と同一視されていたわけではなかった。そして、北垣自身が、選挙干渉に批判的であった伊藤博文や井上馨らと以前より親しかったことは、『塵海』で事例を探すことは困難ではない。白根・安場と同一視されるとすれば、まず内務次官任命はなかったことはまちがいない。

七月一九日、渡辺千秋北海道庁長官は内務次官になり、渡辺に代わって北垣が北海道庁長官になった。渡辺の内務次官就任がなければ北垣の北海道庁長官人事はなかった。北垣が固辞した後内務次官を誰にするかは、七月一九日当日まで松方は迷っていたようだ。この日、松方より高島陸軍大臣宛の書簡によれば、河野内務大臣は、三浦安（貴族院議員）ではどうかと松方に言ったようであるが、松方は三浦より渡辺千秋のほうがよいのではないかと述べ、結局は河野も「渡辺ナレハ宜し」となったらしい。この書簡は、松方が高島にこの人事への返答を求めたものである（『松方正義関係文書』第九巻、四二七頁）。この日伊東巳代治は伊藤博文に、「内務次官へは渡辺千秋転任、北垣は更に其後を襲ふ事と相成、奇々妙々」と、書いた（『伊藤博文関係文書』第二巻、二二八〜二二九頁）。また、内海忠勝神奈川県知事（長州系）は、七月二〇日、伊藤博文に宛てた二つの書簡の中で、「北垣は再三首相（松方正義—高久）より内諭せしなれど就職の念なし、終に辞表を呈したり」、「今朝申上候後北垣は北海道庁長官に、渡辺千秋は内務次官に任せられたりと電報有之、実に廟議之変る事猫之眼よりも早し」、と皮肉っぽく書き送った（同上、第九巻、七六頁）。

北海道庁長官の渡辺千秋から北垣への転任と時を同じくして、四人の府県知事が更迭された。すなわち、愛知県知事千田貞暁が京都府知事に、福岡県知事安場保和が愛知県知事に、鳥取県知事西村亮吉が依願免官して、高知県知事調所広丈が鳥取県知事に、沖縄県知事の丸岡莞爾が高知県知事になる（『読売』七月二一日・二二日付）。この府県知事の更迭が、河野内務大臣就任以降不満を強めていた高島陸軍大臣や樺山資紀の抵抗を増大させ、さらに安場ら「ヤツキ知事等の運動隠裡《いんり》に盛ん」（『読売』七月二七日付）になり、閣内不統一の結果、松方内閣が天皇に辞任の意向を奏上するのが同月二七日である。

ともかくも北垣は北海道庁長官になった。では、北垣は北海道にどのような想いを持っていたのであろうか。

②北垣と小樽

一八九二年（明治二五）六月三日、北垣は東京にいた。この日、北海道小樽から船と汽車で大塚賀久次（治）が北垣を訪れた。用件は北垣所有地の報告であった。北垣の日記『塵海』によれば、北垣の負債は年を重ねて多くなり、ほとんど三万円に及ぼうとしていた。したがって小樽所有地を売却し、その負債を償却し、また公事のための金額を得ようと、北海道より大塚を呼び寄せたのであった。大塚は、小樽の土地管理人であろう。この土地はかつて明治五年（一八七二）、北海道の地所買取の模範となるため、榎本武揚と計画して一〇万坪の土地の小樽における払下げを出願したもので、これは北海道の土地払下げのはじまりであったという。当時の考えは、「衆人」による北海道土地払下げの出願をしやすくするためであった（『塵海』三七三頁）。

北垣は、一八七九年（明治一二）高知県令になって以来、「公事」のために家産をなげうち、ついにこの負債を重ねたとしている。そして、この土地を売却し、負債を償却することを「因果応報ノ理カ」と記している（『塵海』三七三頁）。

翌六月四日、北垣は懇意にしていた近江の豪商塚本定次（滋賀県神崎郡川並村。現近江八幡市）に会い、負債売却のことを話した。「翁（塚本定次―高久）ハ之レカ為メニ懇切ニ心配スル者ナリ」、と記している（『塵海』三七四頁）。一八九七年（明治三〇）一〇月一日の日記には、塚本定次について、明治三〇年の時点で「本年七十五才」で砂防工費の資金、滋賀県教育費の資金など多額の寄附を行い、「翁ノ如キハ能ク蓄エ能ク出タスノ特義家ト云ベシ」と北垣が信頼する人物であり、それゆえ、自己の負債についても率直に相談したのであろう（『塵海』五〇四～五〇五頁）。

しかし、北垣の負債の処理、すなわち小樽の土地の処理については、榎本との共同所有地でもあり、その後も完全に放棄するに至らなかったらしい。

北垣が北海道に渡った後の一八九四年（明治二七）二月一三日の日記には、榎本武揚に書留郵便を送り、小樽の所有地を株式取引所に売却することを報告している（『塵海』三九五頁）。

また、一八九七年（明治三〇）九月一〇日条には、「小樽寺田省帰・大塚賀久次ニ書留郵書ヲ送ル」という形になり、大塚賀久次と寺田省帰の二人の名前宛てになる（『塵海』四九八頁）。おそらくこの頃より、北垣・榎本所有地の管理人に寺田省帰が加わり、むしろ小樽在住の寺田が管理の中心になっていったと思われる。

小樽の土地と北垣の関係については、北垣より寺田省帰宛書簡三〇～四〇通を分析した本間勇児「北垣国道と小樽」（北海道道史編集所編『新しい道史』第九巻第一号）が詳しい。それによれば、寺田は茨城県生まれで、一八八四年（明治一七）京都府高等女学校教諭と京都府属を兼ねるが、一八九〇年（明治二三）一一月に依願免職し、一八九二年（明治二五）五月、小樽に居を移して「北辰社」という榎本・北垣が所有する土地の事務所管理人になる。一八九九年（明治三二）第一回小樽区会の区会議員となり、一九一七年（大正六）には衆議院議員になる。ともかく寺田は長く榎本・北垣の土地の管理人をつとめることになる。

北垣が、北海道に関心を持ち続けたのは以上のように土地の問題もあった。

③北垣の北海道調査

なお、北海道は、北垣が明治初頭に開拓使官吏として過ごした場所であり、京都府知事を辞める前年、一八九一年（明治二四）八月に向かった場所でもあった。

同年八月一三日午後二時、北垣は横浜港を北海道函館に向けて出発した。有吉三七・荘林維新の二属が随行し、ほかに飯田新七（高島屋当主）が同行した。途中荻ノ浜（現宮城県石巻市荻浜）に立ち寄り、一五日函館に上陸した。一七日、北海新聞社社員佐瀬得三に対して北垣は、「北海道来遊」の理由を、屯田兵募集と北海道移住希望者勧誘のため、実地視察をして「腹案ノ要」を得ようとしていると語った。そして、「石狩国」（上川郡）を巡回し、帰路胆振《いぶり》沿道を陸行する見込みであるとした。この時函館市中を散歩した北垣は、市内道路は構造が「不規則」で、家屋の構造も海岸大通を除けば百中一〜二戸完全なものをみるだけで、その他は仮小屋建であり、その家の中は不潔で言語に絶えない状態であるとした。そして、北垣がかつて開拓使官吏をしていた一六年前の函館と大同小異である、と記した。しかし仮家造の小屋が増加し、海岸に沿った市街は少し改良を装うのみとして、若干の進捗の跡もみている。函館の市街をこのようにシビアにみる北垣の目は、明らかに将来の北海道統治を考えた目であったように思える（『塵海』三四五〜三四六頁／『日出』明治二四年八月二九日、九月一〇日付）。

この後、北垣は八月一九日に函館より船で小樽に渡り、その後八月二八日には京都府出身者が発起人になり「京都府民懇親会」が開かれている。この会には、北海道庁地理課長伊吹槍造、屯田兵中隊長粟飯原寛をはじめ東西本願寺派出役僧、三井銀行員、農学校教員・生徒、北海道製麻会社社員らも出席した。その後石狩・根室を経て樺戸・江刺に至り、東京には九月一四日に着いた。北垣が汽車で京都に着くのは九月二一日である（『日出』明

治二四年八月二九日、九月五日・一〇日・一八日・二二日付）。
一か月以上にわたる長い北海道旅行であった。

おわりに

北垣は、京都に帰着後、すぐに北海道巡回中見聞の実況を編纂して品川内務大臣に提出するため、その編纂を有吉・荘林の二属に命じている（『日出』九月二二日付）。その年一〇月の『日出新聞』には「北海道移住に就いて」（一〇月一三日付）、「札幌の現況」（一〇月一七日付）の詳しい記事があり、北垣一行から聞いた内容であることが想像される。京都府知事辞職の一〇か月前の北海道巡回は、北垣にとって、北海道という地に新たな夢を託すことになったと思われる。

それから一〇か月後の一八九二年（明治二五）八月七日、御苑博覧会場において、「前知事大送別会」すなわち北垣の送別会が開かれる。会する者、総勢「千数百人未タ曽《かつ》テ見サルノ盛宴」であった。「前知事ガ府民ニ敬慕セラル、ノ一端ヲ見ルニ足ル」と京都美術協会編『美術協会雑誌』は記している（第三号、四二〜四三頁）。

こうして、北垣は一一年半という長期間の京都府知事時代を終える。北垣には明確に表立った政敵はいなかった。もちろん「公民会」に対する批判勢力およびそれを擁護するように見える北垣に対する批判、あるいは琵琶湖疏水の継続事業（鴨川運河）に対する批判はあったが。

補論　北垣国道と新島襄

はじめに―新島襄の死―

一八九〇年（明治二三）一月、新島襄（同志社の創立者）の死は目前まで迫っていた。一月一〇日、神奈川県大磯で療養中の新島は京都府知事北垣国道に書簡を送った。内容は、前年一二月アメリカから帰国して理化学校で応用化学の教授となる下村孝太郎へ引見することを懇望する書簡で、下村の知識が京都府下の職工にとっても利益になることを示唆していた（『新島襄全集』4、三三〇〜三三二頁。以下『全集』と略称）。下村は、この後北垣の娘とくと結婚することになるが、下村と北垣家の関係は、この新島書簡に始まる。この時、新島は自己の病魔の克服にかすかな望みを持っていた。しかし、それから一一日後の二一日、新島は北垣に遺言を残す。それは、新島の悲願であった同志社大学設立運動への援助を感謝するとともに、今後の同志社の行末を気に掛けるよう懇請したものであった（同上、四一七頁）。

遺言に示されているように、新島にとっては、京都府知事である北垣なくして同志社大学設立運動のそれまでの展開はなかったし、そして以後の成功もおぼつかなかった。実は北垣にとっても、後述するように同志社の教育、とりわけ理化学教育に実利上の大きな期待を持っていたし、新島の大学設立運動にある種の期待をかけていたと思われる。しかし、本論で詳述するように北垣と新島との間には、実利上の関係を超えた、ある種の信頼関係が存在していた。そして、この信頼関係は、新島および同志社にとって幸運に作用した。

本補論の目的は、北垣と新島・同志社の密接な関係を浮き彫りにすることによって、新島・同志社にとって京都府知事北垣国道という存在の大きさを明らかにすることにある。

北垣と新島・同志社との関係については、先行研究がある。小俣憲明「京都府知事北垣国道と京都府教育―北垣日記『塵海』にみる―」(『日本教育史論叢　本山幸彦教授退官記念論文集』)は、北垣府政下の京都府教育の実態を北垣の日記『塵海』を用いて明らかにした論考であるが、その一節に「北垣知事と同志社」という節を設け、北垣が「新島襄と初期の同志社に肩入れをしている様子」(三三三頁)を詳述している。また、河野仁昭「新島襄の大学設立運動(一)～(八)」(『同志社談叢』九～一七号)は、新島の大学設立運動について、新島襄および同志社の史料を駆使して新島の大学設立運動の全体像を明らかにした労作であるが、その中で大学設立運動における北垣の果たした役割を積極的に評価している。筆者は、小俣による北垣が新島・同志社に肩入れしていたという評価や、河野が明らかにした新島の大学設立運動における北垣の積極的な役割、という点にまったく異論はない。むしろ、本論は、北垣知事時代の京都府の政治社会状況をふまえ、両氏が各々使用した『塵海』と新島・同志社の史料の両方を参照し、さらに諸種の史料を加味して、両氏の主張をさらに実証的に際立たせることになる。

第一節　北垣のキリスト教認識

では、北垣はどのような認識のもと新島に接触したのであろうか。北垣のキリスト教認識を見てみよう。

北垣は西洋文明、とりわけ西洋科学技術の導入には熱心であった。この点は幕末期、とりわけ文久三年(一八六三)尊王攘夷運動に飛び込んでいったころの北垣とは違う。一八八九年(明治二二)八月、田辺朔郎と高木文平の提案による琵琶湖疏水の水力利用方針の変更、すなわち電気による水力利用を北垣・京都市参事会が決断したことは本書第五章ですでに述べたとおりである（『琵琶湖疏水及水力使用事業』六四七〜六四八頁）。

　北垣は西洋文明に伴うキリスト教に対しても抵抗感を持っていなかった。京都府教育会編『京都府教育史上』は、槇村知事は私立学校嫌いであり、キリスト教に対して峻厳であったが、「北垣知事が之に代わると、この人は進歩思想に富み、民意を尊重するといふ評判だけあつて、キリスト教取締の方針も寛大になった」（六二九〜六三〇頁）と記している。さらに、『同志社五十年史』には、「明治一四年は是まで無かったほどに芽出度く明けた」「京都における此政権の移動は、忽《たちま》ち其基督教的集会の取締方針の上にも表はれた。此年始めて四条の劇場にて、四千人の聴衆を集むる基督教大演説会が許可された」（七〇頁）と記されている。また、一八八一年五月、同志社では、大沢善助の名義で買い求めた南側の空き地に第二公会堂の新築を始めるが、『新島襄全集』第九巻には「北垣知事の着任に伴い〝諸事自由任地主義〟（任他主義の誤り―高久）となり、規制が緩和されたため、公会堂の建築に取り掛かったもの」（『全集』9上、九三二頁）との説明がなされている。

　北垣がキリスト教に寛大であったことは、他の史料によっても裏付けられる。『池袋清風日記』の一八八四年（明治一七）四月二三日付には、「北垣知事ハ近来毎夜聖書ヲ勉強セラル由」との記事がある。これは、琵琶湖疏水工事実現のため北垣とともに東京に陳情に行き帰京した常置委員中村栄助の言を同志社第三寮竹原が聴いた文の中にある（同志社社史資料室編『池袋清風日記　明治十七年上』一八六頁。河野仁昭『中村栄助と明治の京都』（九六〜九七頁）は、琵琶湖疏水事業推進のため東上した中村栄助が北垣と同宿していたことを推察している）。この文には若干誇張の嫌いがないではないが、北垣がキリスト教徒ではないにしても、キリスト教に何らの抵抗感も持っていなかったことを示していると思われる。

　また、北垣は一部では、「耶蘇教」心酔者とみられていた。一八八四年（明治一七）九月一九日、彼は京都府下官国幣社神官（宮司）一七名を京都の迎賓館に集め、時事懇話会を開いている（『塵海』一三一〜一四〇頁）。これは、同年八月一一日に教導職を廃止し、「神仏各宗派の長に教団「自治」を委ねる管長制へと移行」(前掲谷川「北垣府政期の東本願寺」三七九頁)したことにより、神官等の意見を聴こうとした会合であった。この会合の模様、すなわち北垣と宮司たちのやりとりを『塵海』はかなり長く書き留めている。宮司らの危機感は教導職廃止によって、キリスト教が蔓延するのではないかということであった。彼らのひとり(稲荷大社(現京都市伏見区深草)宮司近藤芳介)は、伊藤博文参議・井上馨参議は「耶蘇教ニ心酔」していると疑い、「京都府知事モ耶蘇教徒ナリト、今日惟今《これ》マテ思ヒ迷イタリシナリ」と語った。これに対し、北垣は、宗教の是非については政治は判断できないという宗教に対する政治の中立性を述べた後、外国との通交がますます盛んになり、内地雑居も必然となれば、「外教」=キリスト教も付随するのは当然であろう、と述べた。また、別の宮司のひとり(籠《この》神社(現京都府宮津市大垣)宮司本庄宗武)は、わが政府は仏教・神道を廃止せらるるなどの浮説流言があり、それらの流言は多く「外教信徒」より出ている、と語った。これに対し、北垣は、流言はむしろ神仏の徒より出ているものが多く、京都においては「外教信徒」よりこのような浮説を起こした証拠を見ることができない、と語った(『塵海』一三二〜一四〇頁)。『塵海』のこの記事に見られるように、明らかに北垣は、京都のキリスト教徒たちに偏見を持っていなかったことがわかる。

ただし、北垣が京都府知事である以上、多くの寺社にかかわりを持つことがあり、両本願寺、とりわけ東本願寺の紛争に深くかかわったが、キリスト教に特殊な関心を持っていたわけでもない。しかし、何度も強調するように、北垣は、キリスト教に特に抵抗感があったわけではなかった。

第二節　新島と北垣の接触(一)

まず、北垣と新島・同志社との関係のはじまりから見てみよう。

北垣の京都府知事着任は、新島および同志社にとって自由の空気が京都府行政に到来したことを意味した。北垣着任直後には新島と北垣の接触が始まったらしい。一八八一年（明治一四）一月、新島は、A・ハーディに手紙を書き、新任の京都府知事が自分に会いたいと言っていること、その際には京都における教育制度の改革案を出したいこと、などを伝えている（『全集』6、一七六頁）。着任直後北垣が新島との接触を積極的に図ろうとしていたことは注目してよい。

北垣と新島・同志社とのかかわりは、様々な点であらわれる。

第一は、北垣による同志社生徒に対する資金援助である。一八八二年（明治一五）一〇月一五日夜、同志社生徒で鳥取県人の林某が北垣を訪問し、学費補助を願い出た（『塵海』五五頁）。北垣は即答せず、翌日夜新島宅を訪問するが、新島は不在で妻八重子と話をして帰った（同上、五七頁）。一〇月一八日付で新島は北垣に書簡を寄せ、自身の不在を詫びた後、林の学業の優秀さと林家の生活の困難さを述べ、北垣に援助を依頼した。なお、この時の書簡で、新島は、「小生の開校は他意あるにあらず、偏に人才を陶冶し邦家に酬いるところである」と書いたことは注目できる（『全集』3、二二六〜二二七頁）。一八日夜、北垣を再度訪問した林に対して、北垣は月々月謝・月俸・書籍料・小使金、合わせて五円を補助することを承諾した（『塵海』五八頁）。そして、一〇月二〇日には五円が（『全集』5、一八六頁）、一〇月三一日には一一〜一二月分として一〇円が補助されている（同上、一八八頁）。ここで、注目されるのは、一八八二年一〇月の段階で、京都府知事が直接、夜に新島宅を訪問している事実である。北垣の新島宅訪問は、この後も史料上かなり多く見られる。なお、北垣は、一八八九年（明治二二）一二月二九日、福岡県出身の同志社生徒松隈豊吉が病気を理由に援助を願った際も、これを承諾している（『塵海』三〇九頁）。

第二は、北垣が新島を通して、アメリカの工学技術を取り入れようとしたことである。一八八三年（明治一六）二月二四日、新島は破石薬献納取次願を北垣知事宛に提出している（『全集』8、二五六頁）。三月五日には、新島は京都府庁で北垣に会い、破石薬について相談を受け（『全集』5、一九六頁）、その結果であろうか、七日、新島は、サンフランシスコのフレンド・ピーボディ社に破石薬の見本を送るよう依頼している（同上）。京都府は何のために「破石薬」が必要であったのか。『新島襄全集』第八巻（年譜編）は「琵琶湖疏水工事と関連があると思われる」と注記しているが（二五六頁）、琵琶湖疏水の工事が始まるのは一八八五年（明治一八）であり、この時期は京都・宮津間車道工事との関連の可能性が高いが、いずれにしても新島のアメリカでの知識を北垣も欲していたことは確かである。

第三に、新島・北垣間の親密な関係を示すのは、北垣の子弟の教育に新島が大きくかかわっていた事実である。北垣には、夫人多年（たね）との間に四男三女がいた（霞会館諸家資料調査委員会編『昭和新修華族家系大成　上巻』四五一～四五二頁）。同志社女学校は一八七七年（明治一〇）の開校であるが、いつの時点か不明であるものの、北垣は娘を同校に入学させている（『同志社百年史　通史編一』二〇六頁）。新島との関係がより密になるのは、長男確の教育問題にかかわってである。一八八七年（明治二〇）二月頃、北垣は確の英学修業のことについて新島に問い合わせをする。二月二五日、新島は北垣に書簡を寄せ、英学校生徒一名を家庭教師として推薦している（『全集』3、四四八頁）。その後、確は同志社英学校に入学したらしい。一八八八年八月六日の北垣より新島宛書簡では、息子について「智なく欲なく平々凡々たるもの」で、幾度落第しても同志社で卒業するまでは頼みたいので何分よろしく厳撻下されたい、と書いている（『全集』9上、四二四～四二五頁）。しかし、確は結局同志社英学校を卒業しなかったらしく、一八八九年（明治二二）三月一三日、新島は熊本英学校の海老名弾正に書簡を送り、同校で確の教育を依頼した（『全集』4、七四～七五頁）。二五日付の海老名より新島宛の書簡では、学校の様子、規律の厳格さなどについて伝えてきた（『全集』9下、八〇九～八一〇頁）。新島はその書簡を北垣に廻したらしく、北垣は、四月一日付の新島宛書簡で「確に於テも如此厳師ヲ得タルは無上之幸福」、「尋常之生徒よりモ尚厳重ナル教育を与エラレ候様申送リ被下度」と書き、使いを通じて四〇円という大金が託された（同上、八一九〜八二〇頁）。新島は、四月五日付の海老名宛書簡に四月一日付の北垣書簡を同封するとともに、四〇円の金額の用途を細かく指示し、確について依頼している（『全集』4、九二頁）。同月二五日には、海老名から新島に対して、熊本英学校に特別に入学した北垣確の模様が報告されている（『全集』9下、八七二〜八七三頁）。

その後の確について断片的ながら、わかることがある。島田康寛は『京都の日本画　近代の揺籃』の中で確について述べている。同書は、一九一九年（大正八）七月一日より一一月二七日まで『京都日出新聞』に村上文芽が執筆した「絵画振興史」をもとに書かれたものである。それによれば、北垣確（号静処）は、一八七四年（明治七）北海道に生まれ、一八九七年（明治三〇）京都市美術工芸学校を卒業。同年日本美術協会、一八九九年（明治三二）全国絵画共進会、美術協会等に出品、以来しばしば受賞。一九〇四年（明治三七）中国、インド、欧米に遊び、大正年間に没した、とある。また確（静処）は鴨緑茶話会という青年画家の一団を組織したが、この会は（明治）「三十五年一月の創立」で「集会所を（中略）水瀬、北垣静処氏の邸に置」き、「毎月一回自邸に会合を催して研究会を開き、揮毫もすれば批評もする」会で、（静処は）「費を投じ会員を伴ひて東上し、池田侯、鍋島侯、原六郎等の名門へ紹介したのもある」。同会は「文展の開会と静処の東京仮住とによって遂に消滅した」と記されている（二七四〜二七七頁）。

北垣国道が京都市美術（工芸）学校の校舎の獲得に配慮を示したことなど、京都の美術界の動向にかなり関心があったことは事実である。松尾芳樹「京都市立美術工芸学校の教育課程」並木誠士『近代京都の美術工芸―制作・流通・鑑賞―』二四七〜二四九頁）。

第三節　新島と北垣の接触（二）

新島は、同志社英学校入学についての北垣の依頼にも応じている。一八八九年（明治二二）二月二一日の北垣より新島宛書簡には、大分県知事西村亮吉の息子の入校について、西村に面会の上委細聞き取り下されたい、とある（『全集』9下、七三六～七三七頁）。

このような関係をもとに、新島は多様な形で北垣の同志社に対する援助を引き出していった。大学設立運動についても後述するとして、一つは、様々な同志社の行事に対する北垣、あるいは京都府関係者の出席である。新島は、一八八四年（明治一七）四月五日欧米再遊の旅に出発し、翌一八八五年（明治一八）一二月一七日に京都に帰着する。帰着の翌日には、同志社礼拝堂、書籍館（現有終館）の定礎式、続いて同志社創立一〇年期祝会が運動場において催され、これらの行事には北垣府知事・中井弘滋賀県令らが出席する（『全集』1、一〇五・二五八頁／3、三七一頁／5、二六一頁）。一八八六年（明治一九）六月二五日には、英学校第十一学年期卒業式、新築講堂（チャペル）の捧堂式を執行し、新島は二日前に北垣の参加を要請する。北垣は参加せず、上京・下京区長、常置委員らが来賓として出席した。しかし、北垣は七月三日午前六時にこのチャペルを見学している。『塵海』七月三日付には、「午前六時同志社学校ニ臨ミ、新島氏ノ案内ニテ新築講堂ヲ見ル、堂ハ生徒四百人ヲ容ル、煉瓦石造建築法堅牢且空気ノ流通尤モ宜シ、大ニ師範校建築ノ参考トナスヘシ」とある。一八八七年（明治二〇）二月一九日には、伊藤博文総理大臣夫妻が北垣知事の案内で同志社を参観し、伊藤は、女学校では讃美歌を聴き、ことのほか喜んだらしい。同年六月二四日には、同志社神学科卒業式、ついで同志社英語普通科卒業式に北垣およびその他の来賓が出席している（『全集』1、二八三～二八六頁）。一一月一五日には、同志社看病婦学校、病院開業式にも出席する（『塵海』二四八頁）。一八八九年（明治二二）六月二七日には、看病婦学校および女学校の卒業式が行われるが、北垣は新島の要請によりこれにも出席し祝詞を述べている（『全集』4、一五六頁）。おそらく、これ以外にも同志社関係の行事に新島は北垣知事の出席を要請し、北垣は自己の都合のつく限り出席していたのではないかと思われる。

新島はまた、さまざまな許認可に北垣の力を借りようとした。一八八六年（明治一九）は同志社にとって四つの重要な許認可の問題があった。一つは同志社看病婦学校認可、二つ目は同志社病院の認可、三つ目は神学専門科設置の認可、四つ目は一八八三年（明治一六）一二月の徴兵令改正に対応した処置、すなわち歩兵操練科設置の認可である。これらをめぐって、新島は何度も北垣を訪問している。一八八六年の『塵海』は三月と一〇月を除く一〇か月分が残存している。これを見れば、四月一四日と六月一〇日は、「看病婦学校」の相談、七月二日は「新島襄来リ、医学校設立ニ付英国大商某質問ノ事ヲ具申ス」、九月一日は「新島襄来リ、看病婦学校ノコト、歩兵操練ノコト、神学校ノコトヲ具状ス」とある。看病婦学校については、新島は建野郷三大阪府知事にも助力を得たかったらしく、七月三日北垣に紹介状を依頼し、すぐに送付を受けている（『全集』3、四一三～四一四頁）。また同志社病院については、新島はイギリス人医師を雇う予定で、一〇月二六日、ロンドンのモリトンという一商人から京都府に照会があった場合の適切な処置を北垣に要請している（同上、四二五頁）。看病婦学校および同志社病院は、一八八七年七月設立願が社長代理中村栄助の名で京都府に提出され（『全集』1、二八七頁／8、四一〇頁）、一一月一五日開業式が行われている（『全集』8、四一六頁）。神学専門科設置は一八八六年一〇月下旬、京都府との折衝の目途がつき一一月一六日には設置願が京都府に提出され、その後認可を受ける（『全集』1、二六八頁／8、三九二頁）。

問題は、徴兵免役をねらった歩兵操練科設置である。この点については西田毅「新島襄と福沢諭吉――「自治自立」と「独立自尊」――」（同志社編『新島襄　近代日本の先覚者』に補筆の上、福沢諭吉協会『福沢諭吉研究』二一に再録）が詳しいが、たとえ北垣の善意があったとしても、森有礼文部大臣や文部官僚の壁の前には許可が下りず、新島の努力は徒労に帰すのみであった。ただし北垣がこの問題をどのように考えていたかを知りうる史料はない。

第四節　大学設立運動と北垣

新島に対する北垣の後援が明確に現れるのは大学設立運動である。北垣がいなければ運動があのように拡がったかどうか疑わしい。以下、新島と北垣の史料から大学設立運動の一端を記してみよう。同志社が私立大学として大学を設立するのは、一九一二年（明治四五）のことであるが、新島襄は生存中に、京都に一私立大学を設立しようと運動をしていた。

まず、大学設立運動の前提に、新島が「耶蘇教色」をできる限り排除しようとしていたことを指摘しておきたい。一八八八年（明治二一）四月一二日に洛東知恩院において、新島が北垣をはじめとする諸官僚・府会議員らに加えて、「市中ノ重達タル財産家六百名」を前にして「私立大学ヲ設立スルノ旨意、京都府民ニ告ク」と題する演説を行った。その中でこの大学設立が「耶蘇教拡張ノ手段」ではないということを強調する。そうでなければ、大学設立運動は、これほどの広がりをもたなかったであろう。また「関東已ニ一大学アリ関西モ亦一大学ナカルベカラズ」というように、東京に官立の「帝国大学校」があるのに対して、関西に、しかも京都に「民力ヲ以テ立テタキ」一私立大学を設立するという新島の構想が一定の拡がりをもったということであろう（『全集』1、一二三～一二九・二二七頁）。

大学設立計画の端緒は、周知のごとく一八八二年一月の新島による奈良県吉野の土倉庄三郎宅の訪問であるが、一八八二年（明治一五）、八三年（明治一六）の運動の詳細は前掲河野論文㈠に譲る。ただし二点のみ指摘しておく。一つは、京都府会の実力者たち、すなわち府会の議長・副議長・常置委員を大学設立運動に組織しようと北垣が動くことである。府会議長田中源太郎と副議長西村七三郎に働きかけ、大学設立発起人加名の依頼書を新島襄・山本覚馬・浜岡光哲・中村栄助の連名で京都府郡区の常置委員宛に送るのはそのためである（『全集』1、一八六～一八七頁）。第二に、この八二～八三年の時期、新島と北垣の史料の中で大学設立運動に関連した記事はない。『塵海』の一八八三年の記事には、七月二日付と九月一八日付に、新島が北垣を訪れたことを示す記事があるが内容は不明である。

一八八四年（明治一七）一月一九日、新島宅で大学設立の仮発起人の相談会が、中村栄助・伊東熊夫・高木文平・田中源太郎・河原林義雄・西村七三郎・浜岡光哲・正木安左衛門などを集めて開かれる（『全集』1、一八九～一九〇頁）。この段階で、京都府会議長田中源太郎はやっと運動の陣営に加わった。ついで、四月一日、京都商工会議所において「明治専門学校」（一九一二年専門学校令による同志社大学、一九二〇年大学令に基づく大学になる）創立のための集会が開かれる。田中源太郎の司会のもと、府下七十余名の有志者が集まった。この会では、J・A・デイヴィス・市原盛宏・新島公義・山本覚馬・新島襄各々の演説が行われ、とりわけ新島襄は「泰西《たいせい》文物ノ隆興スル原理、基督教ノ道徳ニ依リテ知徳ヲ進スル学校ヲ起スニ非ズンバ到底醇正ナル人物ヲ得ル能ハザル事、今ノ時ニ当リ此種ノ学校設立ノ急務ナル事ヲ熱心ニ演ベラル」と述べた。デイヴィスと山本覚馬はキリスト教については直接触れなかったが、同志社英学校教員市原盛宏は「泰西ノ道徳即チ基督教ヲ根基トシテ徳育智育ヲ授クル学校ノ必要ナル」を述べ、新島公義は「泰西ノ文明テフ字義ニハ必ラズ基督教ノ道徳ナル意ヲ含メルトノ事」を説いた（『全集』1、一九〇～一九一頁／5、三一七～三一八頁）。要するに、「泰西」の「原理」、「泰西」の「道徳」であるキリスト教を基本にして学校を運営すると主張しているのであって、新島らの意識の中では、キリスト教の布教を主張しているわけではない。でなければ京都商工会議所で七十余名を前に演説できるわけがない。

ともあれ、この会には北垣は出席していない。新島には迷いがあった。前日の三月三一日、北垣に書簡を送りこの会への北垣の臨席を願う予定であったが、「御身分柄如何哉」と遠慮し、結局案内は送らなかった。しかし、四月一日当日になって、「万一御来照《らいしょう》被下候ハ、小生等望外之望」と案内を送っている（『全集』3、二六五頁）。なお、四月二日には、前日に続いて同所で相談会を開き、二二名が出席する。綱領・仮則・募集金仮則を決定し、校名は「明治専門学校」と決まった。募集金額は七万円である（『全集』1、一九一～一九三頁／5、三一八～三一九頁）。四月四日には、発起者は次のような役員（理事委員）を選定する（『全集』1、一九二～一九三頁／5、三一八～三一九頁）。

［京都府下区部理事委員］浜岡光哲、中村栄助、高木文平、市田文次郎、西村七三郎、内貴甚三郎、竹鼻仙右衛門

［京都府下郡部理事委員］松野新九郎（愛宕郡）、田中常七（葛野郡）、正木安左衛門（乙訓郡、「同志社大学記事」には「安右衛門」と記載間違いをしている）、菱木信興（紀伊、久世郡）、吉井省三（宇治郡）、伊東熊夫（綴喜、相楽郡）、田中源太郎（南桑田郡）、河原林義雄（北桑田郡）、奥村新之丞（船井郡）、福井矢之輔（何鹿郡）、田中喜間太（天田郡）、今林則満（与謝郡）、足達又八郎（竹野郡）、稲葉市郎右衛門（熊野郡）

※加佐郡、中郡はない。

全員が京都府会議員および府会議員経験者であり、しかも常置委員が数多く占める。四月五日、新島は、市原盛宏・森田久万人に明治専門学校設立発起人の代理人を依頼する（『全集』1、一九四頁）。新島の欧米再遊のためである。この後新島は、四月六日から欧米再遊の旅に出る。この後運動は、新島という中核的人物のいないまま細々と続けられた（新島外遊中の運動については、前掲河野論文㈠『同志社談叢』第九号、四二～四七頁が詳しい）。

一八八五年（明治一八）一二月一七日新島は京都に帰着するが、すぐに運動が再開されたわけではなかった。

翌一八八六年は、北垣との交流はあるが、それは前述したように看病婦学校、同志社病院、神学専門科設置、歩兵操練科設置などのための交流であった。

一八八七年（明治二〇）、新島は北垣を通じて原六郎横浜正金銀行頭取を知ることになる。仲村研「原六郎と同志社」（『同志社談叢』五号）によれば、同年二月末、北垣は、山陽鉄道会社の件で関西に来ていた青谿書院の同門で幕末の政治活動を共にした原六郎に、土倉庄三郎の長女で同志社女学校生徒土倉富子を紹介する。さらに三月初旬、大阪で北垣・原は土倉庄三郎に面会し、原と長女富子の結婚の承諾を得る。『塵海』の四月～六月の記事には、原に関する記事が相当数を占める。そのうち、大学設立運動にかかわる記事には次のようなものがある。

「新島襄東行ニ付、原六郎エ添書ヲ送ル」（六月一〇日付）
「原六郎、新島襄ヨリ来書、学校寄附金ノコト」（六月二一日付）
「同志社加藤勇次郎来リ、原六郎寄附ノコトヲ具申ス」（六月二二日付）
「同志社監事加藤勇之助来リ、原六郎寄附ノコトヲ謝シ、且ツ学校計画ヲ具状シタルニ付、原六郎ニ書状ヲ送ル」（六月二三日付）

新島は、北垣の紹介により実業家の原に接触し、大学設立のための寄附金応募の約束を取り付けたのである。原六郎と土倉富子の結婚式は、一八八八年（明治二一）二月二五日、北垣の媒酌、新島の司式により祇園中村楼で開かれる（『全集』3、五三〇頁／10、三三一頁）。花婿には元滋賀県書記官であった河田景福（河田精之丞）が付き添ったから、完全に鳥取人脈を中心とした挙式であった。

一八八八年（明治二一）は新島が大学設立運動を本格的に再開するとともに、北垣のこれに対する援助も呼応して拡大した年である。すでに見たように長男確の教育問題を通じて新島と北垣の関係はより近接さを増していた。三月二〇日、新島は山本覚馬と連名で京都区部理事委員を招集し（七名中四名出席）、京都区内において有志金募集の方法を議論した。そして委員を増加し広く区内の財産家に接触することを決めた（『全集』1、二〇〇〜二〇一頁）。まず、京都市中から足元を固めようとしたのである。そして、三月二三日、新島は、やはり山本と連名で北垣知事・森本後凋書記官（学務課担当）、竹村藤兵衛下京区長・杉浦利貞上京区長、府会区部常置委員、第一銀行三木安三郎・三井銀行浅井文右衛門・鳩居堂熊谷市兵衛ら実業家など一七名に、来る二七日、京都仮倶楽部において明治専門学校について協議したい旨を通知する（同上、二〇七頁）。

この間、新島は、二四日と二六日の両度にわたって北垣と会談する（『全集』3、五四二・五四六頁）。しかも、二六日は北垣自ら新島邸宅を訪問したのである。ここで、北垣は京都府ナンバー2であった尾越蕃輔書記官と上京区長、下京区長に専門学校創立のための話をすることを約束し、新島は、尾越に対して英学校由来書を一覧すること と、二七日の集会に尾越・森本両書記官を誘導して参加させるよう北垣に要請したのである。このような根回しを経て、三月二七日、北垣も出席しての明治専門学校の相談会が京都仮倶楽部で開かれる。出席者は以下の通りである（『全集』1、二〇八〜二一〇頁）。

北垣知事、森本書記官、竹村・杉浦両区長、畑道名、古川吉兵衛、中井三郎兵衛、山添直治郎、三木安三郎、辻重義、浅井文右衛門、西堀徳二郎、田中源太郎、大沢善助、西村七三郎、内貴甚三郎、竹鼻仙右衛門、中村栄助、新島襄

尾越は参加しなかったが、北垣・森本の出席は事実上京都府がこの運動を後援することを意味していた。なお、「北垣知事や書記官、区長らが新島の大学設立運動の集会に出席したのはこれが最初である」（河野前掲論文㈢『同志社談叢』一一号、一一六頁）。「同志社大学記事」によれば、当日北垣は、全面的に運動を翼賛する姿勢を示した（『全集』1、二一〇頁）。

北垣知事ニハ大ニ私立専門校ノ挙ヲ賛成セラレ、先ツ其ノ美挙ナル事ト又人物養成ノ事ハ自治ノ政度ニ進マントスル今日ニ取リ甚必要ナル事ヲ陳ヘ、国道一己人ノ地位ヲ以テ徹頭徹尾之ヲ翼賛シ、一日モ早ク此ノ挙ノ成功ニ至ルヲ望ムト、イト静ニ演セラレタリ、而シテ来会ノ両区長初府下ノ有志家ニ向ヒ、懇々此ノ美挙ヲ助ケテ成功ニ至ラシムヘキ旨ヲ勧メラレタリ

三月二七日、北垣は三百円の寄附を登記し、翌日同額が中村栄助を通じて渡された（『全集』1、二一二頁）。この後、四月五日も集会が開かれ、京都市中の財産家の調査のため上・下京区から中村栄助をはじめとした七名の調査委員が選ばれる。この会には北垣は参加しないが尾越が参加した（同上、二一三頁）。

京都市中に楔を打ち込んだとすれば、次は運動の京都府下への拡大である。新島と北垣は接触を続ける。四月六日、新島はより拡大した集会を開くために、どのような手段で府下の人民を招集すべきかを相談する。この場では、「人民招集ノ義ハ両区長ニ周旋セシムヘキ事ヲ定ム」（『全集』1、二一七頁）と決めている。翌七日、上・下京区の七名の調査委員の集会が織殿で開催されるが、突然この集会に北垣が参加するというハプニングもあった。「案外ニモ北垣知事ハ突然ト委員ノ集会所ニ来ラレ、益計画ヲ大ニスヘキ旨ヲ勧メラレタル由」（同上）。北垣の相当な熱意がわかる。

このようにして、四月一二日、知恩院山内の大広間を会場に明治専門学校設立のため大集会が、理事委員・北垣知事・府会議員・上下京区長・府内有志家ら「六百有余名」を集めて開かれる。この日北垣も新島・浮田和民・金森通倫とともに演説した（『全集』1、二二七頁）。北垣の演説題名は「専門学校ヲ賛成スル理由」というものであり、「非常ノ精神ヲ吐露セラレ、大学ノ設立サルベカラサル理由」を語った（『全集』5、四一五頁）。この集会の会場は、知恩院側の説明によれば、最初京都府社寺係中川武俊から書面の依頼があり、さらに北垣が大き

くかかわった保勝会の会員内貴甚三郎が本山に来て、専門学校設立のため集会するので貸与ありたしとの要請により「何心なく貸与の承諾」をしたという（『全集』1、二二四頁）。明らかに北垣の力により開かれた大集会であったのである。

このように、京都府下有力者からの後援は、北垣の力もあってひとまず成功を収める。

同時期の運動は、京都以外にも大きく進展していった。この年三月八日、新島は土倉庄三郎とともに神戸で井上馨に会い、さらに三月一九日には京都に来ていた陸奥宗光に会い両者の賛同を得る（『全集』1、二〇〇頁）。東京では、三月から四月にかけて徳富猪一郎（蘇峰）が、自己の主宰する『国民之友』に、新島の紹介と私立大学の必要性を訴える文章を載せ、新島の代理として東京に出張していた金森通倫は、五大新聞雑誌社の記者に大学設立をアピールしていた。新島は、四月一六日東上し、二二日の井上邸での顕官を集めた会合、七月一九日の大隈重信邸での会合など井上・大隈との提携により中央政界での運動を確実に拡大させていた（拙稿「新島襄と自由民権家の群像」同志社編『新島襄　近代日本の先覚者』二八五〜二八七頁）。

しかし、このような運動の進展にもかかわらず、新島はまだまだ北垣に頼らざるを得なかった。一つは、京都府下の募金が新島の意図どおりには進展しなかったことである。八月六日の北垣から新島宛の書簡によれば、北垣は次のように述べ、新島を激励した。米国といい、東京といい、このような好結果を見ているのに、根本地である京都はいまだ著しい功が見えていないのは遺憾の至りである、これには種々原因もあるだろうが、小生の職分上よりはこれを明露することは好まない、しかし、一昨朝も竹村藤兵衛下京区長を呼び懇諭しておいたので、その他委員においても尚一層尽力すべし、と（『全集』9上、四二四〜四二五頁）。

原六郎の寄附金問題も北垣を頼らざるを得ない問題であった。原は以前に六千円の募金を約束していたが、一向にその金を渡す気配はなかった。一一月二四日朝、新島は北垣を訪問し、原六郎の約束した寄附金について協議した。そして、新島は北垣に対し、北垣が上京の際、井上馨とも相談して然るべき方法を講ずるよう頼んだ(『全集』3、六八七頁)。北垣にとって、井上は中央の政治家では榎本武揚、伊藤博文、松方正義などとともに最も親密な関係を持ちえた政治家でもあったからである。この原の寄附金問題は、仲村研前掲論文によれば次のような事情である。要するに原は、自身の申し出た六千円を手元に置き、これを元金として利殖し、元利を寄附するほうが同志社の利益になるとしたのに対し、新島は、この間原にもしものことがあれば六千円の寄附も収納できず、また原のような寄附方法が他の人に波及することを恐れたからである(仲村前掲論文、三一頁)。この問題は、その後原の反発を招き、翌一八八九年になっても、新島は、北垣・井上・渋沢栄一に原との調整を要請していくことになる。しかし、田中智子の研究によれば、新島襄の死後、原は六千円を寄附をしたようである。

田中智子によれば、原は、新島の死後、一八九三年度に千円、一八九四年度に千円を支払い、一八九七年に同志社資産管理委員による『社務第参拾五号　明治三十年一月調製　各府県別　同志社大学義援金者名簿』作成後になって、正金銀行株券及整理公債で残り四千円をようやく完納し、「殊に深く感謝」されている(田中「同志社大学設立支援の現実―誰がいかほどの寄附をなしたか―」『キリスト教社会問題研究』第六六号、一一二・一一九頁)。

一八八九年(明治二二)になると、病勢の進行もあってか、新島の北垣への依存はより露骨になっていく。一月一七日、神戸から発信した新島から北垣への書簡(『全集』4、一七〜一八頁)は次のような内容を記している。新島は、一月一六日に兵庫県庁で内海忠勝兵庫県知事に面会し、当地の資産家に大学設立のための寄附金募集を進めてほしいと依頼した。新島は、事前の一月一五日に神戸で北垣の訪問を受けており、おそらく北垣の添書を持参していたであろう。しかし、内海の返事は冷淡なものであった。内海は、「先京都府之豪家を纏め来レ、左ナキ上ハ到底談判ストモ無慨タルヘシ、京都之豪家某カ何千円何百円ト申、基カ定マラサレハ当地之有志家ニモ先大概何円位ハ出セト申事ニモ参兼ヘク、又少シ位の寄附ナラハ何時ニテモ出来申候得共、大キク纏マリタル金ヲ出サシムルニハ此地方之人々ハ必ラス京都ヲ基ニ為スヘク候間、先京都之手本ヲ示セ」と述べた。新島は、まったく困却し談判もできず退かざるを得なかった。京都での千円以上の申込者は浜岡光哲ただひとりであったからである。新島は、北垣に対し、自分には種々熟考しても名案はなく、京阪神の有力者（豪家・豪商）を取りまとめるために、何とか「閣下特殊之御工夫」をと哀願した。また、浜岡にも一書差出し、「参館」の上、ぜひとも知事公の「御高案」を拝聞するようにと頼んだ旨も書き添えた。この時、新島の情報には、仏教徒が新島らの計画に反対し、京都に一大学を創立する計画が伝わっていたことも焦りの色を濃くしていた理由であった。

さらに新島は、二月六日、地方官会議出席のため東京滞在中の北垣に一書を寄せる。依頼の件は次のようなものであった。一つは、多くの知事方に面会の際同志社大学設立について話し、将来その地方に遊説員を出張させる時は充分な助力を頼みたいということ、二つ目は京都より東上した富永裁判長・財部警部長・田中源太郎府会議長にも周旋願いたいということ、三つ目は、旅館を尋ねる知人中へも同志社大学設立旨趣書等を渡されたい、ということであった。そして同日、新島は、徳富猪一郎に対し、北垣知事と田中源太郎に「同志社設立の始末」ならびに「大学設立の旨意」を各三、四〇部届けるよう依頼している（『全集』4、四〇頁）。

以上のように、新島は明らかに北垣を頼りにしていた。したがって、新島は、大学設立運動に関する情報をほとんど選ぶことなく、むしろ同一志向の人物として伝えていた感がある。そして、北垣もそれに呼応し、政府顕官や地方官への添書をほとんどためらいなく書いていた形跡がある。北垣の添書は多いが、一八八九年（明治二二）『塵海』一〇月二二日条には、「新島襄来ル。山田信道福島県知事・同今井書記官ニ添書ス。又榎本文部大臣エ添書シテ認可学校ノコトヲ具申ス」という記事がある（『塵海』二八二～二八三頁）。

また、北垣が身内の運動として意識していた様相も窺える。新島は、五月一三日北垣に一書を寄せ、J・N・ハリスの寄附が確定したことを報告し、さきの一万五千ドルに加え、さらに維持費として五万二千ドルが追加されたことを伝えた（『全集』4、一三〇頁）。翌日、北垣は新島に返信し、ハリスの寄附金に「不堪感佩之至」と伝え、「全ク先生御御精神之貫徹スル所之結果、尚将来之発達ヲトスヘク、為国家為同志社謹テ奉賀候、両書記官其他同志者ニも早速報道、一層励精尽力可致候」、と書いた（『全集』9下、九〇七頁）。また、五月三〇日、新島は、北垣の小病見舞いに添えてハリスからさらに追加の寄附金の申し入れがあったことを伝えたとき、北垣は同日に一書を寄せ、「外国人ハ如此義ニ勇ミ仁ニ厚キニ、何故家国ハ冷淡ナルヤ、ハルリス氏之特志ニ感激スルト同時ニ家国人之薄キヲ慨歎シ且深ク恥入申候」、と書いた（同上、九一七頁）。

さらには北垣自身が運動員の様相を呈していた。『塵海』一〇月二九日条には、「午前七時西村虎四郎ヲ訪ヒ、同志社大学設立ノ事業、理化学両科ハ尤モ我国発達ノ要具ナルニ、既ニ其事業諸学科ノ内此二科教室建築ニ着手セリ。此科業ハ京都工商業上ニ於テ最大ノ関係ヲ有スル有益緊要ノ者ニ付、大坂住友、藤田、東京岩崎、渋沢、原等ト同様、三井一党ニ於テモ寄附アリタキ旨ヲ談示ス。西村承諾ス」、との記事がある（二八七頁）。要するに、東上していた北垣は三井銀行の西村虎四郎に会った際、同志社の教育が京都商工業に有益であること、すでに大阪の住友・藤田、東京の岩崎・渋沢・原等が寄附を承諾していることなどを力説し、西村に三井一党の寄附を承諾させるのである。そして一一月一日には、「新島氏ニ西村虎四郎エ送ル添書ヲ渡ス」（『塵海』二八九頁）のである。

おわりに

新島と北垣の関係は、もちろん一八九〇年（明治二三）一月の新島の死を以て終る。キリスト教徒でもない北垣がなぜここまで新島および同志社にいれあげたかについて、再度触れたい。

京都府知事赴任時、北垣は新島・同志社にはじめから関心があったとは思えない。むしろ、北垣の「任他主義」からすれば、京都府会・京都商工会議所での浜岡光哲・中村栄助など実力者との連携が考えられたのかもしれない。しかし、新島最晩年での北垣の動きは、そのような政略のもとで新島および同志社人脈との関係が持たれただけとは思えない。重視すべきは、新島との個人的信頼関係である。新島と北垣との関係が本格的に進展するのは一八八五年（明治一八）一二月に新島が再外遊から帰国して以降である。とくに一八八七年（明治二〇）北垣確の教育問題に新島が本格的にかかわって以降、特に親密さが増すと思われる。しかし、これも北垣が息子に英学教育を受けさせたいという欲求からはじまった信頼関係である。北垣自身が西洋文明を積極的に肯定していたのである。時代は文明開化が尊重される時代であった。

北垣が、同志社に期待をかけたのは東京にしかない大学を京都に設立することであった（もちろん私立大学ではあったが）。

また、北垣が、他の府会議員とともに同志社の教育内容に期待をかけたことも重視しなければならない。とりわけ、北垣が同志社の教育で期待したのは、前述の西村虎四郎への発言にもあるように、理化学教育ではなかったかと思われる。同志社と提携して京都の工業の発展を図るという道も当然考えたであろう。北垣の二人の娘（とく、静子）は、それぞれ下村孝太郎、田辺朔郎と結婚している。このことも遠景ではあるが、北垣の志向性を反映していると思われる。北垣は、他の私学や第三高等中学校（のちの京都大学）に、表面的にはともかくそれほど援助をしていたとは思えない。むしろ北垣の史料からはまるで見えない。ともあれ、時代は文明開化の時代であり、キリスト教容認と工業化が尊重された時代であった。北垣も新島も方向性としては同一方向を向いていた。ただ、それは両者の信頼関係を基礎にして相乗効果を上げていたのである。

また、新島の性格もあるだろう。府会議員であり、キリスト教徒になり、同志社の役職もつとめる中村栄助は一八七五年（明治八）に同志社英学校が創立されようとしたころに初めて会った新島の印象を次のように語っている。

> 私が初めて会つた此の紳士の印象は、私の頭に深く刻まれた。其顔は蒼白いほうで、濃厚な眉毛と髭、左眉の上に残る傷痕、飽くまで黒く澄んだ瞳、何処となく一種の威厳が具わつてゐる。紳士は何《ど》ちらかといへば、言葉数の少ない方であつた。しかも、語る一言一語には、心からの真実が籠つてゐることが感じられる。そこには決して偽りも飾りも発見することが能《で》きない。それに優しくて人なつこいところがあつて、人を惹きつける或る不思議な魅力を有《も》つてゐる人物だ。
>
> （『九拾年』三八頁）

中村がいみじくも表現した「優しくて人なつこい」新島と接し、いつのまにか魅了された、もしくは好意をもった人間がいたのであろうという気がしている。その中に、非キリスト教徒で、慎重で警戒心の強い田中源太郎や、新島がひたすら頼っていた北垣国道もいたのではないかと思われる。

もう一点触れておこう。すでに述べた一八八八年（明治二一）四月一二日の洛東知恩院での「明治専門学校設立」のための集会についてである（『全集』1、二二七～二二八頁）。これはすでに見たように、明らかに北垣の力によって開かれた大集会であるといってよい。

そして、この集会の会場は、知恩院側の説明によれば、最初は京都府社寺係中川武敏から書面の依頼により、さらに北垣が大きくかかわった保勝会の会員内貴甚三郎が本山に来て、専門学校設立のため集会するので貸与ありたしとの要請により、「何心なく貸与の承諾」をしたという（『全集』1、二二四頁）。知恩院側としても、京都府の社寺係から書面の依頼があり、また「名勝・古蹟」・古社寺の保存を目的として一八八一年（明治一四）一〇月に設立された保勝会の内貴が直接本山に出向いたとすれば、会場を貸さざるを得なかったであろう。もっとも、この会場貸出しをめぐっては、浄土宗の信徒数十数名が知恩院に集まり、執事に迫り、さらに信徒総代と僧侶の合せて四名が、留守中の北垣の私邸に押し寄せるという事態になった。この時、信徒総代は、「明治専門学校を以て耶蘇教に関係なしとは三歳の童子と雖も欺むくべからざるなり、今更左様なる説教は聞くに及ばず、唯北垣府知事が果たしてこの席貸の事を紹介せられたるや否やの確答をさへ得れば足る、（中略）府知事の威光は怖るべきも信徒の勢力も亦薄弱ならず」と言ったという（同上、二二四〜二二六頁）。その後の動向は、史料上不明であるが、明治専門学校設立も、京都市中で順調に進んだわけではないことは明記しておく必要がある。

さて、注目すべきは、この集会での新島の演説である。この知恩院の席上、新島は「私立大学ヲ設立スルノ旨意、京都府民ニ告ク」という演説を行うが、この演説中興味深いのは、新島は北垣が進めた京都の振興策、琵琶湖疏水工事を称賛し、それを勧めたことである。新島は次のように言う。

吾人ガ最モ注意スル所ノ疏水工事ノ如キ大谷山ヲ打抜キ、東山ヲ通シテ、太湖ノ水ヲ疏通セシムルノ日ニ、ナリマシタナラバ、鴨川ノ東ハ巍然《ぎぜん》（そびえて見える様子——高久）タル、大工場、大製造場トナルハ、吾々ノ疑ヲ容レザル所デアリマス。

（『全集』1、二二七〜二二八頁）

要するに、当初の琵琶湖疏水工事の計画は、大津から引いた琵琶湖疏水の水で南禅寺の北部のあたり、具体的には若王子のあたりで水車群をつくり、その水車を回して動力とし、これをもとにこのあたりを大工場地帯にする、そして京都を一大工業都市にするという計画であった。この計画は、翌一八八九年（明治二二）に水車による動力から、当時の世界の最新技術である電気に切り替わる。この切り替わりを推進したのが、アメリカに調査に行っていた田辺朔郎と高木文平である。新島が演説した時期は、鴨川の東を大工場地帯にするという計画があった時期である。もし、この計画がそのまま続いていたならば、新島の墓地のある若王子の景観もだいぶ違っていただろうと思われる。ともあれ、新島が主導した大学設立運動で重要なことは、新島と北垣はタッグを組んで進み、新島自身も北垣の京都振興策を当然のように受け入れていたことだと思う。京都の振興のためには、琵琶湖疏水工事とともに、京都に大学を設立することが重要であると、新島は考えていた。すなわち、次のように表現している。

花ノ都ヲ一変シテ　製造ノ都ト為セ
遊惰ノ都ヲ一変シテ　勉強ノ都大学ノ都会ト為セ
（『全集』1、一二八頁）

第七章　北海道庁長官から拓殖務省次官へ

第一節　北海道庁長官としての出発と北海道庁の布陣

①北海道庁長官としての出発

北垣が、新しい任地である北海道の札幌に着任したのは、一八九二年（明治二五）八月三〇日である。この時、自宅や家族は京都に残しており、単身赴任であった。北海道庁ができるのは一八八六年（明治一九）一月であり、本庁は札幌に置かれた。北海道庁長官は初代岩村通俊、二代永山武四郎、三代渡辺千秋についで、北垣は四代目の長官になる。その日から、北垣は多くの北海道の要人と会うが、まず屯田兵司令長官永山武四郎に会い、さらに郡長・区長に会い、各地の状況を諮問した。九月三日、北垣が鈴木米三郎財務長に語ったように、地所払下事務・山林事務は「郡長ニ委任スルヲ以テ得策」とした（『塵海』三七九〜三八〇頁）。北海道では行政上郡長および区長が大きな力をもっていた。

九月六日、北垣は夕方五時に各郡長・各警察署長を豊平館に集め、一場の演説を行った。北垣は、北海道「拓地植民」（拓殖）の方針は、予期すべきことと、予期すべからざることの「二途」があるとした。そして、「予期ス可ラサルコトハ新事業ノ拡張」であるとした。ただ新事業の拡張は、帝国議会の協賛が必要であり、したがって一大事業を興すには、静かに実地の研究に力を尽くし、適実なる意見を立てなければ政府も議会も賛成せず、その目的を達することはできない、したがって、「正確不動ノ調査ヲ要スルヲ勉ムヘキナリ」とした。また「予期スヘキ事務」においても、各郡を巡回し、実況を洞察して前途拓殖の方法、順序を定める必要があるとして、慎重に事業を進めることを述べた（『塵海』三八二〜三八三頁）。

九月一五日、赴任後札幌より最初の視察地である上川（現上川郡上川町）に行き、空知太《そらちふと》（現砂川市空知太）に宿泊する。この日井上馨内務大臣に書留送書を送るが、その書留には財務長を書記官に転任させ、財務長新任の具申とともに「北海道大計画ノコトヲ書中ニ論」じていた（『塵海』三八四頁）。この時、空知太より旭村までの道路一三里、道路は泥濘で馬の足がほとんど泥に没して馬の腹を汚すところがあり、「開築其法ヲ得サル」、「修理ノ等閑ナルニ由ル」と『塵海』は伝えている（同上、三八五頁）。今後の施政の困難さを示す出来事であった。

②北海道庁の北垣人脈

北垣の転任から少し時間をおいて北海道に渡った、京都府で関係した幾人かの人物がいる。陶不窳次郎は、京都府与謝郡長の後、一八九一年（明治二四）六月山梨県警部長に、一八九二年（明治二五）一一月には北海道庁警部長に任命される。北垣の北海道庁長官就任から四か月後である。北垣は、一八九六年（明治二九）四月、北海道庁長官から新しくできた拓殖務省次官に転出するが、陶は北垣が北海道庁長官であった五年余、北海道庁警部長であった。その後陶は、一一月五日に依願退職している。この時も陶は、北垣に自分の進退を相談している（「陶不窳次郎の生涯」六一〜六二頁）。

琵琶湖疏水工事を測量面から技術的に主導した島田道生も一八九四年（明治二七）二月一日現在の北海道庁の『職員録』に同庁の技師として記載されている。同年四月二三日の北垣の日記にも、北垣が小樽を含む七郡の郡長である添田弼・陶不窳次郎・熊谷喜一郎参事・島田道生技師とともに、小樽で区画測量を点検した旨の記述がある(『塵海』四〇六頁)。また、一八九五年(明治二八)二月一四日の北垣の日記には、土木事業監督の四人の分任を決めるが、「排水運河港湾」が広井勇技師、「鉄道」が佐藤勇技師、「道路排水測量及工事」が島田道生技師、「営繕土木」が宮沢磯之助課長という分担であった(同上、四四四頁)。島田は、北垣が北海道庁長官から拓殖務次官に転任した一八九六年(明治二九)四月の一年半後には道庁勤務を終えている(『琵琶湖疏水の100年〈資料編〉』一二四〜一二六頁)。その後も、北垣は島田との交友を続けていた。

また、財部《たからべ》羌《すすむ》も北垣を頼って北海道に渡った人物であった。財部は、一八八六年(明治一九)一月、前任の陶不窳次郎に代わって京都府警部長になる(『塵海』一五五頁)。そして同年九月のコレラ流行時には検疫部長も兼ねる(同上、二一二頁)。しかし、一八九一年(明治二四)七月には広島県警部長に転任命令が出る。これは財部にとっては不本意であったようで、財部は北垣に相談する(「財部広島県警部長来ル。身上ノコトヲ談ス」『塵海』三三九頁)。さらに、北垣は、財部の転任について、八月一〇日には品川弥二郎内務大臣、一一日には高島鞆之助陸軍大臣に相談する(「財部氏身上ノコトヲ談ス。大臣(品川内務大臣—高久)諾ス」『塵海』三四二頁、「高島中将ヲ訪ウ。財部氏身上ノコトヲ談ス」『塵海』三四三頁)。ところが北垣の周旋も功を奏しなかった。財部はそのまま広島県総務部長であった。しかし、財部の名は一八九三年(明治二六)二月一日現在の北海道庁『職員録』に名が見える。しかも長官である北垣国道の次が「書記官」である鈴木米三郎、三番目が「書記官兼函館区長」の財部羌、四番目が「警部長」の陶不窳次郎である。この布陣は一八九五年(明治二八)二月一日現在の『職員録』まで同じである。このようにして、財部も北垣のもとで北海道行政を担うことになった。函館区長として、函館築港と函樽鉄道実現が主要な仕事であった。

北垣の周辺でもう一人北海道にかかわった人物がいた。田辺朔郎である。田辺は鴨川運河工事を除き琵琶湖疏水工事を完成後、一八九〇年(明治二三)一一月に東京帝国大学工科大学教授に任命された。この月には、田辺は北垣の次女静子と結婚している。ただこの年一二月に京都府より土木事業に関する嘱託を受け、以後時々京都に出張することになった（『田辺朔郎博士六十年史』一二八～一三〇頁）。田辺を、北海道に呼び寄せようとする動きがあるのは、一八九六年（明治二九）五月のことである。同年四月三日、北垣は北海道庁長官から新しくできた拓殖務省次官に転任し、東京にいた。

東京にいた北垣のこの年五月三日の日記には、次のような記事がある。

> 田辺博士採用ノ件。
> 右ハ松本〔荘一郎〕鉄道局長・古市〔公威〕土木技監ノ選択ニ由リ北海道鉄道布設ヲ担当セシメント冀望シ、原氏ハ松本・古市両氏ト協議調ヒタレトモ、大学ニ於テハ同博士ヲ他ニ出スコトヲ肯セス。由テ表面文部大臣〔西園寺公望〕ニ陳情シ、又文部次官〔牧野伸顕〕ニ協議ヲ遂ケ、割愛ヲ乞ハント欲スルナリ。
> （『塵海』四七八頁）

すなわち、五月三日の日記の内容は、北海道庁の松本荘一郎鉄道局長と古市公威土木技監との協議の結果、田辺朔郎に北海道鉄道（函樽鉄道）を担当してもらおうと、原保太郎北海道庁長官が松本・古市との協議が整ったが、大学においては田辺（博士）を世に出すことを承認しない。したがって西園寺公望文部大臣に陳情し、また牧野伸顕文部次官と協議して、大学から割愛を乞おうと思う、というものである。

なお、これまで「田辺朔郎」と呼び捨てにしていたが、「田辺博士」という呼称が、この頃より北垣の日記に使われるようになってくる。

この後、五月八日、田辺は北垣を訪ねる。北垣の日記に「夜田辺博士来ル。山東旭一〔昶〕北海道鉄道部ニ採用ノ件、本年卒業工科大学機械専門学士、北海道鉄道部ニ採用ノ件ヲ談ス」とある（『塵海』四八二頁）。北垣の日記によれば、田辺は自身の転出を前向きに検討し、北海道鉄道部に技手を派遣することを要請している。この後、田辺は北海道庁の技師になるが、一八九七年（明治三〇）二月一日現在の北海道庁の『職員録』では前からいる技師の広井勇よりも、田辺の掲載順位が技師のトップを占めるのは「工学博士」のゆえであろう。田辺が、一九〇〇年（明治三三）三月、北海道庁鉄道部長を免官し、海外視察の後、京都帝国大学理工科大学教授に就任するのは同年一〇月のことである（『琵琶湖疏水の100年〈資料編〉』一三六頁）。この時期、すでに北垣は北海道にいない。

このようにして、北垣は、自らに親しい人物を北海道庁の官僚の役に組み込んでいった。

第二節　北海道開拓事業の取り組み

①「北海道開拓意見具申書」

一八九三年（明治二六）三月二五日、北海道庁長官北垣国道は、井上馨内務大臣へ「北海道開拓意見具申書」を提出した。これは、シベリア鉄道とニカラグア運河の完成という諸情勢にかんがみ、「我国ノ一大富源」を興し、「国家ノ長計ヲ成立スルノ最大急務」が北海道開拓事業であるとの位置づけにより、諸事業完成が急務であることを指摘したものであった。北垣が赴任以来、その事業の得失を調査するに、まず鉄道工事（第一順位函館—小樽間）を急要とし、ついで港湾、次に排水・運河・道路であった。総事業費は、一八九四年（明治二七）より一九〇五年（明治三八）までの一二年間で総額一四四七万円余を継続的に支出する計画であった（「北海道開拓意見具申書」『新撰北海道史　第六巻　史料二』六六四〜六七九頁）。ここで注目される点は、すでに渡邉恵一が指摘しているように、函館—小樽間の建設を民間資本で、政府が利子補給を与える形で考えている点である。具体的には、函館—小樽間は、「九五年度以降四年間のうちに建設費の五％に相当する補助を受けつつ工事を進め、全区間竣工の翌年から五年間も、引き続き総建設費の五％に相当する補助金を受けるものとなっていた」。渡邉によれば、この利子補給による私設鉄道建設という方式は、当時の北海道で検討に値する選択肢になっていた（「北海道鉄道（函樽鉄道）の成立」野田正穂・老川慶喜編『日本鉄道史の研究―政策・経営／金融・地域社会―』二一七〜二一八頁）。

この計画は、日清戦争の勃発もあり、政府に採用されなかったが、「本道の拓殖事業が、一定の計画の下に遂行せらるべき事を、示したもの、最初のもの」であった（『新撰北海道史　第六巻　史料二』六六三頁）。

②北垣の北海道拓殖事業の取り組み

その後の北垣の北海道拓殖事業への取り組みついては、一八九七年（明治三〇）七月一日、陶不窳次郎北海道庁警部長が来訪し、「北海道ニ対スル施政ノ要」を質問したのに対し、北垣は、自らが試みたことを歴史的に答えている（『塵海』四九三頁）。一八九七年七月といえば、北垣が三年八か月という（それまでの長官より）長い北海道庁長官の役職から、一八九六年（明治二九）四月に新たにできた拓殖務省に高島鞆之助大臣の次官として転任してから一年三か月ほどたつ（それから二か月後に同省は廃止）。北垣は、親しい陶に北海道庁の事業の一定の総括を語ったのであろう。

拓殖務省は、日清戦争の結果、台湾統治と北海道に関する政務事項が必要になったことから生まれた。この結果、北海道は内務省管轄を離れた。北垣の日記『塵海』を見る限り、北垣自身は台湾事務をそれほどしていなかったようである。しかし、設置当初から廃止論がおびただしいこともあって、設置から一年五か月後の一八九七年（明治三〇）九月二日に廃止になる（狩野雄一「拓殖務省の設置と北海道」安岡昭男編『近代日本の形成と展開』）。

拓殖務省時代、北垣は「北海道旧土人保護法」の制定（一八九九年）を準備したようであるが、それ以前に「北海道土人陳述書」を作成するなど、アイヌの問題に大きくかかわった（井上勝生「〔資料紹介〕『北海道土人陳述書』―アイヌ陳述に対する北海道庁弁明書（一八九五年）―」『北海道立アイヌ民族文化研究センター紀要』第五号）。ただ、北垣の日記を見るに、アイヌに対して一定の偏見もあったようだ。一八九五年（明治二八）一月一六日、早朝、札幌神社遥拝所において勧業博覧会出品の北海道模型台アイヌ彫刻を視たとき、その彫刻が大作で、「刀法鮮明」で精神があることに驚き、「無智ノ土人胸中自然斯ノ大美術ヲ有ス。奇ナル哉。妙ナル哉」と記している（『塵海』四三八頁）。偏見はもちながらも、アイヌ彫刻が「大美術」であることを認める目はもっていたようだ。

さて、北垣の日記により、一八九七年（明治三〇）七月一日に陶不窳次郎北海道庁警部長に北垣が北海道拓殖政策の経過を語ったことは前述したが、日記としては異常に長い一日の記述を振り返ってみよう。

前述した如く、一八九三年（明治二六）三月、「北海道開拓意見具申書」を井上馨内務大臣に提出後、北垣は「漸次研究」を積み、同年一二月に「鉄道幹線予定図」を作り、意見書ならびに図解を添えて、再び井上内務大臣に提出した（また近衛篤麿北海道協会会頭にも個人的に「私送」した）。なお、一八九四年（明治二七）一〇月には、さらに野村靖新内務大臣に概要一一条を提出した。翌一八九五年（明治二八）五月には、「鉄道幹線予定図」を改正し、これに鉄道取調書を添えて、八月に野村内務大臣に提出し、ついに内閣の容れるところとなった。そして伊藤博文総理大臣の命を受けて自身（北垣）は内閣に出頭し、詳細に北海道拓殖の意見、事業着手の順序を具申した。「是レ政府ガ北海道拓殖事業ニ首ヲ傾ケタル端緒ナリ」と、北垣は感慨をまじえて記している。

しかし、内務省は、北垣が北海道に帰った後、わずか三五哩《マイル》の上川鉄道工事、すなわち第一期工事として提出した一部分をもって「二十九年・三十両年度継続工事」として大蔵省と協議し、これを閣議に提出した。北垣によれば、「実ニ姑息ノ業」というべきものであった。

ともかくも、様々な騒動や曲折はあったが、上川鉄道原案は帝国議会の可決をみるに至った。このことは世間に北海道官設鉄道の必要を知らしめ、その後貴衆両議院の建議によって北海道鉄道布設法案を議決して、この法律の発布を実現した。この実現には、北垣によれば、「近衛公爵〔篤麿〕ニ内議シテ北海道協会ニ謀リタルノ力ニ基キ、対馬〔嘉三郎〕・高野〔源之助〕等大ニ之レニ尽力シ、外ニハ坂本則美不一方力ヲ致セリ」としている（『塵海』四九四頁）。対馬嘉三郎は札幌の実業家、高野源之助は小樽の実業家、坂本則美は高知県の県会議員の後、北垣の招きにより琵琶湖疏水事務所理事になり、衆議院議員となったが、その後は北海道に渡り、実業界で活躍していた（衆議院・参議院編『議会制度七十年史　衆議院議員名鑑』二二二・二九〇・三一五頁）。

北垣の表現によれば、第九議会中北海道鉄道案の騒ぎは、「名状スヘカラサル有様ナリシモ」、北海道問題は「大ナル世間ニ対シ広告トナリタルハ、実ニ禍転シテ福」となったとしている（『塵海』四九四頁）。

この後北垣は、「北海道拓殖事業ノ大綱」を提出した。これは、鉄道・港湾・道路・橋梁・排水・運河・区町村制・信用組合法・山林・水産・養蚕・製糸・教育など拓殖事業すべてにわたるものであった。

しかし、一八九六年（明治二九）四月、北垣の日記によれば、「突然」、「前総理」（松方正義）と「拓殖務大臣」（高島鞆之助）の強いすすめにより、余儀なく拓殖務省の次官になることになった、と北垣は表現している。

この後、北垣は、高島大臣と調整の上、「三十年度ニ対スル経常・臨時両部ノ予算ヲ点検」し、渡辺国武大蔵大臣と協議したが、「渡辺ハ曖昧模糊、更ニ其要領ヲ得ス」という状態になり、結局北垣は伊藤総理と交渉することになった。しかし、伊藤も財政難を理由として北垣と意見が合わなかった。その後、伊藤は松方正義・大隈重信入閣問題のもつれから内閣を投げ出し、九月第二次松方正義内閣が成立する。北垣は、松方内閣成立後も、松方と予算交渉を進め、本人の意識の上では一定の成果を引き出した。北垣の一八九七年（明治三〇）七月一日の異常に長い日記の記述はここまでで、次に日記の記述が再開されるのは、同年の九月一日、すなわち北垣が同年七月に拓殖務省廃止によって次官を依願免官した後である。そして、九月一日以降は、京都での生活が日記の主要な部分を占める（『塵海』四九三～四九六頁）。ともかくも、北垣が北海道拓殖政策の実現にかなり精力的に動いていた様子を知ることができよう。

③北垣の病気と函樽鉄道

北垣が必ずしも頑健な体をもっていたわけではなく、時に病気で寝つくことがあったのはすでに述べたが、北垣の病歴で大きな転機になるのは一八九六年（明治二九）四月、北海道庁長官より拓殖務省次官に転任して以降である。

同年五月、北垣は東京での拓殖務省の省務のかたわら、五月一六日東京を出て、二一日室蘭、二三日札幌に着いた。五月二五日、北海道庁に出庁し、各高等官に拓殖の前途を示し、高島拓殖務大臣の方針と「三十年度予算ノ方向」を示した。その後伊東早蔵病院長の診察を受けるが、「心臓病アリ」で「乗馬及ビ激動ヲ禁ズ」というものであった。乗馬と弓術および撃剣（武術）は北垣の趣味であった。京都でも府庁への通勤は乗馬であった。おそらく、北海道でも出勤は乗馬であろう。撃剣も閑さえあればこれを行った（『京都日出新聞』大正五年一月二六日付）。乗馬と激しい運動が禁止するとされたとき、北垣の心境は次のようなものであった。

北海道事業ニ於テ日夜汲々万難ヲ忍テ漸ク緒ニ就カントスルノ暁ニ際シ、乗馬激動ヲ禁セラル丶ノ病ニ罹ルコト甚ダ面白カラス。由テ自誓フ。専《もっぱら》摂養ニ心ヲ注キ、北海道事業ノ基礎ヲ鞏固ニセンコトヲ、甚基礎ヲ固ムルコト向来二年間ニ在リ。

（『塵海』四八八頁）

それから五日後、北垣は馬に乗って由仁《ゆに》村（現夕張郡由仁町）に向かい、ここから馬上三里馬追《まおい》山脈を横断して長沼村（現夕張郡長沼町）に至っている。これは、馬追・幌向《ほろむい》の両運河工事視察のためであった。馬上での視察は、これが最後のつもりかどうか不明であるが、「馬上」と日記にわざわざ書くあたり、ある決意を感じさせる（『塵海』四八九〜四九〇頁）。

一八九七年（明治三〇）七月、拓殖務省次官を依願免官した後の日記に記載があるのは、北垣が京都に住むようになってからの同年九月一日以降である。九月五日の日記には、「脳病・腸胃病少シク治癒ヲ覚フ」と記述があり、六日条には、「痔疾ノ治療未タ歩行ヲ許ルサス」とある。さらに翌日京都府立医学校の病院で猪子止戈之《しかの》助《すけ》院長および平井毓《いく》太郎《たろう》部長の診察を受け、「痔疾《じしつ》ハ尚ホ歩行ヲ禁ス」の診断結果を受ける。そのため当時東京で末期の病状にあった河田佐久馬（景与）と面会ができず、息子の確を代わりに派遣することになった。一四日には、猪子院長が来診し、北垣は「尚ホ旅行ヲ許サス」と診断された。九月の日記は二一日までしかないが、ほとんど毎日のように「病同前」か、たまに「病稍々快ヲ覚フ」などの文字である（『塵海』四九六〜五〇四頁）。

しかし、この日記の記載が終わってからになるが、九月後半、北海道協会会頭の近衛篤麿と園田実徳が京都に赴き、北垣を説得して函樽《かんそん》鉄道の創立委員長就任を取り付けたのである（前掲渡邉論文、二三二頁）。

その後の日記をみると、一八九七年（明治三〇）は一〇月一日の断簡、一八九八年は一月だけの断簡があるにすぎない。いずれも京都在住時のもので、北海道庁鉄道部長坂本俊健より洪水被害の状況の報告、田辺朔郎技師の小樽地方測量杭についての質問、広井勇技師の海外調査報告などのほか、山県有朋の南禅寺畔別荘を二度訪問し、山県と会談をしている（『塵海』五〇七〜五〇八頁）。一か月ほどの間で外出は山県の別荘訪問の二度のようであるが、おそらく乗馬ではなかったであろう。

一八九九年（明治三二）二月二〇日の日記には「病気稍々《やや》回復ニヨリ、医師診断ノ上本日始テ外出ヲ試ム」とある（『塵海』五二九頁）。おそらく、この時点で外出が可能になったのであろう。しかし、外出が可能になったとしても、乗馬は無理であったろう。

外出が可能になったことを機に北垣は、三月四日東京に行き、一七日まで精力的に様々な人間に会う。松方正義・山県有朋にも会うが、その会談内容には函樽鉄道建設が絡んでいた。そのほか近衛篤麿・坂本則美など函樽鉄道関係者や陶不竈次郎・島田道生・鈴木米三郎（元北海道庁書記官）など元北海道庁関係者にも会う。北垣の東京行きの大きな目的は、渋沢栄一を函樽鉄道創立委員に加えることであった。函樽鉄道の範囲、すなわち函館から小樽の間は鉄道は通っていず、船での交通であった。北海道庁長官時代の北垣は、一八九四年（明治二七）一月の例でいうと、午前八時一五分札幌停車場から汽車に乗り、午後一時小樽港から船に乗り、二時抜錨すると翌朝七時には函館港に着すという形であった。函樽鉄道は、北垣にとってぜひとも実現をめざしたい鉄道だったのである。北垣は、東京での最終日（三月一六日）に渋沢栄一に会う。渋沢は、今日の経済界の恐慌社会に浸透する状況では、函樽鉄道に限らず、いかなる事業でも成立は難しい。経済社会は漸次幸運の方向に進んでいることは「貴意見」（北垣）の通りであるが、未だ気運が充溢して新事業を進めるほどには至っていない。ともかく今しばらく時機が至ることを望む、というものであった（『塵海』三九一、五三四〜五四二頁）。

同年一一月四日、北垣は函樽鉄道専務取締役社長に就任している。前述した如く、北海道協会会頭の近衛篤麿と園田実徳が京都に赴いて北垣を説得しての成果であった。翌一九〇〇年（明治三三）一一月、同社の社名は北海道鉄道株式会社に変更され、北垣は一九〇七年（明治四〇）四月、鉄道国有法によって国に買収されるまで、社長の座にいることになる（日本国有鉄道北海道総局『北海道鉄道百年史　上』二一八・二二三〜二二五頁）。ただし、実際上の居住地は京都が多かったようである。

函樽鉄道以外の問題では、一七年前の三月九日に、東京府知事で亡くなった松田道之の遺児松田信敬より「身上談」を聞き、それを一二日原六郎に相談したこと、また「池田侯爵協議員会」（後述）が開かれ、十勝農場についで話し合われたことなどが北垣の身辺にあった（『塵海』五三六〜五三七頁）。また、やはり病気のことが気になったらしく、三浦省軒の「来診」を受けている（同上、五三七頁）。

なお、渋沢栄一を函樽鉄道（建設）の重役に取り込もうとして、その後も接触を試みるが、渋沢は引き受けず、実現には至らなかった。函樽鉄道は、一八九九年（明治三二）一一月本免許状の提出を行い、翌年五月、申請に対する本免許状の下付がなされ、いよいよ建設着手という段階に進む（前掲渡邉論文、二四一頁）。

北垣の日記は、今のところ一九〇一年（明治三四）一月一六日までである。おそらく、その後は住所がある京都で過ごしたと思われる。

そのほか、北垣の京都での活動の一つに、大日本武徳会がある。この会は一八九五年（明治二八）四月、京都に結成された組織であったが、京都府の収税長であった鳥海弘毅の熱心な運動により組織され、北垣が会長に就任することになった。北垣の日記によれば、北垣は、一八九九年（明治三二）一月七日の武徳会新年会には、会長ではあるが病気のため欠席との記事がある（『塵海』五一四頁）。北垣が亡くなった時、「男爵武徳会の未だ幼弱なるに当り会長に就任」（『京都日出新聞』大正五年一月一九日付朝刊）との記事があり、もともと弓術・撃剣・乗馬が好きだった北垣の姿勢を示していよう。

④池田家協議員会（池田家評議員会）

鳥取池田家を支える活動が北垣の日記に見えるようになるのは一八八二年（明治一五）からである。

鳥取池田家は幕末の当主慶徳が水戸家より養子として池田家に入り、一八七五年（明治八）五月隠居し、次男の輝知《てるとも》に家督を譲った。しかし、輝知は一八九〇年（明治二三）四月で死去し、男子がいなかったため、徳川慶喜の五男博を養子に迎え、のち池田仲博と改名する（『平成新修旧華族家系大成　上巻』九九～一〇〇頁）。

北垣が東京向島の公爵池田輝知邸で原六郎・勝部静雄・河崎真胤と「該家政ノコト」を相談したと北垣の日記

に載るのが一八八二年（明治一五）一二月二三日である（『塵海』九四頁）。池田家の集まりで「協議員会」という名称が使われるのが、一八八九年（明治二二）一一月三日である。この頃、東上していた北垣は、同日横浜に行き、原六郎邸で「池田家協議員集会」に参加する。沖守方神奈川県知事も参加したようだ（同上、二八九頁）。

鳥取池田家の「評議員会」という名称で活動が活発化するのは、北垣が北海道庁長官時代の一八九四年（明治二七）からである。この時、北垣は長期間北海道から東京に出張中であったが、五月二六日、七月一四日、七月二七日、七月二九日と頻繁に会合を重ねている（『塵海』四二一・四二三〜四二四頁）。

一八九五年（明治二八）七月から八月にかけて、北海道庁長官の北垣は、鉄道・港湾・排水・道路計画、すなわち「北海道大計画案」を以て政府に陳情に及ぶが、そのかたわら七月一七日に「池田家評議員会」を東京都内に開いた。この会には、北垣のほか、河田景与・足立正声・奥田義人・河崎真胤・神戸信義が参加し、「北海道評議員会」が開かれ、「北海道開拓ノ事ヲ併《あわ》セ議ス」ことがなされた（『塵海』四六二〜四六七頁）。北垣が、積極的に池田家の開拓の用を図ったと思われる。

「池田家開墾」の動きは、その後の北垣の日記に見え、一八九八年（明治三一）一月六日条には「十勝国中川郡利別池田侯爵」家の農場主任久島重義による農場各報告書ならびにこの時期に北海道を襲った大規模な洪水報告書を受け取ったこと、そしてこれに対して北垣の返書は、この洪水点を標準とし、将来水害防御の策を研究すべきことをかたっている（『塵海』五〇八頁）。北海道池田農場のある場所が、のちに十勝ワインで有名な北海道池田町である。

北垣は、もともと江戸期には鳥取池田家とは縁がなく、明治のはじめに藩士になった人間であったにもかかわらず、このように関係を持ち続けた。これは原六郎も同様であった。

終章　北垣の死

一八九七年（明治三〇）七月、拓殖務省次官を依願免官し、北垣の長い官僚生活は終わった。この年一一月、函樽鉄道創立委員会が開かれ、北垣は創立委員長になる。一八九九年（明治三二）八月、貴族院議員（勅撰）になり、一一月には北垣は函樽鉄道専務取締社長になる。翌年一一月、同社の社名は北海道鉄道株式会社に変更され、北垣は引き続き社長をつとめた（『北海道鉄道百年史　上巻』二一八・二三三〜二三五・七六〇〜七六一頁）。しかし社長の役は、多分に北海道庁長官だった名前だけのこともあり、拓殖務省次官を辞めてからは、京都に戻り、京都の自宅で過ごす機会が増えたようである。

日露戦争後の京都市政は、内貴甚三郎市長が一九〇四年（明治三七）一〇月まで任期をつとめて、後任市長として西郷菊次郎を選出した。西郷市長の誕生には北垣国道の役割が大きい（『京都市政史　第一巻　市政の形成』一九〇〜一九二頁）。西郷菊次郎は、西郷隆盛の子である。西郷隆盛と北垣とのつながりを示す史料として、北垣の日記に次のような記述がある。一八八九年（明治二二）一二月九日、発起人樺山資紀より「西郷南洲翁銅像建設」のための委員になることの依頼書が北垣のもとに届いた。その時、北垣は日記に「慶応乙丑（一八六五年―高久）ノ頃国道ハ翁（西郷隆盛―高久）ト交リ、其薫染ヲ受ケタルニ付、委員ト為リ尽力スヘク」として、回答書を送付したと記載している（『塵海』三〇五頁）。一九〇四年の時点で、北垣が西郷隆盛への思いをどの程度反映させたかは不明であるが、桂太郎首相らの同意を得た後、内貴市長ら市会第一会派の茶話会幹部に西郷菊次郎を推薦したらしい。西郷市長は、一九〇六年（明治三九）より、いわゆる三大事業を推し進め、第二琵琶湖疏水や北垣が構想を持ちながらなしえなかった京都市内の道路拡築などを推し進めた（『京都市政史　第一巻　市政の形成』一九〇～一九二頁）。

その後の北垣は、一九一一年（明治四四）五月、宮内省より維新史料編纂会委員に任ぜられ、翌年五月枢密顧問官になったが、同月には願い出て貴族院議員を辞した。

一九一四年（大正三）九月、北垣は東京で腎臓病に襲われ、同地で治療にあたるが、回復にはいたらなかった。翌年一月以来京都の自宅で治療につとめるが、その後心臓病を併発し、漸次病勢が加わり、一九一六年（大正五）一月一六日、死去した（『京都日出新聞』大正五年一月一七日付夕刊）。

葬儀は一月二〇日午後一時より東山黒谷本山金戒光明寺で仏式により執り行われた。それ以前、霊柩前において、導師大徳寺管長、脇導師天龍寺管長・相国寺管長らが棺前法要を実施した（『京都日出新聞』大正五年一月二一日付夕刊）。

葬儀には、原六郎・原保太郎も「血族親族諸氏」として参列し、特別関係者として折田彦一（第三高等中学校校長）・榎本武憲（榎本武揚長男）の焼香もあった。焼香者の中には、病中の北垣を診てきた三浦省軒・猪子止戈之助らの医師五人がいた。弔辞を述べた者は、井上密京都市長をはじめ七名であったが、その中には原六郎の姿があった。北垣の遺産の処理にもかかわった原は、弔辞も代読ではなく自ら読んだ。原は、「池田草庵先生の門」から説き起こし、（生野の変の）「志士の生存するもの唯《ただ》君と余との二人のみ」、と語った。原は体調を崩していたらしく「顔色蒼然」であった。葬儀の人の列は五千人を超えたという（『京都日出新聞』大正五年一月二一～二二日付）。

北垣が亡くなって後、『京都日出新聞』では、数日にわたって北垣の記事を掲載した。その中には「京都の大恩人」という形で、琵琶湖疏水や北海道拓殖に触れた記事もある。北垣の人柄に触れる談話もあった。一八九一年（明治二四）八月、北垣に同行して北海道巡回をした荘林維新という京都府官僚がいる。荘林は、明治一〇年代京都府属となり、北垣が京都府知事を辞める時まで北垣を支え（『改正官員録』、『京都府職員録』）、一九〇四年（明治三七）京都市下級助役になり、一九一〇年まで勤めた（伊藤之雄『「大京都」の誕生―都市改造と公共性の時代　1895〜1931年―』三四・九四頁）。荘林は、北垣の性格を次のように語った。

男《だん》（北垣―高久）の性格を一言していえば、能《よ》く笑ひ、能く怒り、而《しか》して能く尽《つく》す、所謂熱情敢為《あえてなす》の人なるべし。予等《よら》も部下にありて泌《し》み泌《じ》み其の親切に感じたるが、同時に又最も多く叱られたることを記憶せり。而し一度《ひとた》び誨《おし》へ二度怒り言ふべきことを言ふ、命ずべきことを命じ、了《おわ》れば後は雷雨一過後の快晴の如く光《こう》風霽月《ふうせいげつ》（雨降ったあとの澄み切った月―高久）、虚心坦懐の心事想うべきものあり。其の事を行ふに当つてや敢然として邁進し、殆んど他を顧見ざるの有様なりしも、之が為め決して圧政がましき事をなさず、寧ろ人民の権利と幸福を念とし、些《いささ》かたりとても之を侵害するが如きの行為は断じて取られざるを常としたり。

（『京都日出新聞』大正五年一月二六日付朝刊）

もちろん、死去の際の記事であり、ある程度割引して見なければならないが、相当部下からも慕われていた感がある。

本書第七章で述べたように、北垣を追って勤務地を変えていった人びとがいた。たとえば、高知から京都に移った坂本則美・島田道生・陶不窳次郎がいる。また京都から北海道に移ったのはやはり坂本・島田・陶であったが、それ以外でも財部羌も京都から北海道に移り函館区長をつとめている。北垣が北海道庁長官を辞職し、東京勤務の拓殖務省次官になってから、田辺朔郎は北海道に渡った。
また、北垣が金銭に淡白であったことも北垣の特徴を形成している。

男爵が金銭に淡《あわ》い事は有名なものだが、三条青年会館新築当時佐伯（理一郎─高久）氏が寄附を仰ぐべく男爵を訪ふた。此《この》時氏は禅宗の男爵は刎付《はねつけ》られるだろうと案じて居た処案外男爵は良い事には宗教の区別がないとて直ちに百円を寄附し、且は自分は貧乏だが友達に寄附させるとして態々《わざわざ》隣の藤田家に同道して五百円を寄附させ、それから他にもこの調子で寄附を勧誘されたのは今尚基督信者間に有名な談である。

（『京都日出新聞』大正五年一月二二日夕刊）

この記事は、宗教にも寛容であったことも示している。そのことは、本書補論「北垣国道と新島襄」でも触れた。さらに、北垣の日記『塵海』を読めば、学生への奨学金を含めて数多くの寄附をしていたことを探すのはそれほど困難ではない。少なくとも北垣は金をため込んでいくタイプではなかったことは間違いない。

また、北垣の維新期の活動については、北垣の死去時には取り上げられることはわずかであった。北垣の維新期の活動があまり表面的ではなかった点があろう。北垣は、明治末の一九一二年（明治四五）維新史料編纂会で「但馬一挙の真相」と題して講演をするが、生野の変について「立派な仕事というものは一つもありませぬ」と率直に述べている。しかし、生野の変後も幕末期の北垣は、原六郎などとともに、鳥取・水戸・京都・岡山・山口・江戸などで動き続けた。その中では、死の寸前の状況におちいった時もあった。北垣は明治になって、それらを忘れなかった。生死を共にした原六郎は生涯の友人であった。松田正人（道之）、安達清一郎（清風）、河田佐久馬（景与）など、北垣の日記には北垣が顕彰し、あるいはその後嗣の世話をしたことなどが記されている。

北垣が明治になってから建てた石碑や石灯籠や祠に記された人名もある。美玉三平、中島太郎兵衛、平野国臣、本多素行や地元但馬で生野の変に参加した人びと、さらには西村哲二郎、天狗党に参加した人びとである。

なお、本書でわずかに触れた程度で、充分触れえなかった点について述べておこう。北垣が森寛斎に対して恩義を感じていたことはすでに述べた。それもあってか、彼の一つの側面であるが、北垣が京都の美術界に一定の役割を果たしたことを最後に指摘しておきたい。

森寛斎の弟子で、明治期から昭和初期の京都画壇を代表する日本画家山元春挙は北垣のことを次のように語っている。

明治廿四年の比《ころ》、全国青年絵画共進会が御苑内の博覧会場で開かれました。比時は府庁が大変援助されので、余程の盛会に為りました。比時《このとき》優賞を得た（竹内―高久）栖鳳君、菊池（芳文―高久）君と私の画を奨励の為とあって、北垣さんが買て下されました。

こんな風で翁は知事時代に京都の画会の進歩の為に、私財を抛《なげう》つて尽されました。令息静処（北垣確―高久）君が当年鴨緑茶話会をおこして青年画家を糾合して其奨励や紹介を尽くされたのも、自ら翁との徳を一にされるものと思ひます。

（『京都日出新聞』大正五年一月二七日付夕刊）

北垣国道の長男確は、補論「北垣国道と新島襄」で記したように、新島襄の計らいで熊本英学校の海老名弾正に教育を托されるが、最終的には京都に戻り、画業に就く。さらに確の子晋一も画業を生業とする（『人事興信録』上　第十二版）。

北垣国道自身も、京都の美術界との関係は深い。京都美術協会は一八九〇年（明治二三）一月九日、東山建仁寺の方丈で初代会頭北垣国道のもとで発会式が行われた（洲鎌佐智子「京都美術協会雑誌の目録―人物編・展覧会編・団体編―」『京都文化博物館研究紀要　朱雀』第一〇集、二一七頁）。普通は京都府知事を転出した時に会頭を辞めるが、北垣の場合、会頭を辞職するのは京都府知事辞職一年一〇か月後の一八九四年（明治二七）四月であり、しかも会員の推薦により、名誉会員となる（『日出』明治二七年四月二八日付）。この時、北垣は北海道庁長官であった。自宅を京都に置いていた点も会頭を続けた理由になろう。

ほかにも、北垣は京都の美術界に様々なつながりをもっていた。たとえば、京都画壇各派の親睦・研究会という性格をもつ如雲社は、中心人物である森寛斎が亡くなると、一八九六年（明治二九）六月、今尾景年・竹内栖鳳・谷口香嶠・山元春挙らが委員となって、名称も後素協会となって発会式を挙げた（赤井達郎『京都の美術史』三四二頁）。この時会頭は定めなかったが、同会委員長今尾景年は、東上して北垣国道を推薦し、北垣もこれを承諾したという（『日出』明治二九年一一月二九日付）。この時、北垣は拓殖務省次官で東京にいた。

北垣の京都の美術界への関心はもともと森寛斎と通じてからであろう。その後も一八九四年（明治二七）八月、大徳寺の五百羅漢図の一部を海外に流出させる事態に対してかなり怒りを表していることなどに、典型的にあらわれている。北垣は、このまま事態が進めば、母の位牌を寺から引き上げることを言明した。村形明子は、「結局大徳寺側は、寺宝売払いの手続書を出すことで、位牌返還は少なくとも延期されたらしい」として、「北垣知事の地元文化財保護に向けた気概と熱情に心打たれるではないか」、とする（『塵海』四三〇・四九七〜四九九頁／村形明子『アーネスト・F・フェノロサ文書集成　翻刻・翻訳と研究(上)』一七七〜一七九頁／ユキオ・リピッド「フェロサと五百羅漢図」井出誠之輔編『徹底討論大徳寺伝来五百羅漢図の作品誌―地域社会からグローバル世界へ―』二八五頁）。なお、一八八六年（明治一九）に亡くなった北垣の母利喜は、すでにみたように、墓地は黒谷の金戒光明寺墓地であったが、位牌は大徳寺にあった（本書第五章参照）。

北垣と京都の美術界との詳しい分析は、今後の課題になろう。

使用文献等一覧

※原則として本文中の掲載順に掲げた。

【著書】

塵海研究会編『北垣国道日記「塵海」』思文閣出版、二〇一〇年。

沢宣一・望月茂『生野義挙と其同志』春川会、一九三二年。

高階一一『嗚呼榧の木さん國道さん』養父町教育委員会、一九八六年。

高久嶺之介『近代日本と地域振興―京都府の近代―』思文閣出版、二〇一一年。

三和町史編さん委員会編『三和町史　下巻（通史編）』三和町、一九九六年。

田中智子『近代日本高等教育体制の黎明―交錯する地域と国とキリスト教界―』思文閣出版、二〇一二年。

太田虎一『生野義挙日記』生野町文化財委員会編、一九四一年（生野町教育委員会一九九三年復刻）。

北垣国道「但馬一挙の真相」日本史籍協会編『続日本史籍協会叢書　維新史料編纂会講演速記録　一』東京大学出版会、一九七七年（復刻再刊）。

前嶋雅光『幕末生野義挙の研究―但馬草莽の社会経済的背景―』明石書店、一九九二年。

原邦造編『原六郎翁伝』上・中・下巻、一九三七年。

城崎町史編纂委員会編『城崎町史』城崎町、一九八八年。

『鳥取市史』鳥取市役所、一九四三年。

『青谿書院開塾一五〇周年記念㈠　肆業餘稿・但馬聖人・池田草庵』青谿書院、一九九八年。

野村靖『追懐録』マツノ書店、一九九九年（復刻版。原版一八九三年）。

馬場文英編『尊王実記』金田治平、一八九七年。

「渓間日乗」日本史籍協会編『日本史籍協会叢書　維新日乗纂輯　三』東京大学出版会、一九六九年（復刻再刊）。

稲田耕一『木ノ谷に残る勤皇志士美玉・中島両氏の伝記』山崎町、一九六八年。

佐藤文太郎「生野義挙と南八郎」生野町文化財委員会編『銀山昔日―生野史物語―』生野町教育委員会、一九八三年。

兵庫県史編集専門委員会編『兵庫県史　史料編　幕末維新1』兵庫県、一九九八年。

春山育次郎『平野国臣伝』平凡社、一九二九年。

「但馬義挙実記」日本史籍協会編『日本史籍協会叢書　維新日乗纂輯　二』東京大学出版会、一九六九年（復刻再刊）。

小山六郎「山陰義挙実記」山東町誌編集委員会編『山東町誌　上巻』山東町、一九八四年。

鳥取県立博物館編『贈従一位池田慶徳公御伝記』二・三・四、鳥取県立博物館、一九八八〜一九八九年。

鳥取県立博物館編『鳥取藩二十二士と明治維新』図録、鳥取県立博物館資料刊行会、二〇一三年。

日本史籍協会編『日本史籍協会叢書　安達清風日記』東京大学出版会、一九六九年（復刻再刊）。

平野國臣顕彰会編『平野國臣伝記及遺稿』象山社、一九八〇年（復刻版）。

青山忠正『明治維新史という冒険』佛教大学通信教育部、二〇〇八年。

山川菊栄『覚書 幕末の水戸藩』岩波文庫、岩波書店、一九九一年。

大内地山『武田耕雲斎詳伝―一名水戸藩幕末史―上』水戸学精神作興会、一九三六年。

末松謙澄『修訂防長回天史』柏書房、一九八〇年（復刻版）。

鳥取県編『鳥取藩史　第一巻　世家・藩士列伝』鳥取県立図書館、一九六九年。

鳥取県編『鳥取県史　第三巻　近世　政治』一九七九年。

菊池寛『維新戦争物語』新日本社、一九三七年。

『水戸藩史料』下編、吉川弘文館、一九七〇年（復刻版）。

石田寛『津田弘道の生涯―維新期・岡山藩の開明志士―』吉備人出版、二〇〇七年。

維新史料編纂事務局『維新史料綱要』第五・第七、東京大学出版会、一九八三年。

茨城県史編さん幕末維新史部会編『茨城県幕末史年表』茨城県、一九七三年。

茨城県史編集委員会編『茨城県史　近世編』茨城県、一九八五年。

森慶造（大狂）『近世名匠談』春陽堂、一九〇〇年。

京都府立総合資料館編『京都府百年の資料　八　美術工芸編』京都府、一九七二年。

『渋沢栄一伝記資料』第九巻、デジタル版、二〇一六年。

木戸公伝記編纂所編『松菊木戸公伝　上』明治書院、一九二七年。

斎藤紅葉『木戸孝允と幕末・維新―急進的集権化と「開化」の時代１８３３～１８７７―』京都大学学術出版会、二〇一八年。

立命館大学編『西園寺公望伝　第一巻』岩波書店、一九九〇年。

中川小十郎『中川人見両姓戊辰唱義録』一九二二年。

稲葉市郎右衛門編述『過渡の久美浜』一九二二年（舞鶴市糸井文庫蔵）。

小谷醇『「安達清風日記」に読む幕末の鳥取藩』二〇一四年（自費出版）。

濱崎洋三『伝えたいこと　濱崎洋三著作集』濱崎洋三著作集刊行会、一九九八年。

鳥取県立博物館『平成二年度　資料調査報告書　第十八集』（旧鳥取藩士・子爵河田家文書、旧鳥取藩士増井家文書、旧鳥取藩士族勝田村男家資料）一九九一年。

仲村研『山国隊』中公文庫、中央公論社、一九九四年（学生社、一九六八年初刊）。

藤野斎著、仲村研・宇佐美英機編『征東日誌─丹波山国農兵隊日誌─』国書刊行会、一九八〇年。

今泉鐸次郎『河井継之助伝』博文館、一九一〇年。

大山梓『戊辰役戦史　上（補訂版）』時事通信社、一九八八年。

鳥取市歴史博物館編『因州兵の戊辰戦争─いくさと弔いの明治維新─』鳥取市歴史博物館、二〇一一年。

家近良樹『ある豪農一家の近代─幕末・明治・大正を生きた杉田家─』講談社選書メチエ、二〇一五年。

福井県編『福井県史　通史編4　近世二』一九九六年。

敦賀市立博物館『郷土の碑文展』一九九六年。

敦賀市立博物館『続郷土の碑文展』一九九七年。

敦賀市史編さん委員会編『敦賀市史　通史編　上巻』敦賀市、一九八五年。

京都市電気局編『琵琶湖疏水及水力使用事業』一九四〇年。

柚山俊夫・安永純子・東昇「陶不窳次郎の生涯」『愛媛県歴史文化博物館資料目録　第三集　菊山隆氏所蔵資料・陶不窳次郎関係資料』一九九九年。

伊藤博文関係文書研究会編『伊藤博文関係文書』第二巻、塙書房、一九七四年
伊藤博文関係文書研究会編『伊藤博文関係文書』第四巻、塙書房、一九七六年。

伊藤博文関係文書研究会編『伊藤博文関係文書』第七巻、塙書房、一九七九年。

伊藤博文関係文書研究会編『伊藤博文関係文書』第九巻、塙書房、一九八一年。

京都府立総合資料館編『京都府百年の年表　1政治・行政編』京都府、一九七一年。

宮津市史編さん委員会編『宮津市史　史料編　第四巻』宮津市役所、二〇〇一年。

宮津市史編さん委員会編『宮津市史　通史編　下巻』宮津市役所、二〇〇四年。

三浦豊二編（同発行）『田中源太郎翁伝』一九三四年。

西川正治郎編『浜岡光哲七十七年史』浜岡翁表彰会、一九二九年。

三和町郷土資料館『京街道をゆく―丹波・三和の山陰道―』一九九七年。

「明治工業史　土木篇（上）」工学会編『明治後期産業発達史資料』第二二八巻、一九二九年（復刻版）。

京都府立総合資料館編『京都府統計史料集　百年の統計1』京都府、一九六九年。

林屋辰三郎・上田正昭編『篠村史』篠村史編纂委員会、一九六一年。

市田富蔵（栗田小学校校長）『大典記念栗田村誌』一九一六年。

京都市市政史編さん委員会編『京都市政史　第一巻　市政の形成』京都市、二〇〇九年。

京都市参事会『訂正琵琶湖疏水要誌』一八九六年。

京都市参事会『訂正琵琶湖疏水要誌附録』一八九五年。

京都新聞社編『琵琶湖疏水の100年〈叙述編〉』京都市水道局、一九九〇年。

京都新聞社編『琵琶湖疏水の100年〈資料編〉』京都市水道局、一九九〇年。

我部政男編『明治十五年・明治十六年　地方巡察使復命書　上』三一書房、一九八〇年。

服部敬『近代地方政治と水利土木』思文閣出版、一九九五年。

京都府議会事務局編『京都府議会歴代議員録』京都府議会、一九六一年。

京都府立総合資料館編『京都府市町村合併史』京都府、一九六八年。

高橋真一編著『京都商工会議所史』京都府商工経済会、一九四四年。

京都府立総合資料館編『京都府百年の年表　商工編』京都府、一九七〇年。

京都織物株式会社編『京都織物株式会社五十年史』京都織物株式会社、一九三七年。

京都電燈株式会社編『京都電燈株式会社五十年史』京都電燈株式会社、一九三九年。

高久嶺之介『近代日本の地域社会と名望家』柏書房、一九九七年。

尚友倶楽部品川弥二郎関係文書編纂委員会編『品川弥二郎関係文書』3、山川出版社、一九九六年。

松方峰雄ほか編『松方正義関係文書』第六巻、書翰篇1、大東文化大学東洋研究所、一九八五年。

松方峰雄ほか編『松方正義関係文書』第七巻、書翰篇2、大東文化大学東洋研究所、一九八六年。

松方峰雄ほか編『松方正義関係文書』第九巻、書翰篇4、大東文化大学東洋研究所、一九八八年。

滋賀県議会史編さん委員会編『滋賀県議会史』第二巻、滋賀県議会、一九七二年。

久美浜町史編纂委員会編『久美浜町史　資料編』久美浜町、二〇〇四年。

佐々木隆『藩閥政府と立憲政治』吉川弘文館、一九九二年。

森中章光編、中村栄助述『九拾年』中村エン、一九三八年。

衆議院・参議院編『議会制度七十年史　政党会派編』大蔵省印刷局、一九六一年。

衆議院・参議院編『議会制度七十年史　衆議院議員名鑑』大蔵省印刷局、一九六二年。

大津淳一郎『大日本憲政史』第三巻、原書房、一九六九年。

西川正治郎編『田辺朔郎博士六十年史』山田忠三、一九二四年。

新島襄全集編集委員会編『新島襄全集』1　教育編、同朋舎出版、一九八三年。

新島襄全集編集委員会編『新島襄全集』3　書簡編Ⅰ、同朋舎出版、一九八七年。

新島襄全集編集委員会編『新島襄全集』4　書簡編Ⅱ、同朋舎出版、一九八九年。

新島襄全集編集委員会編『新島襄全集』5　日記・紀行編、同朋舎出版、一九八四年。

新島襄全集編集委員会編『新島襄全集』6　英文書簡編、同朋舎出版、一九八五年。

新島襄全集編集委員会編『新島襄全集』8　年譜編、同朋舎出版、一九九二年。

新島襄全集編集委員会編『新島襄全集』9　来簡編上・下、同朋舎出版、一九九四年。

新島襄全集編集委員会編『新島襄全集』10　新島襄の生涯と手紙、同朋舎出版、一九八五年。

京都府教育会編『京都府教育史　上』一九四〇年。

同志社五十年史編纂委員会編『同志社五十年史』同志社校友会、一九三〇年。

同志社社史資料室編『池袋清風日記　明治十七年上』一九八五年。

河野仁昭『中村栄助と明治の京都』京都新聞社、一九九九年。

霞会館諸家資料調査委員会編『昭和新修華族家系大成　上巻』霞会館、一九八二年。

同志社社史史料編纂所『同志社百年史　通史編一』同志社、一九七九年。

島田康寛『京都の日本画　近代の揺籃』京都新聞社、一九九一年。

学校法人同志社編『新島襄　近代日本の先覚者』晃洋書房、一九九三年。

北海道庁編『新撰北海道史　第六巻　史料二』(「北海道開拓意見具申書」)一九三七年。

日本国有鉄道北海道総局『北海道鉄道百年史　上』一九七六年。

伊藤之雄『「大京都」の誕生―都市改造と公共性の時代　1895～1931年―』ミネルヴァ書房、二〇一八年。

人事興信所編『人事興信録　上　第十二版』(一九一五、一九三九年)。

赤井達郎『京都の美術史』思文閣出版、一九八九年。

村形明子『アーネスト・F・フェノロサ文書集成　翻刻・翻訳と研究㊤』京都大学学術出版会、二〇〇〇年。

【論文等】


谷川穣「北垣府政期の東本願寺―本山・政府要人・三井銀行の関係を中心に―」丸山宏・伊従勉・高木博志編『近代京都研究』思文閣出版、二〇〇八年。

宮城益男「明治中期の京都縦貫道と宮津大手橋」『宮津地方史』第三号、一九九四年。

和田博雄「売間九兵衛と栗田トンネル㊤㊦」『宮津地方史』第四・五号、一九九四・九八年。

青山忠正「「攘夷」とは何か―長州毛利家が意図したこと、実現したこと―」上田純子・公益財団法人僧月性顕彰会編『幕末維新のリアル―変革の時代を読み解く7章―』吉川弘文館、二〇一八年。

高久嶺之介「北垣晋太郎の幕末」同志社大学人文科学研究所『社会科学』第四九巻第二号、二〇一九年。〔改題の上、本書第一章〕

青山忠正「家茂の参内と勅語―慶応元年夏の場景―」『人文学報』第七三巻、一九九四年。

高久嶺之介「「草莽」から官僚へ―北垣国道の幕末・維新期―」同志社大学人文科学研究所『社会科学』第五一巻第四号、二〇二一年。〔改題の上、本書第二章〕

高久嶺之介「北垣国道と鳥取人脈」同志社大学人文科学研究所『社会科学』第四八巻第四号、二〇一九年。

仙波ひとみ「武田耕雲斎勢の越前入りと宇和島藩京都周旋方による情勢探索―都築荘蔵「北行日録」を軸として―」敦賀市立博物館『研究紀要』第三四号、二〇二〇年。

郎花生「北垣国道小伝㈠㈡」川端道一編『開化』第二巻第三・四号、一九三七年。

井輪屋良二郎「京都府知事北垣国道君略歴」(京都市電気局『琵琶湖疏水及水力使用事業』所収)一九四〇年。

田中智子「高知県の中学校形成史」 神辺靖光・米田俊彦編『明治前期中学校形成史 府県別編Ⅴ 南畿南海』第四章、成文堂、二〇二二年。

原田久美子「民権運動期の地方議会―明治十三年京都府における地方税追徴布達事件―」『日本史研究』三八号、一九五八年。

原田久美子「明治十四年の地方議会と人民の動向―京都府の場合―」『日本史研究』五七号、一九六一年。

秋元せき「北垣国道と「任他主義」(laissez-faire)について」『京都市歴史資料館紀要』第一三号、一九九六年。

高久嶺之介「田中源太郎と新島襄」『同志社時報』九四号、一九九二年。

居石正和「明治前期の道路行政と国庫補助―明治一三年太政官布告第四八号と車税問題―」 同志社大学人文科学研究所『社会科学』第三七号、一九八六年。

高久嶺之介「明治前期の京都とイギリス皇族―一八八一年の異文化交流―」 ひろたまさき・横田冬彦編『異文化交流史の再検討―日本近代の〈経験〉とその周辺―』平凡社、二〇一一年。

筒井正夫「新・琵琶湖疏水成立史(1)～(3)」『彦根論叢』四三一～四三三号、二〇二二年。

山崎有恒「内務省の河川政策」 高村直助編『道と川の近代』山川出版社、一九九六年。

佐々木克「琵琶湖疏水の政治的背景」『滋賀県近代史研究』第二号、一九八六年。

原田久美子「三大事件建白運動の一史料」『日本史研究』一一〇号、一九七〇年。

高久嶺之介「明治憲法体制成立期の吏党」 同志社大学人文科学研究所『社会科学』二一号、一九七六年。

高久嶺之介「琵琶湖疏水工事をめぐる政治動向(上)(下)」『史朋』一三・一四号、一九七八年。

小林丈広「京都公民会と都市商工業者」 同志社大学人文科学研究所『キリスト教社会問題研究』五九号、二〇一〇年。

國岡啓子「明治期地方長官人事の変遷」伊藤隆編『日本近代史の再構築』山川出版社、一九九三年。

佐々木隆「干渉選挙再考—第二回総選挙と九鬼隆一—」『日本歴史』三九五号、一九八一年。

高久嶺之介「京都府知事最末期の北垣国道」同志社大学人文化学研究所『社会科学』七四号、二〇〇五年。〔改題の上、本書第六章〕

本間勇児「北垣国道と小樽」北海道道史編集所編『新しい道史』第九巻第一号、一九七一年。

小俣憲明「京都府知事北垣国道と京都府教育—北垣日記『塵海』にみる—」本山幸彦教授退官記念論文集編集委員会編『日本教育史論叢　本山幸彦教授退官記念論文集』思文閣出版、一九八八年。

河野仁昭「新島襄の大学設立運動㈠～㈧」『同志社談叢』九～一七号、一九八九～一九九七年。

松尾芳樹「京都市立美術工芸学校の教育課程」並木誠士編『近代京都の美術工芸—制作・流通・鑑賞—』思文閣出版、二〇一九年。

仲村研「原六郎と同志社」『同志社談叢』五号、一九八一年。

高久嶺之介「新島襄と自由民権家の群像」学校法人同志社編『新島襄　近代日本の先覚者』晃洋書房、一九九三年。

田中智子「同志社大学設立支援の現実—誰がいかほどの寄附をなしたか—」『キリスト教社会問題研究』第六六号、二〇一七年。

渡邉恵一「北海道鉄道（函樽鉄道）の成立」野田正穂・老川慶喜編『日本鉄道史の研究—政策・経営／金融・地域社会—』八朔社、二〇〇三年。

狩納雄一「拓殖務省の設置と北海道」安岡昭男編『近代日本の形成と展開』巌南堂書店、一九九八年。

井上勝生「〈資料紹介〉『北海道土人陳述書』―アイヌ陳述に対する北海道庁弁明書（一八九五年）―」『北海道立アイヌ民族文化研究センター紀要』第五号、一九九九年。

洲鎌佐智子「京都美術協会雑誌の目録―人物編・展覧会編・団体編―」『京都文化博物館研究紀要　朱雀』第一〇集、一九九八年。

ユキオ・リピッド（田儀佑介訳）「フェロサと五百羅漢図」　井出誠之輔編『徹底討論大徳寺伝来五百羅漢図の作品誌―地域社会からグローバル世界へ―』九州大学大学院人文科学研究院、二〇一九年。

【新聞その他史料】
『尊攘堂書翰屏風　十四翰十八』（維新特別資料文庫、京都大学附属図書館蔵）
慶応三年「河田佐久馬　備行みちの記・さすらへ日記」（毛利家文庫、山口県文書館蔵）
慶応四年六月、柴捨蔵より小笠原美濃介宛「口上」（立命館史資料センター蔵）
慶応四年「山陰鎮撫始末」（毛利家文庫、山口県文書館蔵）
『日出新聞』、『京都日出新聞』、『中外電報』、『東雲新聞』、『西京新聞』、『日本立憲政党新聞』、『京都日報』、『朝日新聞』、『大阪朝日新聞』、『読売新聞』、『朝野新聞』、『東京日日新聞』、『時事新報』、『京都新聞』
『京都府地誌』、『京都宮津間車道開鑿工事成蹟表』（京都府立京都学・歴彩館蔵）
『明治十三年度京都府会議録事』、『明治十四年度京都府会議録事』、『明治十四年度京都府会決議録』、『明治十七年度京都府会議録事』、『明治十八年度京都府会議録事』、『明治二十年度京都府会議事録』、『明治二十年度京都府会決議録』

『公文別録』「至明治一一年至同一六年　上書建言録」
『京都公民会雑誌』第一～三五号
「市参事会議決書」（京都市蔵）
『明治二十五年度京都府会議事録』
京都美術協会編『美術協会雑誌』第三号
『明治十七年官員進退帰省罰俸録』（京都府行政文書）
『（京都府）職員録』、『（北海道庁）職員録』

【参考文献】


田邉康雄『びわ湖疏水にまつわる、ある一族のはなし』一九九一年（自費出版）。

織田直文『琵琶湖疏水―明治の大プロジェクト―』かもがわ出版、一九九五年。

京都教育史サークル編『疏水を拓いた人びと』かもがわ出版、一九九五年。

北国諒星『北垣国道の生涯と龍馬の影―戊辰戦争・北海道開拓・京都復興に足跡―』北海道出版企画センター、二〇一四年。

あとがき

本書は、これまで書いてきた論文に書き直しや加筆を行い、一書としたものである。本書の構成と旧稿との関係は次のようになる。

はじめに　新稿

第一章　「北垣晋太郎の幕末」（同志社大学人文科学研究所編『社会科学』第四九巻第二号、二〇一九年）を改題、加筆修正。

第二章　「「草莽」から官僚へ―北垣国道の幕末・維新期―」（同志社大学人文科学研究所編『社会科学』第五一巻第四号、二〇二一年）を改題、加筆修正。

第三章　拙著『近代日本と地域振興―京都府の近代―』（思文閣出版、二〇一一年）第一章「車道時代の到来―京都宮津間車道開鑿工事―」の一部に新稿を加え改題、修正。

第四章　新稿

第五章　拙著『近代日本と地域振興―京都府の近代―』（同前書）第二章「琵琶湖疏水工事の時代」の一部に、「琵琶湖疏水工事をめぐる政治動向（上）」（『史朋』一三号、一九七八年）の一部を加え、改題、加筆修正。

第六章　「京都府知事最末期の北垣国道」（同志社大学人文科学研究所編『社会科学』七四号、二〇〇五年）を改題、加筆修正。

補論　「新島襄と北垣国道」（伊藤彌彦編『新島襄全集を読む』同志社大学人文科学研究所研究叢書、晃洋書房、

（二〇〇二年）を改題、修正。
第七章　新稿
終章　新稿

私が、藤田彰典先生が主催する同人誌『史朋』一三号と一四号に「琵琶湖疏水工事をめぐる政治動向」（上）（下）を掲載したのが一九七八年である。この論文をもとに、不十分さを補う意味もあって、その二二年後の二〇〇〇年から翌年にかけて「琵琶湖疏水工事をめぐる政治動向再論」上・下を執筆した（この論文は、さらに二〇一一年修正のうえ『近代日本と地域振興―京都府の近代―』第二章になった）。琵琶湖疏水工事は本書で詳述したように、第三代京都府知事北垣国道が精力を費やし、明治一〇年代後半から明治二〇年代にかけて行われた事業で、疏水が鴨川に通るまでは、北垣国道が工事を中心的に担った。

また一八八一年北垣が京都府知事として着任後、最初に行った事業が京都宮津間車道開鑿工事である。私は一九九〇年から二〇〇四年まで宮津市史編さん事業で、近現代の責任者の役を担った。この市史編さん事業で私は京都宮津間車道開鑿工事を執筆した。さらに、宮津市以外の史料も加えて、二〇〇六年から翌年にかけて「京都宮津間車道開鑿工事」上・中・下（同志社大学人文科学研究所編『社会科学』七六～七八号）を執筆した（この論文も拙著『近代日本と地域振興―京都府の近代―』第一章になった）。このようにして、私はたまたま北垣国道の担った二大事業の研究を行うことになった。このような中で、北垣国道についても関心を持ち、少しずつ史料を集めていった。

二〇〇四年、当時京都市歴史資料館の小林丈広氏（現同志社大学教授）より京都府立総合資料館（現京都学・歴彩館）に所蔵されている北垣の日記『塵海』を翻刻し、その内容を検討する研究会を立ち上げることの相談があった。『塵海』はすでに私もごく一部を使用したこともあり、すぐに賛成した。このようにして塵海研究会が発足し、最高時二〇名ほどになった。いろいろな経過はあったが、『塵海』は二〇一〇年一月、塵海研究会編『北垣国道日記「塵海」』として、思文閣出版より出版した。

『北垣国道日記「塵海」』は、北垣の一八八一年（明治一四）一〇月一日から一九〇一年（明治三四）一月一六日までの日記である。一九〇一年一月一七日から一九一六年（大正五年）一月一六日、京都市上京区の寓居で死去するまでの日記は現存しない。また、北垣が京都府知事になる以前の日記も現存しない。つまり、北垣の幕末時の姿は日記以外から知るほかはないのである。

幸いなことに、塵海研究会において、北垣の幕末時や明治初年時を知る文献なども会員諸氏からもたらされた。これらをもとに、まず幕末時の北垣を明らかにしようと、とりかかったのが二〇一八年である。はじめに「北垣国道と鳥取人脈」（同志社大学人文科学研究所編『社会科学』第四八巻第四号）を、ついで「北垣晋太郎の幕末」（『社会科学』第四九巻第二号）を執筆した。二〇一九年のことである。

この時、これらの論文が目に留まったのか、北垣の関係地である鳥取県立博物館より講演の依頼があった。二〇二一年九月に行われたこの講演に関して鳥取県各地を訪れるとともに、鳥取県立博物館などで史料を集めた。これをもとに、生野の変後から戊辰戦争までの北垣を執筆したのが「「草莽」から官僚へ―北垣国道の幕末・維新期―」（『社会科学』第五一巻第四号）である。

これら幕末の北垣についての分析を通じて、ある新鮮な驚きがあった。第一は一介の農民身分から出発した北垣が生野の変、水戸天狗党の動き、禁門の変、長州戦争、戊辰戦争を通じて諜報活動で動くこと、第二にこれら幕末の運動でかかわった人脈が、維新後の北垣の人脈にも大きくかかわることである。たとえば、原六郎、河田景与・景福、松田道之、鳥取池田家にかかわる人々などである。また直接幕末ではないが、本書第三章にみられるように、北海道や内務省人脈が北垣の政治活動に影響を与えることにも気づかされた。

このような関係から、もう一度明治以後の北垣を見直すことになり、その見直しの結果が本書である。

本書が成るにあたり、多くの人や機関にお世話になった。塵海研究会の人たちは言うまでもなく、同志社大学人文科学研究所、同志社大学図書館、鳥取県立博物館、京都府立京都学・歴彩館、立命館史資料センター、京都大学附属図書館、山口県文書館、琵琶湖疏水記念館、福井県敦賀市立博物館、朝来市生野書院、鳥取県日野郡日野町黒坂の泉龍寺住職三島道秀氏などである。とくに鳥取県立博物館の来見田博基氏には様々な助言をいただいた。また長谷川澄夫氏には山口県文書館・立命館史資料センターでの史料収集にあたり、助言をいただくなどお世話になった。

なお、私事で恐縮であるが、二〇一七年五月、妻と次女の三人で大津閘門（琵琶湖疏水取り入れ口）から小関越を歩いた数日後、私は脳出血により緊急入院し、何とか二か月ほどで退院した。頭は戻ったが、足は以前のようには戻らず、歩行に困難を抱えるようになった。この時、助けになったのが家族であった。長男晋介の運転で兵庫県但馬地方および福井県敦賀市や京都府山国地方、丹後地方などを回った。次女直子は、調査に同行して様々な情報や資料をもたらした。但馬の北垣生家跡の祠（「忠魂社」）の木製名板の「発見」、本書での地図の修正などを担ったのは彼女であった。大阪に住む長女伸子は定期的に備品の調達を行った。妻俊子は全体の差配役を担った。

また、本書の刊行にあたり、思文閣出版の大地亜希子氏に校正や適切なアドバイスなど大変お世話になった。

最後に、本書に関わった多くの人にあらためて謝意を表したい。

二〇二四年七月

高久嶺之介

◎著者略歴◎

高久嶺之介（たかく　れいのすけ）

1947年、現秋田県湯沢市に生まれる。1976年、同志社大学大学院文学研究科博士課程単位取得退学。同年、同志社大学人文科学研究所助手、その後専任講師、助教授を経て教授。1999年、博士（文化史学、同志社大学）。2007年、京都橘大学文学部教授。2017年、京都橘大学退職。現在、同志社大学・京都橘大学名誉教授。

主要著書に『近代日本の地域社会と名望家』（柏書房、1997年）、『北垣国道日記「塵海」』（共編著、思文閣出版、2010年）、『近代日本と地域振興―京都府の近代―』（思文閣出版、2011年）など

北垣国道《きたがきくにみち》の幕末《ばくまつ》と近代《きんだい》京《きょう》都《と》

2024（令和６）年９月24日発行

著　者　高久嶺之介
発行者　田中　大
発行所　株式会社　思文閣出版
〒605-0089　京都市東山区元町355
電話　075-533-6860（代表）

装　幀　北尾崇（HON DESIGN）
印　刷
製　本　中村印刷株式会社

　ISBN978-4-7842-2102-8　C3021

人名索引

か行

さ行

た行

な行

は行

ま行

や行

わ行